지금 시작하는
나의 환경수업

**초판 1쇄 발행** 2022년 8월 15일
**5쇄 발행** 2023년 12월 22일

**지은이** 홍세영

**펴낸이** 이형세
**펴낸곳** 테크빌교육㈜
**편집** 한아정 | **디자인** 어수미 | **제작** 예림인쇄 | **종이** 페이퍼프라이스
**테크빌교육 출판** 서울시 강남구 언주로 551, 5층 | **전화** (02)3442-7783 (333)

ISBN 979-11-6346-779-3  03370
책값은 뒤표지에 있습니다.

**테크빌교육** 채널에서 교육 정보와 다양한 영상 자료, 이벤트를 만나세요!

**블로그** blog.naver.com/njoyschoolbooks          **페이스북** facebook.com/njoyschool79
**티처빌** teacherville.co.kr                          **클래스메이커** classmaker.teacherville.co.kr
**쌤동네** ssam.teacherville.co.kr                     **티처몰** shop.teacherville.co.kr

〜〜〜 환경교육 9원리와 주제별 과목별 통합 환경활동 가이드 〜〜〜

# 지금 시작하는 나의 환경수업

홍세영 지음

테크빌교육

제가 곁에서 지켜 본 교사 홍세영은 누구보다 환경교육에 진심입니다. 특히 자신이 마음을 들여 구성한 환경수업을 동료 교사들과 나누려는 마음을 갖고 있습니다. 이 책은 환경교육에 대한 이론서나 환경수업의 구체적인 모습만을 공유하는 수업 사례집이 아닙니다. 10년여 동안 교실에서 환경수업을 하며 고민했던 흔적과, 그에 따른 환경수업의 이유 있는 방향성이 모두 담겨 있는 특별한 환경책입니다. 무엇보다도 이 책에는 동료 교사들이 어렵지 않게 환경수업을 '시작'하도록 도우려는 저자의 마음이 고스란히 담겨 있기 때문에 교사 독자들은 이 책을 찬찬히 읽어만 간다면 자신만의 환경수업을 어떻게 해 나갈 것인지에 대한 귀중한 힌트를 분명히 발견할 것입니다.

한국교원대학교 환경교육과 교수_ 김찬국

세 살 버릇 여든까지 간다는 말이 있다. 환경에 대한 사람들의 생각과 가치, 감수성, 환경행동도 마찬가지다. 어릴 때부터 기르고 닦고 실천해서 몸에 배야 한다. 기후위기 시대라 불리는 요즘, 반갑게도 갈수록 많은 선생님들이 환경교육에 관심을 가지기 시작했다. 하지만 곧 부딪히는 문제는 무엇을 어떻게 가르칠 것인가이다. 이 책은 이런 고민에 빠진 선생님들에게 무엇을 어디서부터 어떻게 할 수 있을지를 알려 주기 위해 홍세영 선생님이 그간 여러 시행착오를 겪으며 쌓아 온 경험들을 녹여 만든 친절한 안내서다. 이 안내서를 따라가다 보면 학생도 교사도 함께 환경시민으로 한 단계 성장하여 "나도 지구를 위해 무언가를 할 수 있는 생태시민, 에너지시민, 기후시민이다!" 하는 자긍심을 가지게 될 것이다.

서울대 환경대학원 교수, 한국환경교육학회 부회장,
2050 탄소중립녹색성장위원회 초대 위원장_ 윤순진

기후위기를 포함한 지구적 환경재난이 심각한 상황이다. 이제 모든 교사는 환경학습을 통해 후속세대들이 지구생태시민이라는 새로운 인간으로 거듭날 수 있도록 도와야 한다. 이 책에는 그런 책임을 다하려는 교사들이 현장에서 자주 부딪히게 되는 질문에 대한 친절하고 솔직한 대답이 많이 담겨 있다. 홍세영 선생님의 마음속에서 진행된 사유와 실천 사이의 대화가 들리는 것 같다.

공주대학교 환경교육과 교수, 전 국가환경교육센터장,
현 유네스코ESD위원회 부위원장_ 이재영

환경교육에 대한 당위와 담론만 난무하는 시대에 10년 넘게 현장에서 환경교육을 실천하며 쌓아 온 경험과 배움이 잘 정리되어 있는 책이다. 이론과 사례가 모두 상세히 담겨 있어 환경교육을 처음 시작하는 선생님들이 읽어 보면 좋을 것 같다. 특히 환경교육에 관심이 있지만, 현실의 문제와 막연함에 부딪힌 채로 머물러 있던 교육자들에게 추천한다.

송내고등학교 환경 교사_ 안재정

환경교육에 관심 갖는 선생님들이 모여 함께 논의하는 자리에서 홍세영 선생님을 만났습니다. LNT(Leave NO Trace)를 주제로 그날 우리가 함께 나눈 이야기들이 여전히 제 마음속에 선명하게 남아 있습니다.

우리가 그동안 지구에 얼마나 많은 흔적을 남기고 살아왔을까요? 우리가 먹고, 입고, 살아가는 그 과정 속의 탄소발자국을 생각해 보면 아득해집니다. 홍세영 선생님의 이야기는 늘 자신의 삶을 성찰하고, 매 순간 흔적을 남기지 않는 삶을 실천하기 위한 노력이 느껴집니다.

코로나19 팬데믹으로 위기의 시대, 전환의 시대를 겪고 나니 더욱 많은 사람이 환경교육에 관심을 갖기 시작했습니다. 그동안 환경교육에 대해 함께 해 왔던 노력이 다양한 방식으로 확대되고 있어 설렙니다. 한편으로는 환경교육을 어디서 어떻게 시작해야 할지 잘 모르겠다는 선생님들의 질문이 많아졌고, 환경수업에 도전해 본 선생님들은 아이들에게 큰 의무감을 지우는 수업을 한 것 같아 마음이 불편하다는 고민을 토로하기도 합니다. 환경교육에 대한 이런 고민과 답을 찾아가는 과정이 이 책에 담겨 있습니다. 이 책을 통해 환경교육의 한 걸음 한 걸음을 함께하는 우리가 있다는 연대감을 느끼실 수 있기를 바랍니다.

서울교대 교육전문대학원 환경 · 지속가능발전교육 전공 강사,
환경부 교원양성대학 교과목 개설방안 연구원, 서울남명초등학교 교사_ 장진아

# 씨앗을 심는 자리

오래전부터 알고 지낸 친구에게 환경교육에 관한 책을 쓰고 있다고 하였더니 친구가 말했습니다. "너, 아무도 관심 없을 때부터 환경에 진심이더니 책까지 쓰게 됐구나! 요즘에 환경, 정말 뜨겁잖아. 환경이슈가 나올 때마다 너 생각이 났었어. 나도 환경교육은 정말 필요하다고 생각은 하는데 일단 어떻게 시작해야 되는지 잘 모르겠어." 친구도 교사여서 우리는 환경교육과 환경에 대한 이야기를 한참 더 나눴습니다.

사실 저는 어렸을 적부터 환경에 관심이 많아서 가족들과 친구들에게 환경운동가로 통하긴 했었지만 최근 들어서는 이전에 겪어 보지 못한 뜻밖의 호응을 받고 있습니다. 팬데믹 이후 문제의 심각성에 크게 공감한 많은 사람이, 그리고 적지 않은 기업이 환경문제 해결에 동참하고자 하는 의지를 보이기 시작한 것 같아서 일단 큰 안도감을 느끼고 있습니다. 그만큼 환경이 재앙과 같은 위기에 처해 있다는 반증이기도 하지만요.

환경문제라면 먼 나라, 먼 미래의 이야기로 여겨지던 때도 있었는데 이제는 정말로 일상의 문제가 되었습니다. 매일 여기저기서 쓰레기가 더욱 넘쳐 나면서 큰 골칫거리가 되었고 이전에는 잘 드러나지 않았던 미세먼지나 미세플라스틱 문제가 우리의 생활에, 건강에 직접적으로 영향을 미치고 있고요. 이제 환경문제는 훼손되는 자연의 문제에 그치지 않는 '나의 문제'가 되었습니다.

이렇게 우리 손이 닿는 일상의 문제가 된 환경문제이지만 안타깝게도 이 문제는 우리 개개인이 아주 열심히 실천하며 노력한다고 해도 단기간에 해결할 수 있는 문제가 아닙니다. 사회 시스템이 바뀌고 그 사회를 이끌어 가는 환경시민이 많아져야만 비로소 근본적인 해결의 싹이 움트는 그런 문제입니다.

앞으로 환경문제는 우리와 더욱 가까운 곳에서 더욱 빈번하게 모습을 드러낼 텐데 환경시민 없이 인류는 환경위기를 극복해 낼 수 없습니다. 법적으로도 정책적으로도 사회 시스템 차원의 노력이 점점 더 많이 이어지겠지만 학교만큼 모든 시민을 환경시민으로 훌륭하게 길러 낼 수 있는 곳은 없습니다. 그러니 어쩌면 인류의 희망이 우리 교사에게 달린 셈입니다.

미래세대를 기르고 가르치는 우리 교사들은 대부분 환경교육의 필요성을 인식하고 있습니다. 그런데 실천은 쉽지 않습니다. 교과 학습지도와 생활지도만으로도 정신이 없는 학교생활이기 때문에 환경교육은 부담이 될 수밖에 없습니다. 다른 교과 교육에 밀리고 밀려 형식적으로 다루어지기도 하고 의무가 아니다 보니 조그만 요인들에 영향을 받아 무산되기도 흐지부지되기도 합니다.

이런 현실이지만 한 가지만큼은 힘주어 말씀드리고 싶습니다. 우리는 환경수업을 소홀히 여겨서는 안 됩니다. 더 이상 미뤄서도 안 됩니다. 생활지도나 성적처리처럼 지금 당장 해야 하는 급한 일이 아니지만 아주 중요하고 의미 있는 일이기 때문입니다. 아이들의 건강과 미래가 위협받고 있는데 받아쓰기 문제 하나, 수학 문제 하나가 정말 그만큼이나 중요한 걸까요? 아이들이 예정된 위험 으로부터 벗어날 수 있도록 도와주는 것이 환경수업이라면, 모든 것을 제쳐 두 고 꼭 해 주어야 하는 건 다른 게 아니라 환경수업 아닐까요?

　　어린 시절 환경운동가로 불렸던 것이 무색하게도, 환경수업을 막 시작했을 때 저는 주제를 어떤 것으로 정할지, 자료는 어떤 것이 좋을지 갈피를 잡기 어 려웠습니다. 환경에 관한 책은 많았지만 환경교육을 다룬 책은 없다시피 했습 니다. 10년 전이던 그때는 교육도 찾아보기 어려웠습니다. 의무도 아닌 환경수 업을 계획하고 진행하는 일은 교과수업과 달리 명확한 게 아무것도 없어서 꽤 수고로웠고 때로 버거웠습니다. 내가 조용히 그만 놓아 버려도 아무도 신경 쓰 지 않을 텐데 싶어 포기하고 말지를 솔직히 몇 번은 고민했습니다. 결국 제가 경험해 온 환경 담론들을 제 수업에서 다뤄 보는 그런 수준으로 다소 초라하게 진행하게 되었던 저의 첫 번째 환경수업. 그 수업을 시작하기 10분 전쯤이었을 까요. 과거 친구들로부터 환경운동가 소리를 듣던 제 마음속에는 '이렇게 해도 정말 환경교육이 되는 건가' 하는 불안과 혼란뿐이었습니다.

　　불안과 그에 뒤따르는 불만족이 오랫동안 반복되었는데 그 가운데서 어느 날 한 가지 확신이 자라났습니다. 우리 반에서 제일 조용한 아이의 일기를 읽다가 이런 문장을 만났습니다. "나도 지구를 위해 무언가를 할 수 있는 사람이다." 이 문장을 읽은 그 순간 제 마음속에는 어떤 시행착오도 불만 없이 기꺼이 감당해 보겠다는 환경교육자로서의 뿌리가 자라나고야 말았습니다.

　　저만 지치지 않는다면 저의 환경 잔소리가 아이들에게 단기적인 그리고 장기적인 영향을 미칠 거라는 확신. 그리고 그 영향은 분명 긍정적인 것이라는 확신. 이 확신이 저를 환경교육자로 키웠습니다. 제 경험에 따르면 환경수업은 아이들을 바꾸고 또 교사를 바꿉니다.

환경수업에 누구보다 진지하게 참여하고 바로 실천하는 우리 반 아이들, 환경수업이 제일 재미있다고 감탄하며 다음 시간에는 무엇을 할 건지 항상 묻는 아이들, 나도 무언가 사회에 영향을 미치는 의미 있는 사람이라는 자의식을 스스로 키워 나가며 변화하는 어린아이들의 빛나는 눈빛이 10년 동안 저를 키워 주었습니다. 저는 이제 환경수업을 결코 포기할 수 없습니다.

10년 전 그때부터 저는 조금 더 진지해졌습니다. 환경과 관련된 모임이라면 교사 모임이든 일반 모임이든 개의치 않고 어디든 일부러 뛰어들어 공부했고 학교에서는 환경 동아리를 운영하고 환경교육 자료를 만들고 하며 환경 관련 업무를 도맡아 했습니다. 환경교육대학원에 가서 공부했고 환경수업 컨설팅 프로젝트도 진행했습니다. 그렇게 10년을 지내게 되었습니다.

10년 동안의 이러저러한 다양한 경험이 모두 귀중하고 의미 있었지만 그 가운데 유독 저에게 영향을 주었던 경험을 딱 하나 꼽자면 환경수업 컨설팅 프로젝트라고 할 수 있을 것 같습니다. 새로운 희망을 품게 되었거든요.

환경수업을 거의 해 보지 않았던 동료 선생님들이 한 학기 동안 환경수업에 도전하시는 일을 곁에서 지켜보며 도왔습니다. 동료 선생님들이 달라지는 것을 바로 옆에서 지켜보다가 그만, 저는 희망에 부풀었습니다. 환경수업에 도전하면서 선생님들의 환경에 대한 관심, 생각, 실천적 지식이 변화하고 환경시민으로서의 행동이, 삶이 조금씩 정말로 변화하는 것을 아주 가까이에서 목격하게 되었거든요. 사실 이때 함께했던 동료 선생님들이 독려해 주어서 저는 더욱 많은 선생님들이 환경교육을 용기 내어 시도해 보시기를 돕고자 이 책을 엮게 되었답니다.

환경교육법이 개정되어서 이제 2023년 1학기부터 초등학교와 중학교의 학교장은 학생들에게 학교환경교육을 실시해야 하게 되었습니다. 정말 반가운 일입니다. 그러면서, 관련 부서나 단체에서 엮은 환경수업 사례집과 자료집이 속속 나오고 있습니다. 제가 10년 전에 환경수업을 앞두고 불안과 혼란에 빠지고야 말았던 건 자료가 너무 없어서였는데 이제는 너무 많아서 과연 이 중 어떤 것을 선택할지가 저에게도 때로는 혼란입니다.

수업사례 자료도 유용하고 귀하지만 바람직한 환경수업을 구성하는 원리에도 함께 관심을 가지면 더욱 좋습니다. 우리 각자가 오래 해 나갈 수 있는 '지속가능한 환경수업'의 기초가 다져지기 때문입니다. 그래서 환경수업을 구성할 때 살피고 점검해야 할 사항들을 이 책에 '환경수업 기본원리 9가지'로 정리해 보았습니다. 그리고 대표적인 환경 주제들을 정리하여 6개 주제별 환경수업을 안내해 두었고 각 교과별로 적용할 수 있는 환경활동 아이디어 및 예시를 담아 보았습니다. 이 내용은 앞선 9가지 원리에 기반한 것들입니다. 책의 가장 앞부분에는 환경수업으로 바뀌는 교사, 그리고 우리 아이들의 모습에 대한 저의 경험을 담담히 기록해 보았습니다. 형식적 부차적 환경수업이 아니라 한 번을 하더라도 의미 있는 환경수업을 진행하고자 하는 선생님들께 길라잡이로 도움을 드릴 수 있는 책이기를 바랍니다.

사정이 이렇긴 해도 저는 지금도 여전히 환경교육에 대해 모르는 게 많고 환경수업 경험이 부족하다고 생각하고 있습니다. 저는 그저 환경수업을 조금 앞서 경험해 본 교사일 뿐입니다. 저도 끝까지 생각과 경험을 나누며 함께 환경수업해 나갈 것입니다.

환경교육에 관한 책을 쓰다가 문득 '나는 어쩌다가 환경에 유별난 사람이 되었을까?' 하는 생각을 하게 되었습니다. 그리고 한 가지를 떠올렸습니다. 초등학교 5학년 때, 담임 선생님께서 겨울 방학 동안 쓰게 하셨던 환경부의 '환경일기장'이 이 여정의 시작점이었다는 것을요. 환경일기를 쓰며 환경에 대해 여러 번 생각하다가 제 마음속에 심어져 버린 특별한 마음의 씨앗이 25년이 지나 이 환경교육 책으로 열매 맺게 될 것이라는 점을 선생님께서는 예상하셨을까요.

저도 아이들의 마음속에 씨앗을 심어 주는 사람이 되고 싶습니다. 지금 내가 뿌리는 이 씨앗이 미래를 얼마나, 어떻게 변화시킬지 아무도 모릅니다. 확실한 건 저와 아이들 모두를 환경시민으로 성장시킬 거라는 점이지요. 제가 만나는 아이들 중에 단 몇 명이라도 자신의 삶을 긍정적으로 변화시키고 다른 사람이나 다음 세대에 환경적 영향력을 미치는 사람으로 자란다면, 그것으로 환경교육자의 역할은 대단히 가치 있지 않은가 생각합니다. 혹시 아

네이버 카페
"함께 그린 교육"

나요, 우리가 가르쳤던 아이가 어느 날 신문 기사 속 주인공이 되어서 "어렸을 때 환경수업에서 했던 바로 그 활동이 저를 환경전문가로 키운 씨앗이 되었어요."라고 할지도요. 저와 함께, 이 특별한 씨앗을 심는 자리에 서지 않으시겠어요?

## Part 3

쉽게 시작하는
환경교육 기본원리 9
: 친환경적 환경수업
베이직 매뉴얼

# Part 1

# 환경수업의 힘

: 교사와 학생을 바꾸는 환경수업

# 아이들을 바꾼 환경수업

## 환경 잔소리만큼은 귀담아듣는 아이들

사람들은 저마다 관심사가 다양하고 가치관도 다르다. 공통의 관심사로 만나더라도 깊게 이야기를 나누다 보면 어떤 부분에서는 차이를 마주하게 된다. 그때마다 부딪히기보다는 나와 다른 생각을 수용하거나 존중하는 편을 택하는 게 관계의 미덕이다. 설혹 내 생각이 확실히 옳거나 상대의 생각이 명확히 잘못되었더라도 무작정 상대를 설득하고 설명했다가는 관계만 멀어질 게 뻔하다. 어떤 계기로 생각이 바뀌더라도 몸에 밴 오랜 습관은 쉽게 바뀌지 않는다.

환경에 관련된 개인의 행동은 변화시키기가 특히 어렵다. 대부분이 편한 것에서 불편한 것으로의 행동 변화에 대해 이야기하기 때문이다. 그래서 어른들에게 환경 이야기는 먹히지 않는 '잔소리'에 그치고 만다. 나와 같은 어른에게 환경 이야기를 꺼냈다가도 눈치 보고 후회한 경험이 한두 번이 아니다. 묵묵히 꾸준한 행동으로 보여 주는 방법만이 유일하게 조금 통하곤 했다.

그런데 나의 환경 이야기가 통하는 사람들이 있다! 바로 우리 반 아이들이다. 똑같은 말을 어른들에게 할 때와는 다르다. 아이들에게는 쏙쏙 먹힌다.

기후변화에 대해 심각하게 이야기하고서 우리가 정말 달라져야 한다는 말을 덧붙이면 어른과 아이의 반응이 극명하게 다르다. 어른들은 "정말 큰일이야. 그런데 나 먹고 살기도 바쁜데, 그런 것까지 하나하나 신경 쓰면서 어떻게 살아. 그리고 우리가 그렇게 노력해도 크게 달라지는 건 없어."라고 한다. 부정할 수 없는 말에 나는 더 이상 말을 잇지 못한다.

아이들은 다르다. 갑자기 말이 없어진다. 그 침묵의 순간이 나는 좋다. 아이들은 진지하고 심각한 표정을 지으며 생각에 잠긴다. 국어 시간, 수학 시간에 보여 주던 그 표정과는 사뭇 다른 얼굴들이다. 방금 전까지 장난치며 놀던 아이들이 맞나 싶을 정도다. 생각이 끝나면 내 말에 귀를 더 기울인다.

아이들에게 어떤 생각이 드냐고 물으면 "그렇게까지 심각한 줄 몰랐어요. 진짜 아껴 쓰고 보호해야 할 것 같아요.", "그 정도는 저도 할 수 있을 것 같아요." 한다. 눈빛이 살아나서 꽤 자신 있게 말한다.

아이들도 자신이 노력한다고 세상이 갑자기 바뀔 거라고 생각하는 건 아닐 것이다. 하지만 기꺼이 참여하려고 한다. 아이들은 확실히 어른들보다 긍정적이다. 그리고 실천해 보는 데 진심을 들인다. 환경교육 프로그램이나 환경수업을 진행해 본 교사라면 무슨 말인지 단번에 알 것이다.

그리고 아이들의 반응과 변화는 즉각적이다. 한번은 우리 반에서 전기에너지와 탄소 배출에 관해 수업을 했는데 무더운 여름날이었던 그 다음날 아이들은 더운 것을 참을 수 있다며 먼저 에어컨을 끄자고 말했다. 조금만 더워도 에어컨 온도를 아주 낮게 내려서 차가운 바람이 빵빵 나와야 직성이 풀려 하던 아이들이었는데 환경수업 이후에 곧바로 돌변하는 멋진 자제력과 실천력을 보였다. 채식에 관한 이야기를 들려주었을 때도 당장 그날 점심시간부터 바로 실행에 옮겼다.

또한 아이들은 철저하고 끈질기게 지켜내기도 한다. 올바른 분리배출 방법에 관한 수업을 마치고 나서의 일이다. 아이들은 교실에서 쓰레기가 나올 때마다 이것을 재활용으로 분리배출해야 하는지 일반 쓰레기로 버려야 하는지에 대해 건건이 한참 실랑이를 벌였다. 실랑이 끝에는 꼭 나에게 와서 어떤 것이 올바른지를 눈을 밝히며 물었다. 아이들의 질문에 대한 답을 찾다가 나도 새롭게 알게 되는 것이 있었다. 이 참에 우리 반 쓰레기 분리배출 방식을 함께 다시 한번 점검했다. 잔반 없는 식습관 수업을 했을 때는 밥 한 톨, 국물 한 방울도 남기지 않겠다며 시합을 하듯 애쓰는 모습에 모두 즐거워지기도 했다.

원래 부모와 교사가 내뱉은 말은 우리의 생각보다 훨씬 큰 영향력을 아이들에게 발휘한다. 교사는 환경 정책가도 아니고 환경 운동가도 아니지만 우리 반 아이들에게만큼은 그들의 말보다 교사인 내 말이 더 깊은 울림을 남기고, 아이들을 변화시킨다. 교사의 환경적 역할이 대단하다는 것을 나는 실제로 자주 실감하고 있다.

이렇게 한 해, 한 해 내가 만날 아이들의 수를 헤아리면 적어도 천 명은 되지 않을까. 천 명의 아이들에게 환경에 관한 건강한 생각을 전하는 나라는 한 사람의 역할은 대단하다. 천 명의 아이들 가운데 단 몇 명이라도 또 다른 이들에게, 혹은 다음 세대에 환경적 영향력을 미치는 사람으로 자란다면 교사의 '잔소리'는 더욱 대단한 가치를 지니는 게 분명하다. 환경교육을 결코 포기할 수 없는 이유이자 환경교육이 소중한 이유다.

아이들의 마음은 말랑말랑하다. 어른들보다 수용적이고 긍정적이고 창의적이고 희망적이다. 환경문제에 대한 자료를 여럿 제시하면 할수록 아이들은 토론에 더욱 흥분하여 참여하고 행동으로 실천하기 위해 더욱 노력한다.

아이들은 순수한 마음으로 자연을 좋아하고 자연을 위해 기꺼이 행동하려는 용기와 의지가 있다. 나는 이를 경험으로 깨달았다. 어린 저학년 아이들도 마찬가지다. 한 가지 더. 교사가 진심을 다해 이야기하고 수업할수록 아이들의 이 에너지는 크게 높아진다.


## 환경을 생각하는 아이는 잘못되지 않는다

나는 환경을 지키고 싶다는 마음 하나로 환경교육을 시작했었다. 그런데 아이들은 내가 환경수업에서 전혀 예상하지 못했던 모습을 보이며 나를 놀라게 했다.

우리 반에 항상 표정 없이 조용히 앉아있기만 하는 아이가 있었다. 친구들이 말을 걸어도 겨우 한마디 대답만 할 정도로 말이 없는 아이였다. 알고 보니 가정환경의 문제로 마음이 오래전에 닫힌 듯했다. 그래도 방과 후에 아이가 교실에 혼자 남았을 때는 내가 이것저것 물어보면 대답을 잘했다. 아이는 방과 후 시간을 선생님을 독차지할 수 있는 시간으로 여겼던지 교실에 가끔 남아 놀다가 집에 돌아가곤 했다.

그러던 어느 날 아이가 쓴 일기를 보고 놀랐다. 평소에 일기를 겨우 써 올까 말까 하던 아이인데 한 장 가까이가 가득 차 있었다.

내용을 읽어 보니 쓰레기 분리배출을 꼼꼼하게 하는 모습을 본 경비 아저씨가 칭찬을 해 주셨다는 이야기였다. 뿌듯했다고 했다. 그런 뒤 집에 들어와 환경수업 시간에 배운 것을 엄마랑 언니한테도 알려 줬다고 했다. 일기에는 작은 그림들도 여럿 덧붙어 있었다.

기특하고 고마운 마음이 들어서 나도 이 순간을 놓치지 않고 칭찬했다. 아이가 커서도 이 경험을 잊지 못하기를 바라며 칭찬을 쏟아부어 주었다.

이 일이 나에게 특별한 기억인 건 아이가 쓴 마지막 문장 때문이었다. 내 마음이 쿵하고 울렸다.

"나도 지구를 위해 무언가를 할 수 있는 사람이다."

10년 전 당시만 해도 아무도 관심을 보이지 않는 환경수업에 나는 왜 이토록 매달리게 되는 건지 스스로도 정확한 답을 얻지 못하고 있었는데 아이의 이 마지막 문장이 내 혼란스러운 마음에 마침표를 찍어 주었다.

그리고 내 환경수업을 다시 생각하기 시작했다. 이 일이 있기 전까지 내 환경교육의 목표는 지구를 위해 행동으로 실천하는 일에만 초점이 맞춰져 있었다. 그런데 이 일로 나는 환경교육에서 추구해야 할 것이 당장의 친환경적 실천행동이 전부가 아님을 깨달았다. 아이들이 환경과 관계를 맺고 있는 '나'를 중심으로 환경에 관한 생각과 감정, 태도를 되돌아보고 성장하도록 돕는 것이 더 중요할 수도 있겠다는 생각이 들었다.

환경교육은 환경운동과는 대상도 목적도 달라야 옳다. 국가나 기업을 대상으로 하는 게 아니라 개인 한 사람 한 사람을 대상으로 하는 활동이며, 각자가 가지고 있는 환경에 관한 생각과 감정, 태도를 돌아보게 하고 변화시키고 성장하도록 하는 것이 환경교육이다. 그렇다면 환경과 관계 맺고 있는 '나'를 환경교육의 중심축으로 삼는 게 타당하다.

인간은 세상에 쓸모 있는 사람, 의미 있는 사람이 되기를 소망한다. 그렇게 될 수 있다는 믿음이 인간을 성장시킨다. 아이의 마지막 문장에 따르면 환경수업은 내가 나 아닌 어떤 존재에게 도움이 되는 일을 하며 살아가고 있음을 문득 깨닫는 순간을 선물한다. 더군다나 그 어떤 존재가 지구라는 큰 세상이라니!

내가 지구를, 세상을 아름답고 건강하게 보살필 수 있다는 기분 좋은 상상은 나의 성취감과 자존감을 꽉 채워 준다. 이 두 가지는 우리가 정말 중요하다고 여기는 인성교육의 시작점과 겹친다.

세상의 모든 부모와 교사는 아이들이 잘 자라길 바란다. 아이들이 잘 자란다는 것은 어떤 의미일까. 나도 하루에도 몇 번씩 내 자식을 어떻게 키울지에 대해 고민한다. 학교에서 우리 반 아이들을 대할 때도 마찬가지다. 내가 만난 아이들이 어떤 사람으로 성장할지에 나는 막중한 책임감을 느낀다. 교육이라는 단어는 가르쳐 키운다는 의미다. 나는 우리 반 아이들을 어떻게 키우고 있는 걸까?

가치 있고 의미 있는 것을 심어 주고 싶은 것이 교육자의 마음이다. 아이의 재능과 흥미를 살리는 일에 앞서 무엇보다 튼튼하게 다져 주어야 하는 기본은 아이가 바르게 자라도록 하는 것, 즉 인성교육이다.

인성교육은 나와 타인을 들여다보고 그 관계와 나아가야 할 바에 대해 생각하고 적용하는 경험을 다양하게 제공하고자 한다. 여기에는 정답이 없어서 교실에서는 다양한 매개를 사용하고 있다. 그림책, 놀이, 음악, 연극 등과 마찬가지로 환경도 인성교육의 좋은 매개로 작용할 수 있다.

환경교육은 환경과 나의 관계를 생각하며 나를 이해하고 환경을 사랑하게 되는 과정이기 때문이다. 그렇다면 아이들이 환경 안에서 자신이 어떤 존재인지, 환경과 내가 어떤 영향을 주고받고 있는지를 깨닫도록 하는 경험을 제공해 주는 것만으로도 일단 유의미한 교육활동이 된다.

실제로 이제 나는 아이들에게 쓰레기를 주우라고 잔소리하지 않는다. 대신 가끔 '플로깅(plogging)*'을 한다. 시원한 바람이 부는 하굣길 아이들과 함께 동네 한 바퀴를 돌며 아이들은 보물찾기 하듯이 신나게 쓰레기를 줍는다. 담배꽁초부터 시작해서 폐가전제품까지 우리 주변에 쓰레기가 이렇게 많다며 서로 쓰레기 자랑을 하기도 한다. 이 과정에서 아이들은 세 가지 경험을 한다. 첫 번째로 우리가 만든 쓰레기가 어떤 것들이 얼마나 많이 있는지 눈여겨 본다. 두 번째는 내가 살고 있는 동네를 내 손으로 깨끗하게 만들었다는 뿌듯함을 느낀다. 마지막으로 이후에 쓰레기를 버릴 때 한 번 더 생각하고 버린다. 자신이 환경과 맺고 있는 관계를 직접 느끼고 나면 환경을 돌보고자 하는 마음이 자연스레 생겨나는 것이다.

이런 활동을 하고 나면 '인성교육이 꼭 특별한 프로그램이어야 하는 건 아니다.'라는 생각이 든다.

숲에서 친구들과 노는 일, 미래 환경을 위한 기발한 아이디어를 생각하는 일, 물건의 처음과 끝을 생각하며 아껴 쓰는 일 등 환경과 관련된 일들은 대부분 '선한(good)' 일이다. 인성교육을 의도적으로 따로 한 것이 아닌데, 아이들의 눈빛이 선하게 변하는 게 느껴진다. 아이들의 미래를 다 알 수는 없지만 이렇게 환경을 생각하며 성장하는 아이들은 잘못될 일이 없겠다는 믿음이 생겼다.

생태경제학자 우석훈은 그의 저서 《생태페다고지》에서 평생교육으로서의 환경교육의 중요성을 언급하였는데 학령기에 따라 아이에게 중점적으로 갖추어 주어야 하는 환경적 가치를 강조하여 제시하였다.


- 유치원: 생태적 에티켓
- 초등학교: 생태적 감수성(환경 감수성)
- 중학교: 생태적 지혜(지적 탐구)
- 고등학교: 생태적 용기(행동, 실천)


특히 우리 현실을 보면 중고등학교에서는 대학입시에 초점을 두게 되니 환경교육에서는 유치원과 초등학교 시기를 놓쳐서는 안 된다. 많은 환경교육 전문가가 말하길 초등학교에서의 환경교육은 환경에 대한 지식, 개념, 태도 및 가치관이 형성된다는 점, 그리고 이렇게 형성된 태도와 가치관은 아이가 성장해 감에 따라 광범위한 영향력을 행사한다는 점에서 매우 중요하다고 했다. 역시 인성교육에서와 유사하다.

---

● 플로깅(plogging)은 '줍다', 그리고 '조깅하다'라는 의미의 스웨덴어 '플로카 업(plocka upp)'과 '조가(jogga)'를 합성한 단어인 '플로가(plogga)'의 명사형으로 조깅을 하며 쓰레기를 줍는 일을 가리킨다.

그렇다면 인성교육에서도, 우리 아이들의 환경 감수성이 형성되는 데에도 혹시 초등학교 시기가 결정적 시기인 건 아닐까? 환경수업으로 우리 아이들의 환경 감수성을 섬세하게 길러 주고, 인성의 기반도 튼튼히 다져 주도록 하자.


## 미래에 각광받을 환경인재 키우기

"미래 시민 모두가 지금 여러분을 지켜보고 있다는 것을 잊지 마세요. 만약 우리의 요청을 들어주지 않는다면 우리는 절대 이전 세대를 용서하지 못할 거예요."*

2019년 9월 23일, 미국 뉴욕에서 열린 UN 기후행동 정상회의에 한 소녀가 참석하여 기성세대를 대상으로 연설했다. 2003년생으로 스웨덴 출신인 이 소녀의 이름은 그레타 툰베리(Greta Thunberg)다. 툰베리는 2018년 8월에 스웨덴 국회 앞에 피켓을 들고 섰다. 피켓에는 "SKOLSTREJK FÖR KLIMATET(기후문제를 위한 학교파업)"이라고 적혀 있었다. 그리고 스웨덴이 파리기후변화협약에서 설정한 목표에 도달할 때까지 금요일마다 이 파업을 이어가겠다고 선언했다. "FRIDAYS FOR FUTURE(미래를 위한 금요일)" 환경캠페인의 시작이었다. 타임지는 툰베리를 2019년 올해의 인물로 선정했다.

툰베리의 환경운동은 실제 여러 나라의 환경운동가들에게 영감을 주었고 현재에도 다큐멘터리 영상 등 다양한 매체에서 그의 전 세계적 환경행동을 기록해 나가고 있다.

나이 어린 환경운동가의 메시지와 활동을 지켜보며 사람들은 어떤 생각을 할까. 나도 여러 생각이 들었다. '나는 저렇게 할 수 있을까?', '내 아이가 학교에 가지 않고 환경운동을 한다고 말한다면 나는 지지해 줄 수 있을까?', '도대체 어떤 교육과 문화가 이 소녀를 이렇게 행동하도록 만들었을까?' 스웨덴에서는 어떤 교육을 지향하고 실천하고 있는지 궁금했다.

단, 우리 아이들을 툰베리와 같은 환경운동가로 키우는 것은 환경교육의 목표가 될 수 없다. 다만 이제는 불가피한 기후변화와 같은 환경 위기에 적응하고 복잡한 환경문제를 해결할 수 있는 능력이 현재 모든 세계시민에게 필요하게 되었다. 이미 환경문제에 대해 비판적으로 판단하고 의사를 결정하고 행동하는 능력이 경쟁력이 되는 시대가 왔다. 하물며 미래 사회에서라면 이는 생존능력과 더욱 밀접하게 연결될 것이다.

산업, 나아가 직업 분야에서는 어떨까. 컴퓨터의 인공지능이 인간을 대신하고 있는 시대가 이미 되어서 지금 우리의 직업 상당수는 미래에 사라질 것이라는 예측이 나온다. 변화하는 시대에 필요한 능력이 따로 있다는 말과 같다. 각광받는 직업군으로 IT 분야를 꼽는데 이와 더불어 환경 분야도 항상 함께 손꼽힌다. 개발과 발전에만 치중해 있던 시대를 넘어 이제는 어떤 개발과 발전에 있어서도 '지속가능성'을 고려해야만 하는 시대가 이미 도래했기 때문이다.

기후변화와 같은 환경문제에 대한 사회적 경각심이 높아졌고 전 세계적으로 환경과 관련된 녹색직업(Green Job)이 급격하게 증가하고 있다. 녹색직업은 10년 전보다 매우 다양해졌고 미래 유망 일자리로 언제나 손꼽히고 있다. 명성 있는 전 세계의 여러 연구소와 언론에서는 이삼십 년 안에 녹색 일자리가 수천만 개 생겨나리라고 전망했고 글로벌 기업들은 녹색 기술과 녹색 일자리 창출에 아낌없이 투자하고 있다[*][*]. 국제재생에너지협회의 조사에 따르면 현재 전 세계

●     United Nations. (2019.09.24.). ⟨Greta Thunberg (Young Climate Activist) at the Climate Action Summit 2019 – Official Video⟩. https://www.youtube.com/watch?v=u9KxE4Kv9A8
"The eyes of all future generations are upon you. And if you choose to fail us, I say, we will never forgive you."
●●     박경화. (2016). ≪그린잡: 미래를 여는 녹색직업을 만나다≫. 녹색교육센터 기획. 양철북.

약 1,100만 명의 사람들이 재생에너지 관련 사업에 종사하고 있다[*].

우리나라 정부에서도 2020년 '한국판 뉴딜' 정책을 발표했는데 코로나19 팬데믹 이후 경제·사회 변화 대응 및 위기 극복을 위해 추진하는 이 정책은 크게 디지털 뉴딜, 디지털·그린 융합 뉴딜, 그린 뉴딜의 세 가지로 구분되었다. 그리고 각 뉴딜 정책에 필요한 직업이자 장래가 유망한 직업을 교육부에서 발표했다.

교육부에서 발표한 직업만 주목할 게 아니다. 표에 언급된 직업이 무색할 정도로 그 외 모든 직업이 환경과 접목되어 발전해 나갈 것이다. 그리고 모든 분야에서 지속가능한 친환경적 연구와 개발을 이어 갈 것이다.

"땅속에서 100% 녹는데 잘 안 찢어지는 비닐봉지 개발[**]", "전 세계 바다를 뒤덮은 폐어망, 한국 스타트업이 해결책 찾았다[***]" 이런 신문기사의 주인공이 머지않은 미래에는 우리가 가르친 아이들 가운데서 속속 등장할 수 있다. 그렇다면 우리는 지금 무엇을 어떻게 가르쳐 주어야 할까? 이렇게 대단한 개발을 해내는 인물까지는 아니더라도 일상생활 속에서 환경을 생각하고 지켜나가는 환경인재, 환경시민으로 아이들이 자라날 수 있도록 우리가 도와주어야 한다.

무엇보다도, 이건 미래의 이야기가 아니며 아이들도 우리들도 이미 환경시민이라는 것을 잊지 말자.

[*]  International Renewable Energy Agency. 〈Job Creation〉. https://irena.org/benefits/Job-Creation
[**]  김지혜. (2019.04.04.). 〈땅속에서 100% 녹는데 잘 안 찢어지는 비닐봉지 개발〉. 중앙일보. https://www.joongang.co.kr/article/23431979#home
[***]  김영리. (2022.06.10.). 〈전 세계 바다를 뒤덮은 폐어망, 한국 스타트업이 해결책 찾았다〉. 더 비비드. https://content.v.daum.net/v/EFPy9UTBCf
[****]  교육부. (2020.10.22.). 〈한국판 뉴딜 시대에 맞는 직업과 진로는?〉. 교육부 블로그. https://blog.naver.com/moeblog/222123028196

**미래 유망 직업** ● ● ● ●

| 유망 직업 | 필요한 능력 | 관련 전공 | 관련 직업 |
|---|---|---|---|
| 인공지능 (AI) 전문가 | 창조적인 생각과 논리적인 사고능력을 필요. 로봇이 인간처럼 생각하고 행동하도록 기술을 개발하기 때문. | 수학, 수리논리학, 기초과학, 심리학, 신경생리학, 컴퓨터 공학, 정보공학 등 | 응용 프로그램 개발자, 소프트웨어 엔지니어, 시스템 개발자 등 |
| 빅데이터 전문가 | 대량의 데이터로 시장의 변화 등을 분석하는 일. 이를 위해서는 데이터 활용을 위한 높은 수준의 지식과 기술이 필요. | 통계학, 컴퓨터공학, 산업공학 등 | 컴퓨터 시스템 설계 분석가, 시스템 소프트웨어 개발자, 응용 소프트웨어 개발자 등 |
| 스마트팜 구축가 | 농업에 정보통신 기술을 접목하여 효율적으로 작물을 재배하기 위해 온도나 습도 등을 측정하고 점검할 수 있는 기술을 개발. 생물학에 대한 기초적인 지식이 있어야 하며 정보통신 기술 활용 능력이 필요. | 정보통신, 기계과, 농학과, 농업생물학과, 식물자원학과, 바이오시스템공학과 | 농업기술자, 작물재배 종사자, 스마트팜 운영자 등 |
| 스마트 도시 전문가 | 사물인터넷과 인공지능 기술을 접목해 교통, 에너지, 하수, 학교 등 도시문제를 분석 및 해결하는 일. 도시계획을 세우기 위해 합리적인 사고와 창의력이 필요. | 도시공학과, 도시지역계획학과, 미래도시 융합공학과, 스마트시티 공학부 | 도시 디자이너, 사물인터넷 개발자, 지리 정보 전문가 등 |
| 기후변화 대응 전문가 | 온실가스 배출량 등 기후에 미치는 영향을 분석하고 대책을 구하는 일. 기후변화와 관련된 정책 변화를 진단, 분석하고 처방하는 능력 필요. | 기상학, 천문학, 환경공학, 생물학, 지리학 등 | 천문 및 기상학 연구원, 수학 및 통계 연구원, 해양학 연구원, 농학 연구원 등 |
| 신재생에너지 전문가 | 태양광, 풍력, 지열 등을 효율적으로 이용할 수 있는 방법을 찾고 문제를 해결하는 일. 신재생에너지에 관한 전문적 분석을 수행해야 하므로 논리적이고 합리적인 분석력이 필요. | 신재생에너지학, 전기과, 전기공학, 에너지관리학 등 | 태양광발전 기술자, 에너지공학 기술자, 바이오에너지 생산 시스템 기술자 등 |

# 교사를 바꾼 환경수업

## 내 삶을 변화시킨 'ㅇㅇ 다이어트'

나도 한때는 이른바 소비 요정이었다. 저렴하기만 하면 왕창 사서 쟁여 놓기 일쑤였고 가는 곳마다 예쁜 기념품을 꼭 사 가지고 왔다. 쓰던 것이 있어도 새로운 물건이 나오면 이유를 만들어서라도 사고야 말았다. '다들 이 정도는 사지 않나?'라고 생각하며 내 소비 습관을 합리화했고 돈이 부족하다는 것이 물건을 사지 않는 거의 유일한 이유였다.

그런데 아이들과 넘쳐 나는 쓰레기 문제에 대해 이야기를 하고 집에 돌아온 어느 날 내가 그런 수업을 할 자격이 있는지 순간 부끄러움을 느꼈다. 그날은 일주일에 한 번 우리 집에서 쓰레기를 정리해 내놓는 날이었는데 7일 만에 금세 가득 쌓인 쓰레기. 그리고 물건으로 여백 없이 가득 차 있는 우리 집을 보고 문득 당황했다. 물건을 고르고, 사고, 사용하고, 보관하고, 버리고, 처분하는 일을 굉장히 왕성하게 하며 살고 있었다. 물건에 너무 많은 에너지를 쏟아부으며 살고 있었다.

그즈음부터였다. 환경에 대한 생각을 다듬어 나가고 환경수업을 열심히 하기 시작했던 건. 그러면서 내가 가지고 있던 '물건'에 대한 인식은 송두리째 바뀌었다.

서로 다른 두 장의 사진을 나란히 두었다고 상상해 보자. 왼쪽에는 엄청난 양의 쓰레기가 해변에 버려져 있는 사진, 오른쪽에는 깨끗하고 아름답게 장식된 백화점 실내 사진을 두자. 두 사진을 보면 어떤 생각이 드실지 궁금하다.

왼쪽 쓰레기 사진을 보면 눈살을 찌푸리게 되고 안타까운 생각이 든다. 이와 달리 오른쪽 건물 내부 사진을 보면 기분이 좋고 한번 가보고 싶다는 생각이 든다. 오른쪽 사진을 보고 환경문제를 떠올리는 사람은 별로 없을 것이다.

실제로 우리에게 익숙한 장면은 멋지고 화려한 오른쪽 사진이다. 왼쪽 사진은 환경수업을 할 때나 볼 수 있는 다소 충격적인 사진인데 사진이 치워지고 일상생활로 돌아오면 충격은 이어지지 않고 단절된다. '우리 집은 큰 불편함 없이 잘 살고 있는데 지구는 도대체 왜 이렇게 심각한 걸까?' 마치 강 건너 불구경처럼 안타까운 마음으로 바라만 보게 된다.

하지만 이는 예쁘게 인테리어가 되어 있는 부실 건물에서 살아가는 격이다. 이런 식이라면 다음 세대는 부서지고 망가져 버린 공간 안에서 살아가야 한다는 사실은 생각하지 못한 채 말이다.

미국의 환경연구단체인 지구 생태발자국 네트워크(GFN; Global Footprint Network)*는 해마다 '지구 생태용량 초과의 날(Earth Overshoot Day)'을 발표한다. 이날은 인간에게 그해에 주어진 1년치 생태자원을 모두 사용한 날인데, 인간의 자원 수요와 폐기물 방출 규모가 지구의 생산 능력과 자정 능력을 초과하게 되는 시점을 가리킨다. 이 날짜 이후부터 연말까지는 미래세대의 자원을 미리 당겨 사용하는 것이라는 의미다.

1971년에는 12월 20일이었는데 2021년에는 7월 29일까지로 계속 당겨져 왔다. 단 한 번의 예외가 있었는데 코로나19 펜데믹으로 인한 각종 폐쇄 조치로 인해 자원의 사용이 2020년 상반기에 크게 감소하여서 2019년에 7월 29일이었던 것이 2020년에는 8월 22일로 늦춰졌다. 하지만 2021년에는 다시 2019년과 동일한 날짜가 되었다.

이는 인류의 자원 소비가 지구 한 개로는 감당할 수 있는 수준을 넘어선 지 오래임을 의미한다. 사용 가능한 양보다 더 많이 사용하는 게 도대체 어떻게 가능할까? 지구의 생산 능력과 자정 능력을 고려하지 않고 자원을 무작정 끌어 쓰는 것이다. 이것을 과연 미래세대로부터 빌려 쓰는 것이라고 표현해도 될까? 갚을 수 없으니 빌린다기보다는 갈취에 가까울 것이다. 낭비하다 보면 노후에 쓸 돈이 없는 것과 같이 지금 우리가 당장의 편리함에 빠져 자원을 마구 사용하면 미래에는 사용할 자원이 없다.

원래 에너지란 사람 또는 물체가 일을 할 수 있는 능력을 뜻한다. 모든 에너지의 근원인 태양이 있고 바람, 석유, 석탄, 가스, 우라늄 등의 에너지 자원이 있다. 화석에너지, 전기에너지, 열에너지, 운동에너지, 빛에너지 등은 에너지의 형태다. 지구에서 살아가는 모든 것은 에너지를 가지고 있고 또 필요로 한다. 에너지가 필요하지 않은 곳이 없다. 우리가 먹는 것, 입는 것, 타는 것, 보는 것, 즐기는 것을 포함한 모든 것이 에너지와 관련 있다.

커피 프랜차이즈에서 커피 한 잔을 샀다고 생각해 보자. 나는 무엇에 지불한

---

●     지구 생태발자국 네트워크(GFN). https://www.footprintnetwork.org

걸까? 커피콩의 값, 땅을 사용하는 값, 비료 등 관리 비용, 인건비, 이렇게 재배된 커피콩을 운송하고 유통하는 비용, 커피콩을 볶아 원두를 만드는 비용, 원두를 분쇄하여 커피를 내리는 기계값과 부재료의 값, 카페 건물을 이용하는 임대료, 커피 포장 용기의 비용, 디자인을 포함한 브랜딩의 각종 비용, 카페 직원을 교육시키는 비용, 카페 홍보에 드는 비용, 휴지와 홀더와 빨대 등 부대 용품을 만드는 비용 등 이 모든 비용을 포함한 것이 커피값이다. 그러므로, 나는 커피 한 잔을 샀지만 그것만 소비한 것이 아니다. 커피 한 잔이 만들어지는 데 개입된 모든 물건과 서비스 모두에 지불을 한 셈이고 그 물건과 서비스에 들어가는 에너지를 소비하도록 한 셈이다. 물건 하나를 사면 에너지를 산 것이고 어쩌면 미래 에너지를 가져다 쓰게 했을 수도 있다.

생태용량 초과의 날을 생각하면 우리는 자원과 에너지를 넘치게 사용하고 있으니 우리가 누리고 있는 편의는 과분하다. 어떻게 하면 포기할 수 없는 것들을 포기하지 않으면서도 지구의 생태용량을 지켜 줄 수 있을까?

우선 과도한 소비에 대해 고민하게 되었다. 누가 봐도 사치스럽게 보일 만한 그런 소비가 아니더라도 무감각해진 일상적 소비에 대해 조금 자세히 들여다보고 생각하게 되었다. 세상이 이렇게 좋아졌나 싶을 때도 있지만 그럴 때마다 한편에는 불편한 마음이 생기곤 했다. 다다익선, 거거익선이라는 소비의 미덕을 설파하는 시장의 유혹은 끊임이 없다. 소비자의 요구를 예측하고 그에 알맞게 제품과 서비스를 개발하는 생산자들의 경쟁으로 소비자는 편의를 누린다. 그런데 편의가 과분하면 불편한 법이다.

'항상 하루 만에 배송받을 필요가 있을까. 이렇게까지 많이 사야 할까. 이렇게까지 포장하는 건 과하지 않은가. 이런 물건이나 기능이 굳이 필요할까. 나에

게 필요하지 않은 사은품까지 받아도 될까.'

과분한 편의는 곧 자원과 에너지의 과소비다. 오슬로대학 지구 진화 및 역학 센터에서 연구하고 있는 과학자 호프 자런(Hope Jahren)은 2020년에 출간한 저서 《나는 풍요로웠고, 지구는 달라졌다》에서 지구를 구하기 위한 '개인 삶의 변화'를 이야기했는데 나는 그의 다음과 같은 말에 깊이 설득됐다. "한 가지 해결책이 우리를 구해 주는 것이 아니기에 우리가 하는 모든 일이 중요하다. 우리가 먹는 모든 끼니, 우리가 여행하는 모든 여정, 우리가 쓰는 한 푼에 지난번보다 에너지가 더 사용되는지 덜 사용되는지를 고민하며 선택해야 한다." 저자는 결론적으로 "덜 소비하고 더 많이 나누라."라고 했다.

그래서 나는 나만의 물건 다이어트에 들어가게 되었다. 물건을 비워 가면서 필요한 물건만 소비하는 걸 원칙으로 삼고, 당장 필요하지 않은 대용량 구매는 하지 않고, 사은품은 거절하고, 장식품이나 기념품 등은 소비하지 않고, 과잉포장·과잉배송이 필요한 제품이나 서비스는 가급적 선택하지 않는다.

다행스럽게도 몇 년이 지난 지금도 요요 없이 나만의 물건 다이어트를 꾸준히 유지하고 있다. 물건 다이어트로 내 생활은 어떤 점이 좋아졌을까?

이에 대한 나의 생각이 프랑스 수필가 도미니크 로로(Dominique Loreau)의 글에 정확하게 담겨 있었다. 그는 저서 《심플하게 산다》에서 이렇게 말했다. "필요한 최소한의 물건보다 더 많이 소유하는 것은 곧 새로운 불행을 짊어지는 것이다. 쓸모도 없는 물건을 계속 보관하고 있는 것, 오히려 그게 낭비. 물건이 많으면 앞으로 나아갈 수 없다. 적게 소유하는 것에 만족하는 삶은 돈이라는 에너지를 보존하는 최상의 방법이다. 그리고 우리가 진정으로 소유할 수 있는 것은 하루하루의 시간이다."

이렇게 자원과 에너지를 고려하며 살고 이런 삶에서 얻어지는 돈과 시간의 여유에 만족하다 보니 자연스럽게 최소한의 물건으로 삶을 사는 '미니멀 라이프'에 이르게 되었다.

미니멀 라이프에 대해 온라인에서 사람들과 이야기 나누다가 재미있는 점을 하나 알게 되었다. 나는 환경에 관심을 가지다가 미니멀 라이프를 시작하게 되었지만 반대로 미니멀 라이프를 실천하다가 환경에 관심을 갖게 된 이들도 적지 않았다. 순서가 어떻든 최소한의 소비와 소유가 인간 개인의 건강과 지구 모두에 긍정적인 변화를 가져온다는 건 사실인 듯하다.

그렇다면 실제로 약 3년 동안 나만의 방식대로 실천했던 비움의 과정을 간단하게 소개해 보려 한다. 이 기간 동안 나는 환경수업을 거듭했고 물건 자체에 대한 인식이 계속 서서히 바뀌는 것을 경험했다.


- 품목별 재고 조사(물건 개수 세기)
- 리스트 작성하기(비워야 할 물건, 필요한 물건, 사지 않는 물건)
- 1,000개 비우기(그대로 버리지 않기. 중고로 팔거나 필요한 사람들에게 나눔.)
- 1년 동안 옷 안 사기
- 있는 것 활용하기
- 일정 기간 동안 무언가 없이 살아보기
- 물건뿐만 아니라 보이지 않는 것, 정신적인 것도 비우기


이는 책이나 다른 이들의 경험을 참고해 적용해 본 것들이다. 말은 쉽지만 실제로 실천하는 과정에서는 긴 시간과 시행착오를 딛고 다시 시도하는 노력이 필요했다. 이 과정의 힘듦이 지금까지의 내 소비와 소유에 따른 또 하나의 비용이라고 생각했다.

힘든 과정을 거치니 또 다른 보상도 따랐다. 소비와 소유를 할 때 더욱 더 신중해졌고 내 삶을 돌아보는 시간이 길어졌다. 작은 좋은 습관을 새로 얻었다는

사실이 나에게 활력을 주기도 했다. 이 과정을 거쳐 변화된 내 일상의 변화를 적어 보니 다음과 같다.

- 물건을 사지 않으니 소비가 줄고 저축이 늘어남.
- 전보다 8평 작은 집으로 이사함.
- 집안일, 청소가 단순해져서 귀찮지 않음.
- 집에서 보내는 시간이 여유롭고 만족스러움.
- 다른 사람들과의 비교가 줄어듦. 내 삶 자체에 집중하고 만족하게 됨.
- 환경을 생각하는 마음과 실천이 일치되어 보람됨.
- 물질적인 것보다 정신적인 것에 더 관심을 갖게 됨.

그리고 이런 변화 가운데서 얻은 가장 큰 변화가 있다. 바로 절약이다. 절약 자체를 목표로 삼아 열심히 노력한 게 아니라 몸에 자연스럽게 습관이 붙었다!

일회용품도 한 번이라도 더 써서 다회용품으로 만들고, 생필품 같은 물건은 딱 필요한 만큼만 산 뒤 아껴서 끝까지 다 사용하고 그것을 확인한 뒤에 새로 구매를 한다. 새로운 물건을 사는 일에 인색해졌다. 있는 것을 최대한 활용하여 여러 가지 기능으로 사용한다. 새로 사더라도 오래 사용할 것을 고려해서 환경에 좋은 것, 질 좋은 것을 고른다.

아끼는 습관이 생기니 덤으로 돈도 더 모아졌다. 예전에는 항상 돈이 부족하다고 느꼈다. 쓰는 돈이 훨씬 줄어든 지금, 삶의 행복도는 더 높아졌다.

다양한 환경수업을 진행하다 보면 수업의 주제에 따라 다양한 결론에 도달하는데 이 결론들의 한 가지 귀결점을 꼽자면 단연 에너지 절약이다. 지겨울 만큼

익히 듣고 또 이야기했지만 그만큼 이만한 해답은 없는 듯하다. 대체에너지를 고려하더라도 지구 안에 있는 에너지는 결국 한정되어 있다. 우리가 원하는 만큼 무한정은 소비할 수 없다. 행복은 상대적인 것이지만 에너지는 절대적이다.

'남들도 다 사용하는데 나만 불편하게 사는 것은 억울해.', '내가 정당하게 지불하고 사용하는 건데 뭐가 문제야?'라는 생각이 들 수도 있다. 예전에 집을 구하러 다닐 때 부동산 아주머니께서 말씀해 주신 이야기가 아직도 기억에 남는다. "이 집은 관리비가 조금 비싼 대신에 전기비, 가스비가 다 포함되어 있으니까 여름이나 겨울에 에어컨이랑 보일러 마음껏 틀어도 돼요." 돈을 낸 범위 안에서 에너지를 최대한 낭비하며 누리는 것이 과연 나에게, 내 자식에게, 내 자식의 자식에게 득이 되는 것일까? 공공기관에서 사용하는 냉난방 기기는 아끼지 않아도 되는 것일까?

앨빈 토플러와 함께 미래학의 석학으로 손꼽히는 짐 데이터(Jim Dator) 교수는 조만간 사회의 성장이 더뎌져 소비사회(Consumer Society)가 저물고, 현재의 자원을 잘 보존하여 미래세대와 분배하여 사용하도록 하는 것이 사회 전체의 목표가 되는 '보존사회(Conserver Society)'가 도래할 것이라고 했다*. 경제적 흐름과 성장 요소 중 가장 중요하게 고려되는 것 가운데 환경이 자리잡게 된 지도 오래다. 기업, 정부, 국제 사회에서 이미 에너지 절감과 온실가스 배출량을 줄이는 녹색성장이 강력한 트렌드를 이루고 있다. 에너지 절약이라는 기조가 시민 개인의 자발적 실천 차원 차원에만 의지하게 되지는 않을 것이라는 이야기다. 보통의 미래 시민이 되기 위해서는 소비자의 위치에서뿐만 아니라 생산자의 위치에서 에너지 절약을 어떻게 실천할지를 고민할 줄 알아야 한다.

---

●     신헌철 외 12인. (2016.03.21.). 〈[미래정치 50년] 미래학자 4인에게 듣는다〉. 매일경제. https://www.mk.co.kr/news/special-edition/view/2016/03/209269

## 새로운 인생관을 만났다. '컨셔스 라이프'

환경에 대해 알고 겪고 하다 보면 여러 가지 생각과 감정이 따라온다. 그것들은 언제나 복잡다단하다. 자연과 환경을 무시하는 인간의 이기적인 결정에 분노를 느끼다가도 문득 내가 욕구와 편의를 위해 오늘 저지른 결정들을 직시하며 자책감에 도달하고 만다.

유별나다는 소리도 때로 듣는다. 직장 생활하고 아이 키우고 살다 보면 어쩔 수 없는 경우가 많은데 너무 까다롭게 사는 것이 아니냐는 걱정을 듣는다. 한편으로는 그렇게 환경 운운하는 사람이 고기는 왜 먹고 자동차는 왜 타고 플라스틱 컵에 커피를 왜 마시냐는 소리를 듣기도 한다.

그렇다. 내 생활은 모순덩어리다. 내가 생각해도 나의 생활은 일관성이 그다지 높지 못하다. 이렇게 온전하지 못한 나의 모습은 나에게 대단히 큰 과제이자 스트레스 요인이었다.

우리는 우리 스스로가 만든 보이지 않는 위험에 노출된 채 살아가고 있다. 나는 이를 인식하고부터는 과연 내가 지구에서 끝까지 안전하게 살아낼 수 있을지에 대한 두려움이 생겨났다. 내가 지내는 공간이 지어진 과정, 입고 있는 옷이 만들어지고 폐기되는 과정, 어디서 왔는지 알 수 없는 음식을 바라보다 보면 의심과 불안감이 든다.

그러다가도 한편으로는 당장 내 생명을 위협하는 것은 아니니 괜찮다고, 그렇게까지 심각한 것은 아닐 거라고 생각해 버리는 안일한 태도가 튀어나온다. 환경을 위한다고 실천하는 행동들이 귀찮을 때도 적지 않고 나 혼자 아무리 노력하고 피해도 문제가 해결될 것 같지 않다는 무력한 생각에 머물 때도 있다.

하지만 작은 행동 하나를 하고 나서, 그 행동이 작지만 가치 있는 일이라 생각되어 내내 뿌듯한 날도 있다. 모르고 사는 게 낫지 않을까 외면하고 싶다가도 이미 알게 된 이상 그냥 넘어가는 마음이 더 불편하다.

내 마음속에 복잡하게 자리잡은 환경에 대한 수많은 감정들은 마치 한번 빠지면 빠져나올 수 없는 늪 같았고 그 속에 나 스스로 갇혀 버린 듯했다. 환경에 대한 스트레스가 심할 때는 우울해지기까지 했다. 예전에 어떤 다큐 프로그램에서 한 환경운동가가 눈물을 흘리는 장면을 보았을 때 눈물까지 흘릴 일인가 했는데 그 절망감과 무력감, 끝나지 않을 것 같은 고통스러움이 공감되기도 했다.

'나는 환경에 대해 어떤 태도를 가져야 할까?' 이 질문은 환경을, 그리고 나를 살리고자 하는 질문이었다.

그러던 중 야생학자 김산하의 한 문장을 만났다. 생태학자로서 동물자원학을 공부하고 제인 구달 연구소에서 '뿌리와 새싹(Roots & Shoots)' 프로그램의 한국 지부장으로 활동하고 있는 그가 말하길 "일관되게 반(反)환경적인 사람보다는 비(非)일관되게 친환경적인 사람이 낫다."[*]라고 했다. 스스로의 모순을 자책하며 좌절감에 빠진 나의 숨통을 틔워 준 문장이었다. 일관적이지 못하고 다소 모순적인 나의 환경의지를 스스로 이해하고 긍정하고 응원하기로 했다.

여러 가지 복잡한 감정 안에서 나의 중심을 잡아 줄 어떤 '삶의 철학'이 필요했다. 친환경적인 실천을 단 한 번의 어김도 없이 지켜 내는 건 어떤 환경운동가에게도 가능한 일이 아닐 듯하다. 하지만 자신만의 친환경적인 생각을 고수하는 건 누구나 할 수 있다.

고민 끝에 나는 '환경을 의식하는 삶'을 일관되게 유지하기로 선택했다. 환경

---

●    김산하. (2016). ≪김산하의 야생학교: 도시인의 생태감수성을 깨우다≫. 갈라파고스.

에 대해 마음속에서 숱하게 일어나는 양면적인 감정에도 불구하고 결국 나는 환경을 외면하고 사는 게 더 불행하게 느껴지는 사람이 되어 버렸다. 환경을 의식하지 않는 삶으로 돌아갈 수 없는 불가역적 변화를 겪고 만 것이었다. 그래서 이제는 혼돈은 딛고 일어나자고, 모순은 받아들이자고, 환경을 상황껏 능력껏 의식하며 살아가자고 자발적으로 다짐했다.

몇 년 전부터 '컨셔스 패션'이라 불리는 소비 트렌드가 등장했다. '의식이 있는'이라는 의미의 영어 단어 컨셔스(conscious)와 패션(fashion)의 합성어인 이 단어는 의류 소비 트렌드 가운데 하나인데 소재부터 제조 공정까지 친환경적이고 윤리적인 생산 과정을 통해 제작된 의류를 소비하고자 하는 경향성을 가리키는 말이다. 버려진 의류나 폐기물을 재활용하여 다시 의류로 생산하거나 중고 의류를 공유하는 활동도 이 트렌드에서 일어나고 있고, 친환경 제품을 선호하고 환경에 관심이 많은 소비자(consumer), 즉 '에코슈머(eco-sumer)'가 증가하는 것도 같은 맥락에서다.

의류를 생산하는 건 일부 사람이지만 의류를 소비하는 건 모든 사람이다. 일반 소비자의 환경에 대한 의식이 높아지자 생산자의 환경 의식도 필연적으로 높아졌다. 변화에 민감한 패션업계에서 시작된 '컨셔스'를 다른 영역에도 널리 적용하여 환경을 위한 내 삶의 철학으로 삼으면 되겠다고 생각했다. 철학이라 칭하니 거창한 이야기 같지만 사실 '나는 환경에 대해 어떤 태도를 가져야 할까?'라는 오랜 의문에 대한 진지한 탐구 끝에 종착지를 만난 셈이었다.

인생관이 그런 것처럼 사람마다 서로 다른 환경관을 가지게 된다. 누구에게나 각자의 삶에 중요한 키워드가 있을 것이다. 환경수업을 시작하면 각자의 인생관에 환경이라는 키워드가 어느 정도 녹아들게 될 것이다. 녹색의 인생관을 가지게 될 반가운 기회다!

## 컨셔스 라이프의 두 가지 관점

내가 선택한 '환경을 의식하는 삶'은 두 가지 의미를 지닌다. 첫 번째는 나를 지키기 위해 환경을 의식하는 것이다. 내가 모든 분야의 전문가는 아니라 학문적으로 섬세하게 파악하지는 못하지만 환경 공부를 하면서 우리 인간이 상당히 위험한 환경에 노출되어 있음을 짐작할 수 있었다. 수많은 유해 화학성분, 환경호르몬, 미세먼지나 미세플라스틱, 바이러스까지 눈에 보이지 않는 많은 것들이 인간의 생태를 계속 위협하고 있다. 내가 관심이 없어서 모르기도 했고 기업이나 단체에서 이익을 위해 은폐한 경우도 많았다. 더 큰 문제는 아직 밝혀지지 않은 것들이 많아 미래는 어떻게 될지 알 수 없다는 데 있다.

추상적인 문제 같지만 그렇지 않다. 내가 학창시절부터 앓아 온 피부 문제, 그리고 오래 지속되었던 난임은 말 그대로 피부에 와닿는 실제적 문제이니 말이다. 어렵게 만난 내 아이와 이 아이의 아이가 살아갈 세상을 생각하면 환경에 더욱 민감하게 깨어 있고 싶다.

먹는 것들, 입는 것들, 생활 공간에 있어서 나의 건강에 위협을 끼치는 것들을 최대한 배제하기 위해 노력하고 있다. 누군가는 이렇게 말할 수도 있겠다. "우리가 아무리 노력해도 100% 청정한 환경에서 사는 것은 불가능하다." 유기농, 무항생제 식재료와 친환경 제품을 선택한다 한들 내 건강이 완벽히 보호되지 않는다는 것을 나도 안다. 때로는 경제나 노동 같은 가치를 환경보다 우선시해야 하는 것같아 내적갈등을 겪기도 하고 '유기농 식재료라고 대단한 차이가 있을까? 진짜 친환경 제품이라고 할 수는 있는 걸까?' 하는 의심도 든다. 하지만 때로 속더라도, 아무 의심이나 선별 없이 먹고 입고 사용하는 것보다는 낫지 않을까. 우리는 스스로를 지키기 위해 예민해야 하고 목소리를 내고 또 모아야 한다. 나와 가족을 지키고 육체적으로 정신적으로 건강하게 살아가기 위해 항상 환경을 의식해야 한다.

두 번째는 지구를 지키기 위해 환경을 의식하는 것이다. 사실 나를 지키기 위해 환경을 의식하다 보면 좋은 환경을 만들고자 하는 노력이 자연스럽게 이어지게 된다. 환경이라는 공공재에 관심을 가지고 이를 돌보게 되기 때문이다.

한편 이 자연스러운 노력에 의식적인 노력을 지속적으로 더해 주는 것이 좋다. 우리는 서툴고 불완전한 존재이기 때문에 어쩔 수 없이 나의 모든 행동이 환경을 위한 일이 될 수는 없지만, 나의 어떤 행동이 환경에 어떤 영향을 끼칠 수 있는지 인지하는 것은 의미 있다. 채식주의 식단이 개인의 영양이나 건강에 미치는 영향에 대한 논란이 있지만 현대의 공장식 축산이 생산과 유통 과정에서 환경에 미치는 영향을 부정할 수 없다. 나는 완전한 채식주의자는 아니지만 환경을 의식하는 차원에서 되도록 채식을 지향하고 육식과 가공식품을 지양한다. 전과 다름없이 고기를 먹더라도 예전과 지금의 마음은 다르다.

'오늘 무엇을 먹을까, 어떤 것으로 살까, 어떻게 말할까, 왜 그렇게 해야 할까, 어떻게 살아갈까와 같이 사소한 것부터 중대한 것에 이르기까지 오늘 하는 수많은 고민과 선택의 과정에 나는 환경을 분명한 하나의 요소로 고려하고 있다. 환경에 덜 영향을 주는 물건을, 환경을 위하는 행동을 되도록 기꺼이 선택하고 있다. 그러자 취향도 자연스럽게 바뀌었다. 비싸고, 번거롭고, 오래 걸리고, 못생겨도 자연스러운 게 좋다.

생활습관을 완전히 바꾸고 실천하며 사는 사람도 있지만 나는 그런 사람이 못 된다. 환경을 의식하는 삶에 지쳐 포기하지 않도록 완벽하게 잘 하려고 애쓰지 말자는 주의에 가깝다. 나라는 사람은 완벽하게 친환경적인 삶은 살 수가 없다는 현실에 직면하면서 '의식하는 삶'이라는 적정 환경관을 찾게 됐다.

나는 여전히 비닐 포장된 제품을 소비하고, 물병을 챙기지 못해 일회용 컵을 거절하지 못한다. 불편한 마음이 수시로 든다. 하지만 '이럴 때도 있는 거지.' 하면서 이 모순을 너무 심각하게는 여기지 않기로 했다. 식사하는 자리에서는 고기를 거부하지 않고 더울 때는 에어컨을 튼다. 하지만 적당한 양만 먹고 너무 덥지 않을 정도만 튼다. 나도 지구도 모두 지속가능하도록 적정 수준을 끊임없이 타협한다.

　일관되지 못하고 모순된 선택과 행동을 하지만 환경을 의식하는 태도만큼은 일관되게 유지하며 산다. 이것이 내가 결정한, 나의 환경적인 삶의 방식이다.


## 10년 환경수업 끝에 얻은 귀중한 세 가지

10년 전 환경수업을 시작했던 처음에는 환경교육에 대해 제대로 배울 기회가 없다시피했다. 연수나 책에서 답을 찾아보려 했지만 그 당시에는 내가 기대한 만큼 명확한 답을 제시해 주는 곳을 찾기 어려웠다. 여기저기에서 보고 들은 것을 적용해 보기도 하고 내 마음대로 수업을 기획해 보면서 수많은 수업을 시도했다. 그 과정에서 여러 시행착오를 겪고 포기하고 싶은 순간도 있었지만 어떻게든 이어 왔다. 내가 제일 힘들었던 부분은 다른 사람들의 무관심한 반응과 외로움이었다. 주변에 먼저 간 사람들이나 같이 갈 사람들이 좀처럼 보이지 않았다. 멀리 가려면 여럿이 함께하는 힘이 필요하다. 내가 아직 못 찾은 것일 뿐이지 어디선가 혼자 묵묵히 잘 하고 계시는 선생님들이 분명히 있을 것이며 그분들도 나처럼 간절히 함께할 사람을 찾고 있을 수도 있겠다는 생각이 들었다. 그리고 내가 수업을 제대로 하고 있는 건지 점검하고 더 발전시킬 수 있지 않을까 기대하며 대학원에서 환경교육을 공부하고 연구했다.

　내가 대학원에서 공부하며 얻은 것은 대단한 환경적 지식이 아니라 내가 무엇이 부족한지 나의 한계에 대한 깨달음이었다. 나의 수업과 한계를 돌아보며 생각을 깊이 할 수 있게 해 주는 녹색 안경을 비로소 쓰게 된 셈이었다. 이 시절을 보내며 나의 환경수업은 전환기를 겪었다.

　환경교육 10년의 시간 동안 나에게는 세 가지 변화가 일어났다. 첫 번째로 환경교육에 대한 명확한 신념 즉, 환경교육관을 가지게 되었다. 이전까지는 환경에 대한 관심과 열정이 있었지만 이것들을 이끌어 나갈 구체적인 방향, 목표, 철학이 없었다. 그저 내가 그랬던 것처럼 아이들도 환경에 관심을 갖고 자연을 지키는 마음을 갖기를 막연하게 바랄 뿐이었다. 그러다가 대학원에서 공부를 하면서는 '환경교육을 통해 무엇을 실현시키고자 하는가, 아이들에게 구체적으로 어떤 모습을 기대하는가.'에 대한 깊은 고민이 이어졌다. 나의 환경교육에 대한 신념은 다음과 같이 다듬어졌다.

나는 환경교육을 통해

- 아이들이 환경에 관심을 갖고 환경문제에 민감성 있는 환경시민으로 자라길 바란다.
- 아이들이 자연에 고마움과 경외감을 느끼며 자연과 더불어 살아가는 환경시민으로 자라길 바란다.
- 아이들이 무슨 일을 하든 각자의 위치에서 환경을 위한 선택과 결정을 하는 환경시민으로 자라길 바란다.
- 아이들이 환경을 위해 용기 내어 실천하고 그 행동을 통해 자신의 의미를 발견할 수 있는 환경시민으로 자라길 바란다.

환경교육관을 갖게 되니 내가 환경교육을 하는 이유이자 목적이 분명해졌다. 수업의 방향뿐만 아니라 아이들 앞에서 어떤 말이나 행동을 할지에 대한 답이 나의 환경관으로부터 한결 즉각적으로 도출되기 시작했다. 환경교육을 포기하지 않고 지속적으로 끌고 온 원동력도 여기에서 나왔다.

나는 모든 아이들이 환경운동가가 되기를 원하는 게 아니다. 아이들이 좀 더 좋은 환경 속에서 살아가기를 바라며, 조금 앞선 세대의 환경시민으로서 그리고 교사로서 책임을 다하고 싶은 마음뿐이다.

두 번째로 환경 문제를 바라보는 시야가 넓어졌다. 이전에 내가 학생으로서 받아 온 환경교육은 친환경적 생활 교육과 생태체험 교육 중심이었다. 쓰레기 잘 버리기, 전기나 물 아껴 쓰기, 텃밭 가꾸기 같은 활동이 반복적으로 진행되 곤 했다. 환경에 대한 시야가 자연 혹은 생태, 현재의 문제, 학교교육 정도에 머물러 있었고 환경수업을 처음 시작하고 나서도 내가 자라며 보고 배울 때 형성 했던 시야 범위는 쉽게 변하지 않고 한동안 유지됐다. 유익했던 한 환경교육 강의에서 다음과 같은 자료를 보니 내가 어릴 때 받은 환경교육이 어떤 성격이었는지, 지금은 어떻게 달라졌는지를 잘 이해할 수 있었다.

### 우리나라 환경교육 동향의 변화 *

| 시기 | | 주요 환경문제 | | 주된 방법 | 주 대상 | 목표 | 접근법 |
|---|---|---|---|---|---|---|---|
| 1기 | 70~80' | 생활환경 오염 | 수질, 대기, 쓰레기, 소음, 악취 | 친환경 행동 교육 | 아동 청소년 | 심각성 인식, 개인적 실천 | 분석적 (다학문적) |
| 2기 | 90~00' | 생태계 파괴 | 숲, 강, 바다, 습지, 핵과 에너지 | 자연체험 교육 | 아동 청소년 | 생태적 감수성, 생명윤리 | 체험적 윤리적 |
| 3기 | | 2010~ | | | | | |
| 2021~ | 3기 | 지구적 환경재난 | 기후변화, 에너지, 미세먼지, 해양오염 | 통합적 탐구교육 | 청소년 성인 | 시스템적 사고, 사회적 실천 | 통합적 (간학문적) |

☞ 제3기 환경문제: 지구적 위기와 통합적 환경교육
☞ 기후변화와 미세먼지 등 지구적 환경재난에 대응하는 제3기 환경교육 필요

---

● 서울시교육청. (2020.01.). 〈생태전환교육 길라잡이: 손수건에서 태양광까지〉. (작성자: 이재영)
 [원문 각주] 매 시기마다 3가지 유형의 환경문제가 함께 발생하고 그에 대응하는 환경교육이 진행되어 왔으며, 이 표는 각 시기별로 상대적으로 주된 환경교육의 방법, 대상, 목표, 접근법이 일반적으로 어떤 동향을 가지고 변해 왔는지를 나타내는 것임.

현재의 환경은 내가 살던 곳, 내가 살던 때와 다르다. 지금 우리들이 맞닥뜨리고 있는 환경문제의 범위는 기후변화와 미세먼지 같은 전 지구적인 문제로 확대되어 있다. 지구 반대편의 소식을 실시간으로 서로 전하고 멀리 북극곰의 이야기가 우리들의 삶 속으로 들어오기도 한다. 그렇다면 환경수업에서 무엇을 가르칠 것인가? 환경교육의 내용은 어디까지일까?

이전에는 수업에서 현재 드러난 환경오염, 쓰레기 처리와 같은 환경문제와 해결에만 집중했다. 가끔 아이들을 자연으로 데리고 가서 생태체험을 하기도 했지만 수업의 다양성과 연계성에 대한 아쉬움이 해소되지 않았다. 무엇보다도 해마다 이런 수업만 하다 보면 아이들보다 내가 먼저 지루해질 것 같았다.

사실 환경교육은 자연·생태교육 그 이상의 개념이다. 여기서 지속가능발전교육(이하 ESD; Education for Sustainable Development)의 개념에 대해 생각해 보자. 내가 처음 ESD 연수를 들었을 때 연수자료에는 ESD가 환경, 사회, 경제 세 영역의 교차점으로 표현되어 있었다. 그래서 환경교육, 사회교육, 경제교육을 따로 혹은 동시다발적으로 가르쳐야 하나 헷갈리기도 했다. 하지만 자연환경은 인간의 영향을 받고 인간 활동 및 삶의 질이 경제 구조에 의존한다는 점에서 세 영역의 경계를 구분 짓기는 어렵다. 환경교육을 하다 보면 사회, 경제, 그리고 문화에 관한 이야기를 자연스럽게 하게 된다.

ESD에 대해 좀 더 공부하다가 '지속가능발전의 형평성 원칙'을 알게 된 후에는 지구촌 사회 전체에 대한 거대한 이야기에 '나'라는 개인이 어떤 방식으로 이미 참여해 있는지에 대해 생각할 수 있었다.

예를 들어 형평성의 원칙을 가지고 플라스틱 쓰레기 문제에 접근해 보자면 이렇다. 우리와 미래세대(세대 간 형평성), 일반 소비자와 공장 근로자, 그리고 재활용센터나 소각장에서 일하는 사람들(세대 내 형평성), 우리나라 사람들과 재활용 쓰레기를 수입하는 나라나 쓰레기가 흘러온 바닷가에 사는 사람들(지리적 형평성), 인간과 해양쓰레기에 위협받는 해양생물(생태적 형평성) 각각의 입장이

의사결정 과정(절차적 형평성)에서 과연 공평하게 고려되고 있는지, 그렇지 않은지를 생각해 볼 수 있다. 생각할 게 너무 많아 복잡하다고 생각할 수 있지만 실제 환경문제는 더욱 복잡하다.

　이렇게 보면 환경이야말로 다양한 관점을 이해하고 환경에 얽혀 있는 여러 영역을 종합해 엮을 수 있는 진정한 '통합수업' 주제다. 내가 먹는 것, 내가 입는 것, 내가 살고 있는 곳, 내가 즐기는 것, 내가 만나는 것 등 그 어느 것 하나 환경과 관련되지 않은 것이 없다. 환경이라는 안경을 쓰고 세상을 바라보면 모든 것이 환경교육이 될 수 있을 정도다. 그렇다면 환경교육은 나와 이웃을, 즉 인간

**지속가능발전의 형평성 원칙** *

| 세대 간 형평성 | 미래에 대한 고려 |
| 세대 내 형평성 | 사회 정의 |
| 지리적 형평성 | 국제적 책임 |
| 절차적 형평성 | 공평한 참여 |
| 생태적 형평성 | 생물다양성 존중 |

* 　Haughton G. (1999), 〈Environmental justice and the sustainable city〉, Journal of Planning Education and Research 18(3), 233-243 ; 환경부, (2009), 〈초등학교 교사를 위한 지속가능발전교육 참고 교재 개발〉 최종보고서에서 재인용하였음.

을 둘러싼 환경과 다양한 관계들을 이해하고 환경적 소양(안목)을 기르며, 인간과 자연이 더불어 상생하는 지속가능한 삶을 실천하도록 하는 교육이다. 결국 내가 가지게 된 건 내가 가르치는 모든 것에 환경의 가치를 녹여 낼 수 있겠다는 확신과 자신이다.

마지막으로 나는 교사로서 마르지 않는 학습동기를 가지게 되었다. 교사가 되기 전에는, 그리고 교사가 된 이후에 나의 학습 경험은 우연히 겪게 되거나, 의무적으로 해야 하는 과정이었다. 하지만 환경교육을 하면서는 달라졌다. 환경교육의 가치와 필요성을 믿고 있었기에 결코 의무 같은 외재적 요인 때문이 아니라 환경이나 환경교육 관련 학습에 스스로 참여하고자 하는 내재적 동기를 느꼈고 이를 키워 나가게 되었던 것이다.

외롭게 환경교육을 시도해 보던 시절, 나는 이런 내재적 동기를 품고 있는 동료 교사와의 교류를 꿈꿨고 그런 동료들을 대학원에 가서야 만날 수 있었지만 이제는 온라인에서도, 학교에서도 만날 수 있어서 정말 반갑고 든든하다.

환경에 관심을 아무리 오래 가져 온 사람이더라도 지금 가지고 있는 지식은 앞으로 가지게 될 지식의 아주 일부분일 뿐이다. 환경은 지금 이 순간에도 계속 변화하고 있으니 말이다. 우리 주변에도 세계 곳곳에도 새로운 환경 이슈가 계속 발생하고 있지 않은가. 현재의 지구뿐만 아니라 미래의 지구를 돌보고자 하는 우리는 평생 공부해야 할 것이다. 환경시민으로서의 평생학습 동기를 가지게 되었다고 표현할 수 있을 듯하다. 이 학습동기는 교사로서의 내 직업 만족도와 사명감을 지탱하는 하나의 축이 되었다.

아이들이 앞으로 살아갈 미래 사회에서 부딪힐 선택의 장면과 그 장면에서 아이들이 가지고 있어야 할 관점이나 태도를 미리 고민하다 보면 왜 사람들이 교육을 백 년의 큰 계획이라고 하는지 그 이유가 피부로 느껴진다. 다양한 환경 이슈를 바라볼 때 내가 어느 한쪽으로 치우치지 않도록 여러 각도에서 공부하고 다양한 사람의 입장과 의견을 알아야겠다고 생각하는 이유다. 새로운 사회적 · 환경적 이슈에 대해 관심을 갖고 학습하는 모습을 아이들에게 보이는 것만으로도 환경교육자의 역할을 수행하는 것이라 생각한다.

내가 이 길을 선택한 게 잘한 것일까. 이미 10년이나 왔는데, 돌아갈 것도 아니면서 그 길을 계속 돌아보며 생각하게 된다. 내가 선택한 길은 원래 크고 넓은 화려한 길이 아니었다. 다만 아기자기하고 비밀스러운 오솔길이었다고 생각했다. 환경에 대한 인식이 많이 높아져 있지만 과거에 내가 경험했던 주변의 유난하다는 시선과 차가운 무관심은 지금도 사실 도처에 있다. 다만 이 길을 같이 갈 사람들은 이제 여럿 찾을 수 있다는 게 큰 차이다. 어디선가 혼자 묵묵히 환경교육을 해 오신 선생님들, 이제 막 환경교육에 첫발을 내딛으려는 선생님들이 나처럼 간절히 함께할 사람을 찾고 있을 수도 있겠다는 생각을 하니 내가 아주 조금 앞서 걸으며 이겨 낸 외로움과 불안함이 가치 있음을 비로소 느낀다.

# Part 2

## 환경수업 함께해요

: 첫 수업을 시작하자

# 중요하지만
# 급하지 않은 일

중요성과 긴급성이라는 기준을 가지고 일의 성격을 네 가지로 구분한 뒤 갖가지 일이 네 가지 중 어떤 것에 해당하는지 분별해 보면 우선순위를 정리하는 데 도움이 된다.

누구나 (1) 중요하고 급한 일을 가장 먼저 할 것이다. 여기엔 고민의 여지가 없다. (4) 중요하지도 급하지도 않은 일은 역시 고민할 일이 없다. 문제는 (2)와 (3)이다. 실제로 가장 자주 일어나고 먼저 하는 일이 (3) 중요하지는 않지만 급한 일이라고 한다. 시간제한이 있고, 타인에 의해 일이 야기되는 경우가 많아 우선시될 때가 많다. 그래서 늘 뒤로 밀리는 건 (2) 중요하지만 급하지 않은 일이다. 바로 하지 않아도 당장 부정적인 결과가 따르는 건 아니지만 분명히 해야 할 중요한 일 말이다. 이는 대부분 의미 있고 가치 있는 일이기 때문에 (2)를 다루는 방식에 따라 개인의 삶과 일에 대한 만족감이 크게 달라진다. 환경수업이 여기에 속한다.

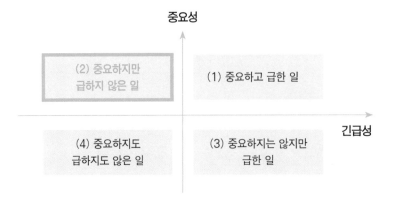

중요성

| (2) 중요하지만 급하지 않은 일 | (1) 중요하고 급한 일 |

긴급성

| (4) 중요하지도 급하지도 않은 일 | (3) 중요하지는 않지만 급한 일 |

내가 처음 환경교육을 시작한 약 10년 전쯤에는 아무도 나에게 환경수업을 가르쳐 주지도, 강요하지도 않았다. 학교에서도 관심을 보이지 않았다. 내가 인지하고 있던 환경문제의 심각성, 그리고 그에 따른 환경교육의 중요성 때문에 시작했던 일이다. 환경을 위한 환경수업을 제대로 해 보고 싶었다.

학교 교육과정을 살펴보니 환경교육은 '창의적 체험활동'으로 1년에 평균 5시간 정도 계획되어 있었다. 식물 가꾸고 관찰하기, 생명 존중 교육, 환경 정화 활동 등의 활동이 구성되어 있었다. 하지만 다소 형식적이고 제대로 실행되지는 않는 것 같았다. 결국 학교 교육과정에 있는 환경교육을 교사가 어떻게 실행에 옮기느냐가 중요하다는 결론에 이르렀고 학급 교육과정을 내 나름대로 계획해 보아야겠다는 생각을 했다.

주변을 둘러보니 옆 반 선생님은 노래를 좋아해서 아이들과 노래를 자주 부르시고, 또 다른 옆 반 선생님은 아이들에게 독서를 강조하며 책을 재미있게 읽게 하고 계셨다. 나는 아이들에게 무엇을 가르쳐 줄 수 있을까, 나는 아이들이 어떻게 자라길 바라는 걸까.

나는 아이들이 환경시민으로 성장할 수 있도록 씨앗을 심어 주는 교사가 되고 싶었다. 그래서 우리 반만의 특색 교육과정을 환경으로 정해 보았다.

새 학년이 시작될 때 아이들과 학부모님들에게 환경교육을 하겠다고 선언했다. 지금이라면 조금은 다른 반응이었을 텐데 10년 전에는 독서도 아니고, 놀이도 아니고 갑자기 환경을 강조하는 교사를 생소해했다.

그렇게 환경교육을 시작했다. 아이들과 학부모님들 앞에서 환경교육을 약속한 10년 전 그날부터 나는 다양한 환경교육과 환경수업을 시도하고 실패하고 다듬으며 지금까지 왔다. 결과적으로 말하자면, 환경교육이라는 이름의 중요하지만 급하지 않은 일은 정말로 교사라는 나의 직업에 대한 만족감을 쑥 높여 주었다.

# 교육과정에서 만나는 환경수업

## : 창의적 체험활동 시간, 그리고 교과 시간 활용하기

환경교육은 크게 '사회 환경교육'과 '학교 환경교육'으로 나눌 수 있다. 사회 환경교육은 정부 또는 지역사회의 기관 및 단체에서 진행하는 환경교육이고, 학교 환경교육은 제도화된 교육체제의 하위 교육기관에서 진행하는 환경교육이다.

주변에 어지럽게 쌓여 있는 쓰레기더미를 보고 한숨 쉬게 되는 일이 적지 않은데 놀랍게도 우리나라만큼 재활용 분리배출을 잘하는 나라도 없다고 한다. 1995년부터 쓰레기 종량제 봉투를 전국적으로 도입한 이후, 우리나라 사람들에게는 여러 종류의 재활용 쓰레기를 일반 쓰레기와 구분해 분리배출하는 것이 익숙하다. 이는 학교에서보다는 학교 밖에서 진행된 사회 환경교육의 결과다. 내 외국인 친구들은 입을 모아 한국의 분리배출 습관을 신기해한다. 아직도 모든 쓰레기를 한꺼번에 버리는 나라가 많기 때문이다.

환경교육은 다른 교육에 비해 우선시되거나 중요시되지 않지만 알게 모르게 우리는 사회에서, 그리고 가정에서 환경에 관한 기본적인 습관을 꾸준히 익히며 자란다. 전기나 물 절약하기를 보고 배우고, 식물을 키우며 아름다움과 생명의 고귀함을 배우며, 공공재를 소중히 여기는 태도를 배운다. 그런데 이제는 사회에서 자연스럽게 습득된 시민의식만으로는 충분하지 않은 시대가 와 버렸다. 환경이 특수한 상황에 처했기 때문이다. 어른 세대가 자연스럽고 당연하게 누리고 살았던 환경이 이제는 더 이상 예전의 모습이 아니다.

우리나라가 한국전쟁을 지나 산업화, 도시화되기 시작했던 그때 개인 위생교육이 필요했던 것처럼 이제는 모두의 생존을 위해 사회와 학교에서 전 지구적인 환경교육을 앞장세워야 하는 시대가 되었다. 환경교육은 미래세대만을 위한일이 아니라 현재의 우리들이 지구에서 건강하게 살아남기 위한 필수 교육이자 평생교육이다. 이런 상황에서 학교의 제도화된 교육체제를 기반으로 하는 학교 환경교육의 역할은 대단히 크다.

학교 환경교육을 크게 둘로 구분하면 교과로서의 환경교육과 비교과로서의

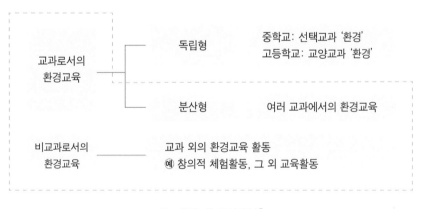

학교 환경교육 운영 방식

---

●   백종송, 김찬국. (2019). 〈초등교사의 학습 경험과 환경교육 실천. 환경교육〉, 32(2), 160–173.

환경교육으로 나눌 수 있다. 교과로서의 환경교육은 다시 환경이라는 하나의 과목으로 환경을 배우는 것과, 환경 과목 외 다른 교과에서 환경을 배우는 것으로 구분된다[*]. 현재 중학교는 선택교과로, 고등학교는 교양교과 중 하나로 환경 교과목이 있는데 이처럼 독립된 교과로서의 환경교육을 '독립형'이라 하고, 이와 달리 별도의 교과가 아니라 여러 교과에서 이루어지는 환경교육을 '분산형'이라 한다. 비교과로서의 환경교육은 교과 외의 창의적 체험활동, 생활지도 등을 이용한 환경교육 활동을 가리킨다.

교육부가 발간한 초등학교 〈2015 개정 교육과정 총론 해설〉에 따르면 초등 교육과정에서 환경교육은 범교과 학습 주제 가운데 하나로 제시되어 있다. 즉 현재 초등학교에는 환경이라는 이름의 별도 교과목은 없고 여러 교과에 분산되어 있는 환경적 소재나 주제를 지도하거나 창의적 체험활동 시간 등을 활용하여 교과 외 환경교육을 진행할 수 있다.


## 교과로서의 환경교육

앞서 이야기한 것처럼 초등학교의 교과 환경교육은 분산형으로 다양한 과목에서 이루어지는데, 각 교과에서 환경교육 요소에 대한 일시적인 교육을 진행하는 형태와 교육과정을 통합 및 재구성하여 진행하는 형태로 구분할 수 있다[**].

사실 대부분의 수업은 각 교과의 교육과정에서 제시하고 있는 내용 그대로 진행되는 게 현실이다. 여러 교과의 일부 단원 및 차시 내용에는 환경 주제나

●    서은정. (2018). 《환경 교육과정》. 교육과학사.
●●   백종송, 김찬국. (2019). 〈초등교사의 학습 경험과 환경교육 실천〉. 환경교육, 32(2), 160-173.

◆ 단원 일부에 환경적 소재가 포함된 경우

3학년 과학과 5. 지구의 모습

    [9~10차시] 소중한 지구 보존하기

5학년 실과 4. 생활 속 자원 관리

   (2) 용돈 관리와 합리적 소비

    [6차시] 환경과 안전을 생각하는 합리적 소비를 실천해 보아요

   (4) 쾌적한 생활 공간 관리

    [10차시] 분리배출과 재활용을 생활화해요

◆ 단원 전반이 환경 관련 내용인 경우

3학년 도덕과 4. 아껴 쓰는 우리

    [1차시] 소중하게 여겨요

    [2차시] 어떻게 절약해야 할까요

    [3차시] 시간을 아껴 쓰기 위해 바르게 판단해요

    [4차시] 아껴 쓰는 마음을 길러요

5학년 과학 2. 생물과 환경

    [1차시] 생태 빙고 놀이하기

    [2차시] 생태계란 무엇일까요?

    [3차시] 생물 요소를 어떻게 분류할 수 있을까요?

    [4차시] 생태계를 구성하는 생물은 어떤 먹이 관계를 맺고 있을까요?

    [5차시] 생태계는 어떻게 유지될까요?

    [6차시] 비생물 요소는 생물에게 어떤 영향을 줄까요?

    [7차시] 생물은 환경에 어떻게 적응될까요?

    [8차시] 환경 오염은 생물에게 어떤 영향을 줄까요?

    [9~10차시] 생태계 보전을 위한 캠페인 도구 만들기

6학년 사회과 3. 지속 가능한 지구촌

    [15차시] 지구촌에서 나타나는 다양한 환경문제 알아보기

    [16~17차시] 지구촌 환경문제를 해결하기 위한 노력 알아보기

    [18차시] 환경을 생각하는 생산과 소비 생활 알아보기

    [19차시] 빈곤과 기아 문제를 해결하기 위한 노력 조사하기

    [20차시] 문화적 편견과 차별이 없는 미래를 만들기 위한 노력 알아보기

    [21차시] 세계 시민으로서 우리가 할 수 있는 일 실천해 보기

**교과로서의 환경교육 중 분산형의 예**

소재가 포함되어 있지만 교육과정상 비중이 아주 적은 편이다. 그래서 이 내용은 형식적으로 훑고 지나가는 데 그치거나 심지어 누락하는 경우도 적지 않다. 나도 환경교육을 본격적으로 시작하기 전에는 교과 교육과정에 제시되어 있는 한정된 내용을 그대로 진행하는 데 그쳤었다. 그런데 이렇게 수업을 실행하다 보니 내가 환경교육을 제대로 하고 있는 게 맞는지 의문이 들었다. 교과에 환경교육 요소가 들어 있지만 교과의 주요 학습내용에 중요도가 밀려서 환경에 관한 단편적인 정보나 설득을 겉핥기식으로 전달하는 데 그칠 뿐이라는 생각이 들었다.

단, 교과로서의 분산형 환경교육에는 분명한 장점이 있다. 우선 제한된 학교 교육체제 안에서 교육시간을 분명히 확보할 수 있기 때문에 아이들에게 환경교육을 자주 접하게 할 수 있다. 또한 다양한 교과를 매개로 환경에 다채롭게 접근할 수 있다.

이는 환경이라는 주제가 그 자체로 총체성과 통합성의 특성을 가지기 때문이다. 환경교육은 실생활과 다양한 학문을 접목하는 데 있어 유연하다. 따라서 교과 간 통합교육을 자연스럽게 할 수 있다. 그래서 나는 환경교육에 관심을 가지게 되면서부터 각 교과에 제시된 환경교육 내용을 어떻게 재구성할 수 있을지에 대한 고민을 시작하게 되었다.

환경을 각 교과 안에서 가르치기를 넘어 다양한 교과의 환경 주제와 활동을 재구성하는 데는 노력이 필요했다. 이러한 교과 통합의 환경교육을 하려고 하니 교육과정에 제시된 내용에 갇히지 않고 교육과정을 깨고 나오는 것이 과제였다. 교육과정이 마치 여행 가이드 같다고 느꼈다. 여행 가이드와 함께 여행을 다니면 편하고 안전하게 다닐 수 있지만 한편으로는 아쉬움을 느끼게 되는 것과 마찬가지라고 생각했다. 이 아쉬움은 나만의 자유로운 여행 스타일을 찾기 위한 노력으로 이어졌다.

교과로서의 분산형 교육이 교과교육의 부차적인 위치에 머무르지 않도록, 교과 통합을 제대로 진행하기 위해서는 통합의 개념뿐 아니라 각 교과교육과 환경교육의 성격을 모두 제대로 알고 있어야 한다.

## 비교과로서의 환경교육

교과로서의 분산형 환경교육은 여러 가지 장점이 있지만 한계도 분명하다. 각 교과에서 진행되는 일시적인 교육만으로는 환경 그 자체를 깊이 있게 생각하고 고민하는 학습 기회가 만들어지지 않기 때문이다. 환경을 중심에 두는 수업이 아니기 때문에 환경 주제에 제대로 방점을 찍기 어렵다. 게다가 교과별, 학년별로 정해진 내용이 없어서 중복되는 내용이 있고, 학년 간 연계성이 부족하여 환경교육이 지속성을 유지하면서 심화되기 어렵다는 문제도 뒤따른다. 따라서 환경이 수업의 중심내용으로서의 지위를 차지하고 그 주제가 충분히 심화되는 학습기회도 필요하다는 아쉬움을 가지게 된다.

이를 비교과로서의 환경교육이 보완해 준다. 비교과로서의 환경교육은 창의적 체험활동, 생활지도 등을 이용한 환경교육을 말한다. 창의적 체험활동 시간을 환경교육에 적극적으로 이용해 보자.

창의적 체험활동이란 무엇인가. 교과와 상호 보완적 관계 속에서 앎을 적극적으로 실천하고 심신을 조화롭게 발달시키기 위하여 실시하는 교과 이외의 활동으로, 창의적 체험활동의 목표는 건전하고 다양한 집단 활동에 자발적으로 참여하여 나눔과 배려를 실천함으로써 공동체 의식을 함양하고 개인의 소질과 잠재력을 계발하고 신장하여 창의적인 삶의 태도를 기르는 것이다[*]. 자율활동,

---

●    교육부. 〈2015 개정 교육과정 창의적 체험활동 해설(초등학교)〉

동아리활동, 봉사활동, 진로활동 4개 영역으로 구성되어 있다. 교육과정에 제시된 창의적 체험활동의 영역별 활동 예에는 환경교육과 관련된 부분이 여럿 있다.

게다가 창의적 체험활동은 학생의 교육적 요구와 학교의 특성을 반영하여 제시된 영역별 활동 이외의 다양한 활동을 편성·운영할 수 있으며, 교육적 효과를 높이기 위해 교과와 창의적 체험활동 또는 창의적 체험활동의 영역 및 활동을 연계·통합하여 주제 중심으로 편성·운영할 수 있다.

그만큼 운영에 있어 교사 및 학교의 재량이 많이 반영될 수 있으니, 다루고 싶은 환경교육 내용이 교과에 드러나지 않았거나 다소 부족하다고 생각된다면 창의적 체험활동 시간을 적극 활용해 보자. 환경교육과 같은 범교과 학습 주제를 심도 있게 교육하고자 하는 교사가 융통성을 발휘하기에 적당한 시간이 바로 창의적 체험활동 시간이다. 교과로서의 분산형 환경교육에 대한 아쉬움을 비교과로서의 환경교육의 운영 방식으로 보완할 수 있다. 오롯이 환경을 위한 환경수업을 실행할 수 있을 것이다.

결국, 학교 현장에 있는 교사들은 교육과정에 제시된 두 가지 접근법 안에서 환경교육을 진행해야 한다. 이 두 가지를 적절하게 병행하자. 창의적 체험활동 시간을 활용한 주제 통합 환경수업, 그리고 교과 시간을 활용하는 교과 통합 환경수업을 모두 시작해 보시기를 바란다. 이에 대한 자세한 수업 아이디어는 각기 PART 4와 PART 5에 정리해 두었다.

## 창의적 체험활동으로 예시된 환경교육 관련 활동 [●]

| 영역 | 영역별 활동 | 환경교육 관련 활동내용 |
|---|---|---|
| 자율<br>활동 | 자치 · 적응활동 | — |
| | 창의주제활동 등 | • 학교 · 학년 · 학급특색활동 – 텃밭 가꾸기 등<br>• 주제선택활동 – 환경주제 탐구형 소집단 공동 연구, 자유 연구, 프로젝트 학습, 견학활동 등 |
| 동아리<br>활동 | 예술 · 체육활동 | • 연극 · 영화활동 – 환경 영화/다큐멘터리 감상<br>• 놀이활동 – 환경보드 게임 |
| | 학술문화활동 | • 자연과학 탐구 활동 – 지속 가능 발전 연구, 적정 기술 탐구, 농어촌 발전 연구, 생태 환경 탐구 등 |
| | 실습노작활동 | • 생산활동 – 재배, 원예, 조경, 반려동물 키우기, 사육 등 |
| | 청소년단체활동 등 | — |
| 봉사<br>활동 | 이웃돕기활동 | — |
| | 환경보호활동 | • 환경정화활동 – 깨끗한 환경 만들기, 공공시설물 보호, 문화재 보호, 지역 사회 가꾸기 등<br>• 자연보호활동 – 식목 활동, 자원 재활용, 저탄소 생활 습관화 등 |
| | 캠페인활동 등 | • 환경보전 캠페인 활동 등 |
| 진로<br>활동 | 자기이해활동 | — |
| | 진로탐색활동 | • 일과 직업이해활동 –환경 관련 일과 직업의 역할과 중요성 및 다양성 이해, 직업 세계의 변화 탐구, 직업 가치관 확립 등 |
| | 진로설계활동 등 | — |

---

[●]　　교육부, 〈2015 개정 교육과정 창의적 체험활동 해설(초등학교)〉

# 누구에게나 자신 있게 권하는
# 환경수업이 있다

## : 나의 첫 환경수업

교과 시간을 벗어나 오롯이 환경만을 위한 환경수업을 구성하려다 보니 무엇을, 어떻게 해야할지 고민이 컸다. 고민만 하다가 결국 아이들 앞에서 "선생님이랑 환경수업하자."라고 무모하게 약속부터 해 버렸다. 아이들에게 말을 한 뒤에도 어디서부터 어떻게 시작해야 할지 도통 감이 잡히지 않았다. 환경수업을 제대로 받아 본 적도, 배워 본 적도, 해 본 적도 없어서 말 그대로 맨땅에 헤딩하는 셈이었다. 걱정이 되긴 했지만 교과서에 없는 새롭고 재미있는 내용과 방법을 시도해 보자는 생각에 나도 기대감에 부풀었다. 이상하게 누가 시켜서 하는 일은 하기 싫은데 자발적으로 하는 일은 설렌다.

수업 시간을 확보하는 일부터 문제였는데 일주일에 두세 시간 있는 창의적 체험활동 시간, 약칭 창체 시간을 최대한 활용하면 가능할 것 같았다. 창체 시간은 보통 학교나 학년의 상황에 알맞게 자율적으로 운영할 수 있어서 동아리, 봉사, 진로 활동 등으로 활용 가능하고 특히 초등학교 담임교사들은 아이들과 보내는 시간이 많아서 융통성 있게 창체 시간을 조정할 수 있다. 우리 반은 학급 교육과정 주제를 환경으로 정했으니 이 시간을 최대한 환경수업이나 프로젝트에 맞춰 계획해 보자고 마음 먹었다.

그런데 수업을 하려면 최소한의 교육과정(Curriculum)이 있어야 할 것 같은데, 그 당시에는 앞이 깜깜했다. 환경교육과정을 본 적이 없어서 더욱 그랬다. 그래서 교육목표 설정 → 교육내용 선정 → 교육방법 및 전략 선택 → 교육평가라는 일반적인 교육과정 구안 순서에 따라 나만의 환경교육과정을 만들어 보았다. 당시엔 거창하게 교육과정을 만든다고 생각했지만 사실 몇 시간짜리 환경수업에 불과했다.

먼저 교육목표는 "환경시민으로 성장시키는 것"으로 정했다. 목표는 내가 바라는 아이들의 모습을 떠올려 비교적 쉽게 결정했다. 이에 따라 평가는 아이들의 변화된 생각이나 행동을 확인하자고 생각했다. 초등 환경교육에서는 특히나 환경과 관련된 지식이나 논리보다는 느끼고 행동하도록 하는 게 중요하겠다고 생각했다.

다음은 교육내용이다. 교육목표에 맞게 어떤 내용을 다룰지 결정해야 하는데 당시는 환경과 관련된 내용에 어떤 것들이 있는지 폭넓게 파악하지 못했던 때였다. 나의 관심뿐만 아니라 학생들의 생활, 환경이슈 등 여러 가지 상황들을 고려해야 하므로 쉽지 않았다.

지금 나는 여섯 가지 환경 주제를 중심으로 두고 수많은 세부 주제를 잡거나 이슈가 되는 환경소재를 이용하여 수업을 다양하게 하고 있지만● 당시에는 내용 선정하기가 정말 큰 난관이었다.

'도대체 어떤 주제로 환경수업을 해 볼까?' 몇 주에 걸쳐 인터넷 검색을 하고

---

● 주제별 환경수업 가이드는 이 책의 PART 4에, 과목별 환경활동 가이드는 PART 5에 정리해 두었다.

책을 찾아 읽고 했는데 별다른 결정을 할 수 없었다. 결국 결정한 주제는 '환경보호'였다. 기껏 생각해 낸 주제가 환경보호라니 허무하고 식상하다고 생각했다. 그래도 계속 고민하는 건 그만두고 뭐라도 시작해 보아야겠다고 생각했다. 그때까지 내가 경험했던 환경 키워드가 '환경오염, 환경보호'가 거의 전부였으니 이미 정해져 있던 결과였는지도 모른다. 내가 초등학생이던 1990년대 수질오염, 대기오염을 대표하던 몇몇 사진과 신문기사, 그리고 "쓰레기 함부로 버리지 말자. 물을 아껴 쓰자. 자연을 보호하자." 하던 표어들이 머릿속을 스쳐갔다. 환경 일기 쓰기, 포스터 그리기, 환경 표어 만들기 같은 연중 행사들도 떠올랐다. 환경교육에 대한 나의 경험은 그게 전부였다. 환경교육에서는 개인의 경험에 따라 받아들이는 게 다른데 나 역시 그 경계를 넘어서기엔 역부족이었고 그저 자발적인 첫 시도라는 점에 의미를 두기로 했다. 그리고 수업의 목표는 환경보호 수업을 통해 아이들이 환경보호의 필요성을 알고 실제로 환경보호 실천에 도전하도록 하는 것으로 정했다.

무조건 환경보호를 해야 한다고 강요하는 수업은 하기 싫었다. 그래서 먼저 환경보호를 왜 해야 하는지 그 필요성에 대해서 이야기 나누는 시간을 가졌다. 내가 어렸을 때 봤던 환경오염 사진들도 보여 주고 뉴스, 동영상 등 내가 찾은 자료들을 최대한 많이 보여 주었다. 자료를 준비할 때 '아이들한테 이게 과연 자극이 될까?'라고 생각했는데 아이들은 처음 보는 것처럼 계속 탄식을 내뱉으며 심각한 표정을 지었다. 내 예상과는 달리 꽤 진지하게 참여했다. 수업 시간이 끝나고 나서도 아이들이 계속 보면서 생각해 보도록 하기 위해서 복도에 환경 사진전처럼 사진들을 게시해 두었다. 지나가던 다른 반 아이들도 사진을 관심 있게 지켜보았다. 이 사진들은 그다음 환경수업에서도 이야기할 거리가 되었다.

그다음 활동으로 환경보호 실천 방법에 대해 모둠별로 토의해 보게 하였다. 앞서 살펴본 자료에 따라 물, 땅, 공기, 생물, 자원(쓰레기) 등으로 분야를 나누고 분야별로 실천 방법을 나열하게 했는데 아이들은 한두 개 이상을 쓰지 못했다. '물'로 예를 들면, "수돗물을 아껴 쓴다. 바다에 쓰레기를 버리지 않는다. 샴푸와 세제를 조금만 사용한다."라고 쓴 게 끝이었다. 좀 더 구체적인 방법들을 기대했었는데, 아이들도 환경 실천에 대해 생각해 본 경험이 별로 없는 것 같았다.

나는 아이들이 실제로 학교와 가정에서 생활하면서 실천할 수 있는 것들을 예로 들며 다시 안내해 주었다. "수돗물을 아껴 쓴다."라고 하면 "양치질할 때 컵을 사용한다. 샤워를 5분 안에 끝낸다. 빨래를 모아 두었다가 한꺼번에 한다. 수돗물을 끝까지 잠근다. 깨끗하게 쓴 물을 주방이나 욕실 청소할 때 또 사용한다."처럼 구체적이고 다양하게 적어 보도록 했다. 이렇게 하자 분야별로 수십 가지의 실천 방법이 나왔고 이 결과물도 복도에 게시해 더 많은 학생과 공유했다. 아이들은 이렇게나 많은 방법들을 자신이 생각해 내고 자신의 의견이 다른 사람에게 알려져 설득이 일어나는 상황에 뿌듯해했다.

실천을 수업 시간에 하기는 어려우니 환경보호 실천 방법에 대해 토의한 뒤 이를 정리하고 다짐하는 것으로 첫 환경수업을 마치려 하였는데 아이들이 생각해 낸 좋은 방법을 다짐만으로 묻어 두기에는 아쉬웠다. 실천 방법을 생각해 보는 과정에서 이미 마음의 변화는 있었을 것이지만 마음을 행동으로 옮기는 일은 어른인 나에게도 아주 어렵다. 그래서 실제로 환경보호 실천을 함께 해 보는 시간을 추후 수업 활동으로 계획했다. 그리고 캠페인 활동을 선택했다. 여러 사람들에게 알리고 촉구하면서 자신도 실천하게 되는 그 과정을 겪도록 하고자 선택한 활동이었다.

어떤 방법으로 캠페인을 할지 걱정했는데 그것도 아이들과 토의하며 해결해 나가니 의외로 수월하게 해결되었다. 한 시간 동안 토의한 결과 아이들이 결정한 캠페인 활동은 모둠 친구들과 함께 주변 사람들에게 서명을 받는 것이었다. 우리가 생각해 낸 실천법을 예시로 제시하고 서명자의 이름, 실천할 내용, 다짐, 서명을 받는 캠페인을 진행했다. 사람들의 서명을 가장 많이 받아 온 모둠에게 보상을 지급하는 것도 아이들의 토의 결과 중 하나였다. 아이들은 환경운동가가 되어 어느 때보다도 정말 신나게 환경 캠페인을 벌였다. 가족들은 기본이고 학교 선생님, 학원 친구들까지 총동원해서 서명을 받아 왔다. 주어졌던 일주일 시간 내내 아이들의 대화 주제는 온통 캠페인 활동이었다. 내 눈에 어렴풋한 희망이 보인 건 그때였다.

단 한 명이라도 마음과 행동에 변화가 있다면 수업의 목표는 달성했다고 여기겠다며 자신감 없이 시작한 환경수업이었다. 내가 준비했던 수업활동도 지금에 비하면 전혀 특별할 것도 없고 즉흥적으로 준비한 부분도 있어서 걱정이 많았다. 하지만 내 염려가 무색하게도 아이들은 스스로 의견을 내며 아주 적극적으로 참여했다. 그리고 수업을 마치자 아이들이 나를 졸랐다.

"선생님, 환경수업 또 해요!"

큰 용기 그리고 약간의 부담감이 내 마음속에 쑥 들어왔다. 단 몇 시간짜리 어설프디 어설펐던 첫 수업이었지만 내 환경수업 가운데 가장 의미 있었던 수업을 꼽으라면 나는 이 첫 수업을 꼽는다. 망설임 끝에 했던 어설픈 시도가 결국 나를 10년 환경교육의 길에 안착시켰으니 말이다. 누구에게나 '처음'은 그것만으로도 의미가 있다. 내가 자신 있게 누구에게나 권하는 건 어떤 특별한 수업이 아니라 나만의 첫 수업이다!

# 가장 자연스러운 생태 수업

"얘들아, 나가자!"
"오늘은 가을을 보러 갈 거야."

계절이 바뀔 때마다 아이들보다 내가 먼저 외치는 소리다. 아이들은 잔뜩 신난 얼굴을 하고 경쾌한 발걸음으로 교실을 나선다. 우리들은 수업 시간에 대체 어디로 가는 걸까?

나는 유년 시절을 전라남도 시골, 율촌에서 보냈다. 조그만 분교에 다녔다. 2학년 때 순천으로 전학을 했지만 도시였던 그곳도 주변에 산과 들이 많아 나는 쭉 자연과 가까이 살았다. 어릴 때의 추억을 떠올리면 아주 작은 초록색 조각들이 스친다.

토끼풀을 엮어서 반지, 팔찌, 목걸이를 모두 만들어 자랑하고 다닌 일

봉숭아를 빻아서 손톱에 붙이고 엄청 기대하며 잠들었던 일

신딸기를 몇 개 따 먹고서 동생도 주겠다며 두 손 안에 담아 왔다가 손바닥이 빨

갛게 물든 일

끝이 보이지 않는 코스모스 길 따라, 왔다갔다 끝없이 달리기 시합한 일

동네 유자밭에서 가시나무 사이사이로 열매를 아주 조심스럽게 따던 일

땅따먹기하다가 찾은 공벌레(쥐며느리)를 손바닥 위에서 굴리며 놀던 일

뒷산에서 대왕 방아깨비를 잡았다고 하루 내내 신이 났던 일

나의 어린시절은 생태 체험이라는 말과 아주 거리가 멀었다. 자연과 거리가 멀어서가 아니라 생태를 체험한다는 말이 어색한 곳이었기 때문이다. 학교가 넓은 논밭 가운데 있었고 학교 옆으로는 내천이 흐르고 있었기 때문에 등하굣길에 나는 항상 친구들과 그곳을 들여다보며 시간을 보냈다. 개울물 위로 연둣빛 개구리밥이 얇게 깔리면 절대 그냥 지나치지 않았다. 손가락으로 개구리밥을 가르며 뭐라도 꼭 그려 보아야 했다. 또 길을 걸을 때는 나뭇잎, 풀잎을 따서 어찌나 찢으며 다녔는지 손톱에서는 항상 풀냄새가 났다. 키가 제법 자랐을 때는 아카시아 꽃잎을 많이 딸 수 있게 되어서 친구들과 꿀을 빨아 먹으며 즐거웠다. 신기하다. 이런 장면들이 잊히지 않고 아직도 기억에 생생히 남아 있는 게 말이다. 너무나 일상적인 매일의 생활이었는데 왜 잊히지 않고 기억에 남아 있는 걸까. 아마도 자연 속에서 무언가를 무의식적으로 계속 새롭게 느끼고 배우고 있었기 때문인 것 같다.

내가 자연 속에서 간직하게 된 아름다운 기억을 아이들도 간직할 수 있으면 좋겠다는 마음이 들었다. 그 기억이 자연과 더불어 살아가는 사람으로 자라는 데 씨앗이 되기를 바랐다. 어쩌면 이 소망이 내가 환경수업을 하고 싶다는 마음을 갖게 된 가장 큰 이유였는지도 모르겠다.

도심 속 아이들을 둘러싼 환경과 그에 따른 경험은 나의 어린 시절과 사뭇 달

라 보인다. 우선 생태를 체험하기 위해서는 일부러 시간과 돈을 들여야 하니 말이다. 인위적인 체험장이다 보니 다소 조악하게 느껴지는 때도 있지만 그럼에도 불구하고 아이들은 그 한정된 시간을 엄청 좋아하고 신나게 즐긴다. 자연 속에서 노는 게 익숙하지 않은 도시 아이들이 자연 안에서 물 만난 듯 자유롭게 노는 모습을 보면 안타깝기도 하다. 새삼, 인간은 자연의 일부가 맞는 것 같다는 생각이 든다. 아이들이 스마트폰이나 컴퓨터에만 집착하고 제대로 놀 줄도 모른다고 생각했던 것이 부끄럽기도 했다. 아쿠아리움에 돌고래를 가두어 두는 것처럼 어른들이, 그리고 사회가 아이들로부터 아이들이 좋아하는 자연환경을 빼앗고 단절시킨 건 아닐까.

환경교육에 관심을 가진 적 없거나 아직 낯설게 느끼는 교사들에게도 생태교육은 익숙하다. 생물 관찰하기, 텃밭 가꾸기, 동물 키우기, 생명 존중하는 글쓰기, 생물을 활용한 소품이나 음식 만들기, 쓰레기 줍기 등이 오래전부터 환경교육 활동으로 진행되어 왔다. 모두 생태교육 활동이다. 자연 친화적인 정도는 사람마다 다르지만 생태교육의 중요성과 효과를 반박하는 사람은 없다. 생태교육을 통해 인간은 몸과 마음을 치유받기도 하고 자연으로부터 삶에 대한 영감을 얻기도 한다. 특히 어릴 때 길러진 생물적 탐색 능력과 생태적 감수성은 오랫동안 기억되어 아이들의 발달과 인격 형성에 긍정적인 영향을 미친다.

환경교육이 아직 우리 교육현장에 정착되지 않았다고 말하고 있지만 생태교육만큼은 그 중요성과 효과에 공감하여 실천하고자 노력하는 교육자와 교육현장이 적지 않다.

내가 근무했던 첫 학교에서는 특색 사업으로 '1인 1작물 가꾸기'와 '벼 재배 체험'을 진행했다. 서울 한복판에 있는 도심 속 학교였지만 교장선생님의 특별한 관심 덕분에 지속적으로 체험할 수 있는 환경을 다 같이 만들어 낼 수 있었고 전교생 모두가 텃밭에서 작물 하나씩을 키우고 수확까지 했다. 텃밭에 나가 매일 작물을 살피고 물 주고 하며 돌보던 아이들의 모습이 떠오른다.

사실 학교 단위의 생태교육은 형식적인 수준에 그치는 경우도 적지 않다. 그렇게 되면 교사 개인의 자율과 역량에 맡겨지는데 많은 교사가 생태교육의 효과를 알고 있음에도 불구하고 여건과 심리적인 문제로 실천하기를 어려워한다. 전교생이 작물 가꾸기를 했던 첫 학교에서는 생태교육을 하기에 여건이 좋았는데도 나조차 아이들을 가끔 텃밭에 데리고 가서 관찰하게 하고 격려하는 정도에 그쳤다. 아이들을 데리고 교실 밖으로 나가는 것 자체도 부담스러웠다. 야외로 나간다고 해도 어떻게 지도해야 할지 감이 안 잡혔다. 생태교육을 하려면 수많은 식물의 이름도 다 알아야 될 것만 같았다. 국립공원이나 생태공원 같은 곳에서 만날 수 있는 해설사나 생태교육 지도사가 식물의 특성이나 식물에 얽힌 역사 이야기를 재미 있게 설명하던 것을 상상하니 자신이 없었다.

그래서 내가 시도했던 생태교육은 교실에서 식물 키우기였다. 아이들이 초록 식물을 바로 옆에서 자주 관찰하고 돌볼 수 있다는 게 가장 큰 장점이라고 생각했다. 밖으로 나가지 않고도 안전하게 자연과 친해질 수 있는 방법이기도 했다. 식물이 풍성하게 자라서 교실 창가가 초록빛 커튼처럼 변하는 모습을 기대했다. 한껏 기대에 부풀어 학기 초에 아이들에게 화분을 하나씩 가져오라고 했다. 교실 창가에 화분을 줄지어 두니 교실에 생기가 넘쳤다. 그런데 그게 오래가지 못했다. 아이들은 꽃이 있던 초반에만 잠시 관심을 가졌다가 곧 관심을 거뒀다. 끝까지 관심을 준 아이들도 있었는데 두세 명뿐이었다. 결국 학기 말에는 식물들이 거의 다 죽어서 쓰레기통으로 들어가고 말았다. 처음 시도한 일이라 실패했나 싶어 다른 방법을 찾아보았다. 그래서 그다음 해에는 페트병을 재활용해서 화분을 직접 만들고 식물을 심어 오도록 했다. 물을 자주 주지 않아도 되는 수중식물로도 도전해 봤다. 똑같은 식물이 어떻게 서로 다르게 자라는지 관찰하게 하기 위해 내가 식물을 하나 선택해 나눠 주기도 했다. 기르기 쉽다는 식물로 골라서 개운죽도 해 보고 스킨답서스도 해 봤다. 그렇게 몇 년 동안 얼마나 많은 식물을 죽였는지 모른다.

언젠가 학기 말이 되자 교실 뒤에 쌓인 페트병 화분 쓰레기를 보며 마음이 불편해졌다. 환경을 생각해서 시작한 일이었는데 환경을 더 망치고 있는 듯해서 자책감이 들었다. 식물 기르기에 내가 소질이 없음을 빨리 깨닫고 포기했어야 하는데 미련 때문에 큰 잘못을 저지른 것 같았다.

그러다 문득 교실 창 너머에 있는 나무들이 눈에 들어왔다. 내가 애쓰지 않아도 계절에 따라 자연스럽게 변하는 자연 그대로의 모습이 이미 있는데 자연을 억지로 교실로 끌어들이려 한 게 아닌지 의문이 들었다.

자연을 실내로 들이려면 빛, 물, 흙, 영양분, 온도, 환기, 화분과 같이 또 다른 환경을 만드는 데 자원과 에너지를 써야 한다. 한편 자연은 이미 수많은 생물과 비생물이 조화를 이루고 있다. 우리가 자연으로 들어가는 게 효율적인 선택이라는 생각이 그때 들었다. 게다가 야외로 나가는 일은 그 자체로 아이들의 흥미를 끈다. 아이들만의 순수한 에너지가 눈에 띄게 살아난다.

그런데 막상 밖에 나가서 무얼 어떻게 할지 생각하다 보니 다시 난감해지고 부담감이 밀려왔다. 하지만 한순간 나의 어린시절이 떠올랐고 자유롭게 나가 놀기만 해도 생태교육은 이루어질 거라는 자신감이 깊은 곳에서 솟아났다! 생태놀이라는 게 특별히 애를 써 진행해야 하는 인위적인 놀이일 리가 없지 않은가.

사실 자연에는 놀거리가 천지에 있고, 노는 방법은 내가 어릴 때 그랬던 것처럼 즉흥적으로 함께 정해도 된다. 식물이나 동물 이름을 교사가 잘 모르면 모른다고 솔직하게 말하고 아이들이 직접 이름을 지어 주게 해도 된다. 그렇게 어떤 나무, 어떤 곤충이 있는지 전혀 알지 못한 채 나는 어느 날 아이들을 데리고 무작정 교실 밖으로 나갔다.

선생님이 보이는 곳까지만 다치지 않게 조심히 돌아다니고 생물을 함부로 만지거나 훼손하지 말라는 규칙만 정해 주고 아이들이 자유롭게 관찰하도록 두었다. 역시나 무엇을 할지 걱정할 필요가 없었다는 확신이 드는 데까지 그리 오랜 시간이 걸리지 않았다. 아이들은 강아지처럼 여기저기를 폴짝폴짝 뛰어다니며 땅 보고 하늘 보고 정신이 없었다. 교실에서와 다르게 내가 질문하지 않아도 아이들이 먼저 와서 말을 했다. 내가 보지 못하는 것을 아이들은 돋보기처럼 발견했다. "선생님, 이거 보세요. 애벌레가 나뭇잎에 이불처럼 실을 뽑아 놨어요." 내가 모르는 곤충 이름을 어떻게 알았는지 오히려 나에게 알려 주기도 했다. "선생님, 저 십자무늬노린재 봤어요!" 내 눈에는 그저 공기 좋은 숲이었는데 아이들에게는 심심할 틈이 없는 무궁무진 놀이터였다.

생태교육 지도사 안만홍은 그의 저서 《에코 산책 생태 교육》에서 '선체험 후 해설(학습)의 원칙'을 강조했다. 어떤 교육에서는 특별한 관점을 미리 안내하기도 하지만 생태교육은 자연스러운 체험활동 위주이기 때문에 열린 관점이 중요하다. 미리 활자화된 자료나 사진과 동영상을 통해 생태 현장에서 살아가는 자연물에 대해 자세하게 보고 듣고 나면 막상 생태 현장에서 자연물을 대할 때 호기심이 덜하다는 것이다. 어차피 자연은 시시각각 변하고 아이들마다도 체험하고 느끼는 게 다르다. 그래서 살아 있는 자연물을 직접 보거나 만져 보는 등 오감을 이용해 체험을 한 후에 아이들과 이야기를 나누는 게 훨씬 교육적 효과가 높다. 교사가 대상에 대해 자세하게 알려 준 뒤 관찰이나 경험을 진행하면 아이들의 체험은 그 지식의 틀 안에서만 이루어질 것이다. 아이들이 스스로 체험하게 하고 그것을 감각적으로 표현할 기회를 우선적으로 주는 게 좋다.

아이들은 체험한 일을 자기만의 이야기로 각색해 새롭게 풀어내려는 신나는 에너지를 이미 넘치게 가지고 있다. 게다가 나보다 더 잘 보고 잘 느낀다. 그렇다면 교사로서 나의 역할은 생태적 공간으로 아이들을 안내하는 게 전부다. 그리고 아름다운 자연을 경외하고, 작은 발견도 놓치지 않은 아이들의 관찰력을 연신 감탄해 줄 준비만 되어 있다면 생태수업의 가장 중요한 준비물은 마련된 셈이다. 사실 이 준비물만 마련되어 있어도 생태수업은 거의 성공이다.

처음에는 생물과 생태에 관한 무언가를 가르쳐야 하지 않을까 하는 압박감이 있었다. 생태교육을 하며 교사의 마음이 정화되고 치유되는 것이 아니라 스트레스를 받는 모순이 생길 수 있다.

변화무쌍한 생태 현장이 교사의 눈에 편안하게 들어오기 시작하는 데까지 시간이 걸린다. 이를 위해서는 자연과 생태를 지식의 실험실이나 학습의 대상으로 받아들이지 않고 마음과 감성으로 받아들이는 연습이 필요하다. 요즘에는 스마트폰만 있으면 어떤 꽃인지 어떤 나무인지 이름과 특성을 금방 이미지 검색으로 알 수 있다. 그렇다면 생태수업에서는 생물에 대한 지식을 알려 주는 것보다는 자연의 아름다움과 자연 속에서 느낄 수 있는 안도감 같은 것을 체득하도록 하는 게 바람직하다. 그리고 이런 자극을 아이들에게 전달하기 위해서는 교사 스스로가 직접 체험하고 느끼는 게 중요하다. 교사가 먼저 느끼고 그 느낌을 아이들에게 고스란히 전달할 수 있도록 생태적 감수성을 기르고 되새기는 게 좋다. 쉬는 날이면 산이나 강으로 떠나자. 큰 나무들과 숲, 산세를 오래 바라보고 들꽃이나 풀은 가까이 들여다보자. 들꽃 냄새, 풀 냄새, 흙 냄새가 불러오는 어린 시절의 기억 속에 한동안 머물러 보자.

아이들과 첫 생태놀이를 하러 나갔던 그곳은 청룡산이었다. 정말 운이 좋게도 학교 바로 뒤에 가볍게 오르기 좋은 산이 있었던 것이다. 근처에는 '청룡산 숲 체험장'이 조성되어 있어서 자주 갔다. 봄이라서 가고, 운동하러 가고, 나뭇잎 그리러 가고, 곤충 잡으러 가고, 동시 쓰러 갔다. 햇빛 아래 함께 숲길을 걸으며 이야기를 나눌 때마다 아이들과 색다르게 통하는 특별한 느낌을 받았다. 교실 밖에 나갔다 오면 아이들과 나 사이에 비밀스러운 추억이 하나씩 만들어지는 기분이었다. 그 학교에서 내가 가르친 교과 내용은 별로 기억나지 않지만 청룡산에서 놀았던 시간은 생생하다. 왠지 아이들도 그럴 것 같다. 어린 시절, 선생님과 친구들과 숲속에서 함께했던 시간은 잊히지 않을 것 같다.

다음 학교에는 작은 화단과 운동장 주변 나무 몇 그루만 있을 뿐 그런 숲이 없었다. 대부분의 도심 학교가 이럴 것이다. 그래도 괜찮다. 아무리 도심이어도 잘 찾아보면 적당한 장소가 주변에 꼭 하나씩은 있으니 말이다. 결국 무성한 숲은 없었지만 학교에서 조금 걸어가면 불광천이라는 꽤 큰 하천을 만날 수 있었다. 하천 주변에 사는 식물과 곤충은 숲속의 생물과 또 달랐다. 불광천을 따라 산책도 하고 날을 정해서 도시락 싸서 소풍도 갔다. 돌아올 때는 쓰레기 줍기도 하며 마을 어르신들로부터 칭찬도 들었다. 학교와 멀어서 조금 번거로웠지만 아이들과 통하기 위해 한 번이라도 더 나가려고 노력했다. 밖으로 나가 자연 속에 있을 때는 우리 반 특수학생인 민영이도 다른 아이들과 제법 잘 어울렸다. 자연 안에서 우리는 모두 편하게 잘 통했다.

내가 어릴 때 가지게 된 환경에 대한 감성을 가질 기회를 아이들에게도 충분하게 주고 싶다. 환경 속에서 뛰놀았던 생태수업에 대한 기억으로 아이들이 자연과 더불어 살아가는 사람으로 자라길 바란다. 때로 잠시 멈추어 자연을 자세히 들여다보고 있자면 아이들의 마음이 겹쳐 보인다.

# 함께해야 잘되는 수업이 있다

## : 교사라는 환경시민

요즘 나는 예전과는 다른 세상에 살고 있는 것과 같은 신기한 일들을 겪고 있다. 환경과 환경교육에 관심 있는 사람들과 만나고 '환경 이야기'를 나누는 날이 오다니. 이전에는 생각하지 못한 일이었다. 환경에 관심 있는 사람들이 이렇게 많았다니! 놀랍고 반가울 따름이다.

　예전에는 사람들 앞에서 환경 이야기를 좀처럼 꺼내지 않았다. 부끄러운 일은 아니었지만 환경 이야기를 하는 순간, 나에 대한 선입견이 생길 것 같아 두려웠다. 가족이나 아주 가까운 지인들은 내가 환경에 대해 얼마나 진심인지 알고 있었지만 가까운 사람들조차도 "참 유별나네. 너 혼자 그렇게 한다고 환경은 안 달라져." 하는 반응이었다. 그러다가 내가 조금이라도 환경에 반하는 행동을 하면 "환경을 생각한다면서 왜 그래? 너도 어쩔 수 없지."라며 엄격한 잣대를 들이대곤 했다. 내가 환경 이야기를 꺼내는 것이 결코 나에게도 상대방에게도 득이 될 게 없다는 생각이 들었다. 그렇게 다른 사람들의 시선을 피해 나 혼자 조용히 실천해 왔다. 혼자 하려니 사실 외롭고 힘들었다. 누군가에게 인정받기 위해서도 아니고 우리가 좋은 환경에서 살았으면 해서 노력하는 것인데 조금 억울하기도 했다.

재미있고 외롭지 않게 실천하고 싶었다. 그래야 꾸준히 할 수 있으니 말이다. 누군가와 소통할 창구를 찾던 중 온라인을 이용해 보기로 했다. 온라인 공간에서는 환경 이야기를 솔직하게 마음껏 할 수 있고 비교적 쉽게 사람들과 소통할 수 있다. 요즘에는 주제별로 계정을 따로 만든다고 하던데, 나도 재미 삼아 환경 SNS 계정을 만들어 보았다. 그리고 환경교육과 환경 실천에 대한 생각을 조금씩 올리기 시작했다.

그곳에서 내가 상상하지 못했던 세상을 보게 되었다. 나와 같은 개인들은 물론이고 자발적인 환경 동호회, 지역 또는 국가 환경단체, 환경 기업들을 만날 수 있었다. 이렇게 많은 사람들이 환경에 관심을 갖고 있었는지 나만 모르고 있었나 싶을 정도였다. 코로나19 팬데믹 이후로 환경 계정이 더 많이 늘어난 것 같기도 하다. 신기하기도 하고 반갑기도 하고, 이 또 다른 세상에서 큰 힘을 받고 있다. 매일 새롭게 올라오는 게시물들을 보며 정말 많이 배우고 있다. 내가 몰랐던 정보도 얻고, 다양한 사람들이 자신의 장소에서 실천하는 모습을 보며 자극을 받는다. 한 번도 만나본 적은 없지만 서로 힘을 모아 인증샷, 서명, 설문조사, 릴레이 챌린지를 하는 모습이 정말 멋졌다. 지구촌 시민이라는 것을 처음 제대로 목격하는 기분이 들었다.

지구촌의 다양한 일에 한 명의 시민으로서 직접 참여할 수 있는 멋진 세상이 되었다. 나의 작은 실천이 또 다른 사람들에게 영향을 주고 계속 퍼지는 아름다운 지구촌이 되기를 꿈꾼다. SNS는 성가시기도 하고 그렇게 큰 도움이 되지 않는다고 생각했는데 환경 이슈처럼 많은 사람의 참여가 필요한 영역에서는 순기능이 강력한 것 같다.

가볍게 시작했던 환경 SNS를 시작으로 온라인에서 다양한 환경 모임들을 파도 타듯이 줄줄이 알게 되었다. 우연히 들어간 가게에서 특별한 물건을 발견한 것처럼, 우연히 알게 된 모임에서 좋은 사람들과 많은 정보를 나누고 있다. 그중에 오픈 채팅방인 '쓰레기 없는 세상을 꿈꾸는 방(일명 쓰없방)'이 있다. 온라인에서 환경에 관련된 대화나 토론을 자유롭게 하는 누구에게나 공개된 공간이다. 수많은 사람들이 하나의 채팅방에 모여 환경에 관한 궁금증을 자유롭게 주고받으며 환경문제에 대해 함께 고민하고 토론도 한다. 플라스틱, 쓰레기, 에너지, 채식, 환경윤리, 환경정책 등 가벼운 질문부터 심각한 환경이슈 토론까지 다루는 범주가 매우 넓다. 하루에도 많은 정보 공유와 토론이 이루어지기 때문에, 모든 대화에 직접 참여하지는 못하지만 사람들이 나눈 대화를 보는 것만으로도 정말 많이 배울 수 있다. 특히 좋은 점은 학생, 주부, 교사, 기자, 환경 관련 업계 종사자 등 다양한 사람들의 의견을 들을 수 있다는 점이다. 이렇게 많은 사람이 환경에 대해 열띤 토론을 나누는 장면을 마주한 것만으로도 나는 눈물 날 정도로 감격스러웠다. 가끔 중학생 정도의 어린 학생들도 함께 이야기를 나누는데 환경을 생각하는 마음이 기특하면서도 미안하기도 하다. 항상 미래세대를 위한 환경교육이 중요하다는 결론에 이른다. 현장에서 아이들을 가르치고 있는 교사로서 다시 한번 무거운 책임감을 갖게 된다.

코로나19 팬데믹 이후 환경에 관심을 갖게 된 사람들이 확실히 많아진 것 같다. 환경에 관한 강력한 정책적·제도적 규제를 행정부에 요구할 정도로 사람들의 인식이 많이 변화되었다. 환경을 생각하는 목소리는 더 이상 소수의 목소리에 그치지 않고 개인이나 단체의 자발적인 움직임이 이어져 목소리가 점점 높아지고 있다.

최근에는 환경 전반적인 이야기뿐만 아니라 좀 더 세분화, 전문화된 여러 활동 트렌드가 형성되어 있다. 비건, 바디버든(body burden), 제로 웨이스트, 쓰레기 줍기(플로깅), 클린 산행, 업사이클링, 동물 보호, 미니멀 라이프 등 어떤 중점적인 활동을 꾸준하게 실천하는 것이다. 환경에 관심이 없었던 사람들도 다양한 계기로 환경이라는 키워드에 접근해 들어온다. 나도 다른 사람들의 다양한 활동을 보며 채식, 제로 웨이스트, 플로깅, 미니멀 라이프를 실천하기 위해 노력 중이다.

특히, 교사로서 내가 실천할 수 있는 것은 환경교육과 환경수업인데 늘 부족하다는 생각이 든다. 환경을 생각하는 마음만으로는 지속할 수 없다. 환경은 계속 변화하고, 환경 이슈(문제)는 항상 새롭게 발생하고 복합적·전문적이다. 그래서 어쩌면 모르는 게 항상 많은 게 당연하다. 그 분야의 전문가는 아니지만, 교육자로서 계속 공부해야 할 필요성을 느꼈다.

뜻이 있으면 길이 보인다고 했던가. 우연히 환경 혹은 환경교육에 대한 관심으로 만들어진 온오프 모임에 참여하게 되었다. 환경에 관한 정보와 의견, 수업 아이디어와 고민을 확장시킬 수 있어서 큰 힘을 얻을 수 있었다. 환경교사 모임으로 1995년에 창단되어 역사가 깊은 '환경과 생명을 지키는 전국교사모임'에서는 각종 환경교육 자료를 제작하고 많은 책을 발간해 왔는데 코로나19 팬데믹 이후로는 기후와 생태전환 등에 관해 매주 온라인에서 토론하며 공부하고 있고 줌을 통해 누구나 참여할 수 있다. 그리고 최근에 알게 된 실천 모임 '지구하자'에도 관심을 가지고 있다. 전국에 있는 교사들이 환경교육 자료를 개발하고 배포하는 모임인데, 자발적으로 참여하는 교사가 많아지고 있는 것 같아 환경교육에 희망이 있음을 느꼈다. 또 일반에 공개된 모임으로 환경을 깊이 있게 공부하는 '쓰줍인 스터디' 모임에도 참여하고 있다. 일주일에 한 번 주제를 정해서 미리 공부를 해 온 뒤 발표하고 토론을 한다. 교사가 아닌 다양한 사람들의 생각을 들을 수 있어 많이 배우고 있다. 한 번 화상 모임을 할 때마다 2시간이 모자를 정도로 환경 이야기를 하는 날이 오다니 신기하고 놀라울 따름이다. 예전에는 내가 알고 있는 주변이나 오프라인 모임만 찾았었는데, 팬데믹 이후 오히려 온라인에서 새로운 사람들을 만날 수 있는 기회가 더 많이 생긴 것 같다. 비록 물리적 거리는 멀지만, '환경'을 매개로 만나 깊은 공감과 새로운 정보를 공유할 수 있다는 게 감사하다.

사람은 자신과 비슷한 사람들을 찾고 그 사람들로부터 위로받기를 원하고, 자신도 누군가를 위해 도움을 주고 싶어 한다. 이는 인간의 본능이다. 단 몇 사람이라도 공감해 주고 내 곁에서 힘이 되어 준다면 지치지 않고 나아갈 수 있는 동력이 된다. 그게 바로 공동체의 힘이다. 가끔 개인 블로그에 환경교육, 환경수업에 관하여 기록하였지만, 나 혼자만의 이야기를 하는 것보다 다른 사람들과 함께 나누는 공간이 있으면 좋겠다고 예전부터 생각했었다. 그래서 무작정 온라인 카페를 개설했다.

환경에 관심이 많은 나조차도 환경수업을 하기 위한 자료를 찾거나 아이디어를 만들어 내는 데에 많은 어려움이 있었다. 환경교육과 환경수업을 하는 사람들을 위한 정보가 모여 있는 곳이 필요했다. 위에서 내려오는 환경교육 정책이나 지침이 아니라, 아래로부터의 자발적이고 생생한 현장의 모습이 있는 곳. 사소한 아이디어나 실천이라도 기록해 두고 공유하면 좋을 것 같았다. 이것은 나 한 명으로는 절대 할 수 없는 일이다. 특히 지구를 살리는 '환경교육' 분야에서는 말이다. 그래서 카페 이름을 '함께 그린(Green) 교육'이라고 지었다.

환경수업을 꾸준히 정리해 두면 여러 가지 좋은 점이 있다. 우선 내가 기록해 놓은 환경수업 장면을 가끔 다시 보면 앨범을 열어 보는 듯한 즐거움을 느낀다. 뿐만 아니라 수업을 다시 곱씹고 보완하게 되어서 다음 수업을 계획할 때 많은 도움이 된다. 또한 수업을 하고 기록해 두지 않으면 얼마 지나지 않아 금방 잊어 버리게 되는데 환경수업에 관한 정보나 자료, 생각들을 한 곳에 정리해 놓고 차곡차곡 쌓아 가다 보면 소중한 자료집이 된다.

비록 지금은 나 혼자 게시물을 올리고 있지만, 언젠가는 많은 사람들이 환경교육에 대해 소통하는 공간이 되기를 희망한다. 환경수업을 한 번이라도 시도해 보는 씨앗이 되기를 소망하며 이 카페를 만들었다. 지금 뿌린 이 씨앗이 미래를 얼마나, 어떻게 변화시킬지 아무도 모르지만, 그래도 지구를 살리는 '좋은 씨앗'을 조금씩 조금씩 키워 보는 것은 어떨까. 함께 그려 보아요! 카페에 놀러 오세요!

# 함께하는 환경교육,
# 교사 학습공동체 만들기

"선생님, 환경수업 한번 도전해 보실래요?"

말 그대로 도전이다. 나 역시 처음 환경수업을 시도했을 때 큰 용기가 필요
했고 과정은 외로웠다. 어떤 주제로 할지, 어떤 자료가 필요한지 갈피를 잡지
못해 어려움도 많았다. 올바른 방향으로 환경수업을 하고 있는지도 항상 고민
이었다. 아무 도움 없이 혼자 하려니 한계에 부딪혔고 포기하고 싶을 때도 많
았다.

그러나 외적 어려움과는 달리 환경수업의 효과는 다른 교과 수업에 비해 즉
각적이었다. 감동하는 일이 자주 일어났다. 아무것도 모르고 도전했던 환경수
업이었는데 아이들의 변화가 환경수업을 지속할 수 있는 원동력이 되었고 결국
나를 변화시켰다.

이렇게 놀라운 환경수업을 더 많은 선생님들과 함께 연구하고 공유하고 싶었
다. 무슨 일이든 혼자보다 여럿일 때 더 큰 힘을 발휘하니 말이다. 나와 다른 이

야기를 갖고 있는 선생님들의 경험을 경험해 보고도 싶었다. 서로의 직접경험을 간접경험하며 메타경험하면 서로 더욱 성장하고 발전할 수 있다고 믿었다.

모든 교사가 나와 똑같지는 않다는 건 분명하다. 그래서 궁금했다. 특히 환경수업 경험이 거의 없는 평범한 선생님들의 경험은 어떨지 궁금했다. '다른 선생님들은 환경수업을 어떻게 생각할까. 다른 선생님들의 환경수업 장면은 어떤 모습일까. 다른 선생님들은 환경수업을 통해 무엇을 느끼고 어떤 변화가 있을까.'

대부분의 교사들은 환경수업 경험이 거의 없고 어색해한다는 것을 잘 알고 있었다. 혼자 시도하기는 어렵지만 함께 실천하며 성장하면 좋겠다는 생각으로 용기 내어 옆 반 문을 두드렸다.

"선생님, 저와 함께 환경수업 해 보실래요? 처음부터 바로 시도하기는 어려우실 테니 제가 도와 드릴게요. 서로 수업 계획과 자료를 공유하고 최종적으로는 선생님 스스로 환경수업을 해 보는 거예요."

한 번의 수업으로 끝나지 않게 하고, 변화할 수 있는 충분한 시간과 기회를 위해 한 학기 동안의 수업을 계획, 실행, 평가까지 함께해 보자는 제안을 했다. 간단하지는 않은 일일 거라 생각하여서 너무 많지 않게 딱 3명 선생님만 구해 보자고 생각하며 동학년 선생님들께 말씀드렸다. 그런데 내 걱정과는 달리 3명의 선생님 모두 흔쾌히 응해 주시는 것이었다.

드디어 '앞서 환경수업을 경험해 본 교사(나)'와 함께 초등교사 3인의 '환경수업 도전 프로젝트'를 시작할 수 있게 되었다. 선생님들은 기본적으로 배움에 대한 열정이 높고, 교육에 관한 것이라면 새로운 경험도 기꺼이 도전한다는 것을 다시 한번 깨달았다. 그 과정이 쉽지 않고 수고가 따를 것이라는 걸 알고 있더라도 말이다.

## 환경수업 도전 프로젝트

'어떻게 하면 많은 교사가 환경수업을 실천할까?' 하는 이 한 가지 고민이 프로
젝트의 시작이었다. 환경에 별로 관심 없는 교사들도 많겠지만 환경교육의 필
요성에 대해서는 부정하는 사람은 없을 것이다. 사실 모든 초등학교 선생님들
은 어떤 수업이든 탁월하게 할 수 있는 능력을 가지고 있다. 환경수업을 못하
는 게 아니라 단지 경험이 부족할 뿐이라고 생각한다. 결국 교사들의 직접적인
'환경수업 경험'이 핵심이라고 생각했다. 경험이 쌓이다 보면 전보다 발전할 것
이고 더 창의적인 방법으로 해낼 수 있는 선생님들의 능력을 믿는다. 나도 환경
분야에 특별한 능력이 있어서 하는 게 아니라 그저 환경에 관심과 신념이 있어
서 자주 시도해 본 교사 중 한 사람일 뿐이다.

　환경수업을 무작정 해 보자거나 일방적으로 주입하면 선생님들의 자발성과
자율성을 끌어내기 어려울 것 같았다. 그래서 교수·학습 원리 중 하나인 '스캐
폴딩(Scaffolding)'의 개념에 착안하여 선생님들에게 개별적으로 적절한 발판(도
움)을 제공하는 방법을 택했다.

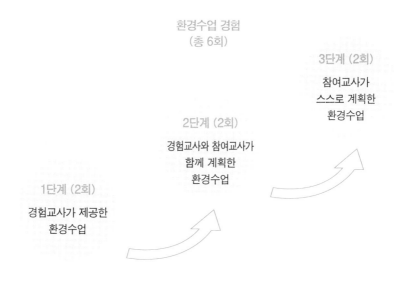

최대한 다양한 환경수업 사례를 경험해 보고 지속적으로 이어지기 위해서는, 단계별로 최소 2회 정도의 실행 경험이 필요하다고 생각했다. 프로젝트가 진행되는 동안 단계가 올라갈수록 경험교사의 개입을 점점 줄여 가도록 하여 총 6회 이상의 수업을 실행하도록 하였다. 교수·학습 과정안은 함께 계획 및 작성하고, 수업 실행을 한 뒤에는 수업 일지를 꼭 작성하도록 하여 자신의 수업을 되돌아보는 시간을 가졌다.

## 환경수업 경험을 통해 선생님들에게는 어떤 변화가 있었을까?

한 학기 동안 진행된 '환경수업 도전 프로젝트'를 통해 선생님들에게는 어떤 변화가 있었을까? 환경수업에 도전해서 실행하는 자체만으로도 교사 개인에게 좋은 경험이 될 테지만 구체적으로 어떤 의미와 변화가 있는지 궁금했다. 그래서 프로젝트 전후로 참여 선생님들과 솔직하고 깊은 면담을 하였고, 수업 실행을 하는 과정을 옆에서 관찰하였다. 이를 통해 알게 된 것은 교사의 환경교육에 대한 직접, 간접 경험이 교사의 환경교육 전문성 발달과 환경시민성 함양, 그리고 환경관 및 환경교육관 형성에 긍정적으로 영향을 미쳤다는 점이었다. 그리고 그중 환경관 및 환경교육관은 환경 시민성 함양에 다시 영향을 미치고 있었다.

이 프로젝트에 참여하신 선생님들도 자신에게 일어난 변화에 만족하셨지만 프로젝트를 계획한 나에게도 이 프로젝트는 아주 의미 있는 경험이었다. 힘들었지만 좋은 경험이었다고 만족스러워하시는 선생님들을 보며 나 또한 뿌듯했고 선생님들의 환경수업에 대한 관심과 개인의 성장에 대한 열망을 느낄 수 있어 환경교육의 희망을 보았다. 똑같은 수업이 교사마다 다르게 구현되는 모습이 흥미로웠고, 다른 선생님의 아이디어를 새롭게 얻을 수 있어서 좋았다. 가장 좋았던 점은 함께 환경수업을 고민하고 소통할 수 있는 동료가 생긴 것이었다.

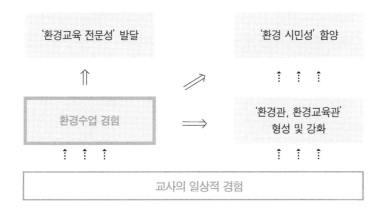

환경수업 경험이 초등교사에게 미치는 영향과 변화[●]

'환경교육 전문성' 발달

'환경 시민성' 함양

환경수업 경험

'환경관, 환경교육관' 형성 및 강화

교사의 일상적 경험

한편 아쉬운 점도 몇 가지 있었다. 선생님들에게 환경수업을 시도하도록 안내한 것은 의미가 있었지만 나 또한 같은 초등교사로서 환경수업에 통달한 전문가는 아니기 때문에 당시의 프로젝트에서는 좀 더 일관성 있고 계열성 있는 수업으로 실행되도록 돕지 못했다는 아쉬움을 갖게 되었다. 선생님들과 지금의 내가 다시 환경수업을 계획한다면 환경 그림책이나 환경 영화, 환경 보드게임과 같이 수업자료를 세분화하고 각각을 연계할 수 있도록 안내할 것이다. 또한 이 프로젝트는 컨설팅 성격이 강했기 때문에 모임의 기획자와 참여자의 일대일 소통이 주로 활발하게 일어났다. 참여한 선생님들이 각자의 다양한 의견을 주고받고 서로의 수업을 함께 공유하면 더 많은 아이디어와 자료를 생성할 수 있겠다고 생각했다. 교사 학습공동체의 필요성을 느낀 것이다.

---

●     홍세영, 김찬국. (2019). 〈환경수업 경험을 통한 초등교사의 환경교육 전문성 변화〉. 환경교육, 32(2), 174-187.

# 환경교육 교사 학습공동체 운영 팁

나의 경험을 기반으로 다른 선생님들께 환경교육 교사 학습공동체의 몇 가지 운영법 팁을 공유해 드리고자 한다.

● 모집/지원

- 이미 알고 있는 사람들 중에서 뜻이 맞는 사람을 찾는 것도 좋지만 이제 보편화된 온라인 모임을 이용해도 좋다. 온라인에서 모집하면 조건이나 특성을 세부적으로 잡고 그 뜻이 맞는 사람을 모으기가 용이하다.
- 가장 중요한 것은 자발적인 지원이다. 환경교육은 특히 강제적으로 운영하면 환경교육의 목적을 달성하기 어렵다. 따라서 개인의 상황과 의지에 따라 모임의 참여 여부가 자유로워야 한다.
- 모임 인원수에 어느 정도 제한을 두는 게 좋다. 인원이 너무 많아지면 공동체에 소속감을 갖기 어렵고, 너무 적으면 공동체 내 소모임 운영을 하기 어렵다. 10명~15명 정도가 적당하다.

● 학습 내용

- 공동체의 목표를 먼저 정한다. 환경교육 전반을 다룰 것인지, 환경수업을 공유할 것인지, 환경수업 자료를 제작할 것인지 등 핵심목표에 따라 공동체의 이름과 성격이 달라질 것이다.
- 개인의 성장과 변화를 위한 다소 도전적인 과제를 제시한다. 교사가 학습공동체에 참여하는 가장 큰 이유는 자신의 전문성 신장이다. 따라서, 공동체의 목표에 맞는 새로운 과제를 개별적으로 진행할 수 있도록 하면 좋다.
- 환경교육을 평생교육, 교양교육의 하나로 여기고, 재미와 힐링이 모두 있는 내용을 포함시킨다. 환경, 환경교육에 대한 고민과 이야기를 부담 없이

나누는 장이 되도록 한다.

● 운영 방식

- 공동체에 참여하는 모든 교사는 동등한 입장이지만 운영을 위해 책임자를 둔다.
- 모임의 활성화를 위해 온라인과 오프라인 모임을 상황에 알맞게 병행한다.
- 공동체 내 소모임을 구성한다. 환경 독서 모임, 환경 책 쓰기, 환경수업 자료 제작 등의 소모임을 공동체에서 자유롭게 정한다.
- 적절한 보상과 성과를 활용한다. 교육기관의 행정적 · 재정적 지원을 받아 내실 있게 운영한다.

# Part 3

# 쉽게 시작하는 환경교육 기본원리 9

## : 친환경적 환경수업 베이직 매뉴얼

# 가짜 친환경수업이 있다

: 점검! 수업자료

## 가짜 친환경수업

같은 레시피를 보고 요리하더라도 재료에 따라 음식의 맛은 전혀 딴판이 된다. 수업도 주제와 목표를 정했다면 활동 자료를 잘 선택해야 한다. 어떤 자료를 활용하느냐에 따라 수업의 참여도, 성취도가 달라질 뿐 아니라 환경수업의 친환경성 자체가 좌우되기도 한다.

한때 환경교육 프로그램에 자주 등장했던 활동이 하나 있다. 바로 에코백 꾸미기다. 여기저기서 에코백을 기념품으로 나누어 주고 또 만들어 보게 한다. 옷장 구석에 쌓여 있어서 쓰지도 버리지도 못하는 애물단지로 전락한 에코백을 과연 친환경적인 가방이라고 말할 수 있을까.

텀블러도 마찬가지다. 일회용품을 대체하는 다회용품이라는 점은 친환경적이지만 이를 계속 새로 구매한다면 다회용품이 일회용품으로 전락하는 셈이다.

이처럼 환경을 위한 행위가 오히려 환경에 악영향을 미치는 현상을 '리바운드 효과(rebound effect)'라고 한다. 기업이나 사회단체에서 에코, 친환경, 그린이라는 말을 앞세워 환경을 마케팅 수단으로 무분별하게 이용하는 '위장 환경주의(green washing)'가 문제되기도 한다. 이제 환경에 대한 시민의식이 높아져 이 같은 현상을 경계하며 분별하고자 하는 관점도 우리 사회에 이미 분명하게 형성되어 있다.

환경수업을 계획할 때 '친환경'이라는 문구를 붙인 실습활동을 종종 진행하곤한다. 에코백 만들기 활동 외에도 많이 이루어지는 활동을 꼽아 보자면 친환경 가습기 만들기, 친환경 물병 만들기, 친환경 비누 만들기 등이 있다.

코로나19 팬데믹 이전에 가장 심각하게 언급되던 환경이슈 가운데 하나였던 미세먼지를 다루는 환경수업을 한 환경단체에서 진행한다기에 참관했던 적이 있다. 이 수업은 미세먼지에 관해 상세하게 설명한 다음, 스티커를 이용한 일회용 마스크 꾸미기 활동으로 마무리되었다. 미세먼지 수업의 마무리가 왜 이렇게 되는 것인지 당황스러웠던 기억이 있다.

신재생에너지에 관한 수업은 신재생에너지에 대한 강의가 진행된 뒤, 태양광 장난감 자동차 만들기 활동으로 끝이 났다. 이는 사실 예전에 내가 진행했던 수업활동이다.

환경동아리 운영 예산이 남아 있어서 이를 어떻게 사용할지 고민하다가 결국 교사의 편의를 돕는 키트 제품을 구매하였다. 이 활동은 실습이나 체험이라기보다 플라스틱 장난감 조립에 그친 게 전부였다. 내구성도 약해서 잘 작동하지도 않던 장난감을 아이들 손에 쥐어 주고서 집으로 보냈는데 그 태양광 자동차는 분명히 거의 바로 쓰레기통으로 갔을 것이다.

창의적인 활동도 아니었고, 결과물이 실용적이지도 않았으며 무엇보다 친환경적이지 않은 활동이었다. 그 수업을 하고 난 이후 비환경적 환경수업을 진행한 것 같다는 불편한 마음이 오래 남았다. 이 수업보다는 아이들이 덜 재미있어

할지라도 미래의 태양열 자동차 동영상을 보여 주거나 신재생에너지를 활용하는 제품을 상상해 그려 보라고 하는 간단한 활동이 훨씬 친환경적인 환경수업일 것이다.

## 진짜 친환경 수업

나를 포함한 많은 교사, 강사가 환경수업에서 일회적인 만들기 활동을 하는 이유에 대해 곰곰이 생각해 보았다. 환경수업을 아이들에게 특별하게 '보이고' 싶은 마음 때문이었다. 그래서 아이들이 즐거워할 만한 것을 체험하게 해 주고 싶었다. 조작하고 실습하는 활동은 아이들이 더 좋아하고 기억에도 더 오래 남을 것 같다는 막연한 믿음도 있었다. 어떤 활동을 해야 할지 고민이 많았지만 키트를 이용한 실습활동을 하면 활동을 진행하기 간편할 뿐 아니라 예산도 사용할 수 있다는 점이 장점으로 느껴졌다.

'친환경 키트'만 있으면 환경수업 한두 시간은 문제 없을 것 같았다. 실제로 나는 앞서 이야기한 태양광 자동차 키트 말고도 EM 비누, 나무 목걸이, 일회용 컵 화분 만들기 키트를 여러 번 구매했다. 할 거리를 아이들 손에 쥐어 주니 그때마다 수업 시간이 금방 지나갔다. 하지만 수업을 마칠 때는 매번 생각에 잠겼다. 나는 과연 아이들에게 환경에 대해 생각할 거리를 주었던 걸까, 아니면 쓰레기 더미를 주었던 걸까?

물론 이런 활동에 의미가 없는 건 아니다. 아이들이 환경수업에 대한 흥미와 긍정적 태도를 유지할 수 있을 것이다.

하지만 환경수업에서 할 수 있는 활동을 만들기로만 제한적으로 생각하지 않기를 바란다. 수업 주제와 관련되고 환경적으로 의미 있는 실습 활동은 키트 바깥에 있을 가능성이 높다. 환경교육의 결과물은 눈으로 바로 보이는 그런 것이 아니다. 환경수업에서 모형 자동차를 만들었대도 이것이 환경교육의 결과물이라고 말할 수는 없다. 환경교육의 결과물은 수업을 통해 보여 줄 수 있는 게 아니다. 수업자료가 거창하고 화려하게 보여야 할 필요가 없다. 우리가 아이들에게 보여 주어야 할 것이 있다면 재료 하나를 선택할 때에도 자원과 에너지를 절약하고 쓰레기를 줄이려는 '친환경적 본보기'다.

## 환경수업 자료를 선택할 때 고려할 것

환경수업의 주제는 공간적, 시간적으로 매우 광범위하다. 게다가 환경은 오염의 문제를 넘어 그와 연관된 정치, 경제, 사회, 문화를 포괄하는 광범위한 개념이다.

환경수업에서 다루는 주제의 공간적 배경은 아이들이 생활하는 교실, 가정, 마을, 나라, 세계(지구)까지 확대된다. 또 현재 우리가 당면한 환경 상황을 탐구하기 위해서는 과거의 환경을 이해하고 미래의 환경을 상상하는 긴 시선이 필요하다. 그렇다면 책상에 고개를 묻고 뭔가를 완성하는 데 한참을 집중하게 하는 만들기 활동은 오히려 환경에 대해 알아보고 생각할 시간을 빼앗는 활동인지도 모른다.

잘 구성된 간접 경험은 직접 경험보다 기억에 더 오래 남을 수 있다. 광범위한 공간적, 시간적 범위를 다루는 환경수업은 학습자가 직접 경험하기 어려운 일을 경험해 보도록 이끄는 일련의 간접 경험이다.

아이들이 다양한 환경문제에 자신을 관련 짓게 하고, 직접 문제해결법을 구안하는 기회를 제공하는 데 초점을 두자.

즉 아이들로 하여금 문제해결을 위한 탐색, 간단한 시뮬레이션이나 실험을 해 보도록 하는 게 좋다. 아이들이 놓여 있는 상황이나 맥락에 알맞게 범위나

화제를 세련되게 조정해 보자. 학습자가 유아나 초등 저학년이라면 그림책이나 영상을 통해 내용을 인지하고 상상하도록 하는 활동을 진행해 보자.

수업의 활동 자료가 과연 친환경적인지를 점검해 볼 수 있는 간단한 원칙이 있다면 무엇일까? 3R 운동을 고스란히 적용해 보아도 좋다.

3R은 자원 순환형 사회를 실현하기 위한 장기 계획에 해당하는 환경운동으로 Reduce(절약), Reuse(재사용), Recycle(재활용) 세 단어의 첫 글자를 따서 붙여진 이름이다. '절약'은 물품과 자원을 아껴 사용함으로써 환경오염 물질 배출량을 줄이자는 것으로 한 번 쓰고 버리는 일회용품이나 이중 포장을 줄이고 리필 제품을 사용하는 것 등이 이에 해당한다. '재사용'은 만들어져 있는 물품을 오래 쓰고 서로 돌려 사용하자는 것으로 이면지를 사용한다거나 옷, 가구, 책 등을 나눔하는 활동이 이에 해당한다. '재활용'은 사용을 다한 물품을 다시금 자원화하는 것으로 재활용품 분리수거 활동뿐만 아니라 재활용 가능 제품을 선택하거나 비닐 포장재 대신 종이 가방을 선택하는 것이 이에 해당한다.

- **절약**(Reduce) : 학교의 공동 자원이나 학습 준비물을 함부로 낭비하는 습관을 줄인다. 지구 자원으로 생각하고 소중히 아껴서 절약하며 사용한다. 소비 자체를 줄인다.
- **재사용**(Reuse) : 여러 번 사용할 수 있는 교구를 선택한다. 새로 구입하지 않고, 있는 것을 변형 활용한다.
- **재활용**(Recycle) : 재활용 가능 교구를 선택한다. 비닐 대신 종이 재질의 교구를 선택한다.

환경수업에뿐만 아니라 모든 교수·학습 자료에도 3R 운동을 적용해 보자. 우선 수업의 모든 자료는 목표 달성을 위한 최소한의 양으로 제공하고 불필요한 자료는 과감히 없애자. 자원 낭비를 막기 위해서다. 특히 환경수업에서라면 모든 수업자료가 지구의 자원을 소비해 만들어진다는 점을 다시금 생각하고 선택에 신중을 기하도록 하자.

만약 예산을 써야 하는 상황이라면 물품 구매에 사용하기보다는 인적 자원이나 체험 활동의 비용으로 사용하는 게 친환경적인 선택이다. 물품을 소비하기 전에는 되도록 있는 것을 활용할 수 없을지를 창의적으로 고민해 보자.

아이들에게 보상으로 줄 물건을 고를 때도 마찬가지다. 과자나 학용품을 사서 줄 수도 있지만 지역에서 생산된 농수산물 같은 신선식품은 말 그대로 신선한 선물이 될 것이다. 그리고 불필요한 쓰레기 배출량을 줄이고 자연 분해되는 제로 웨이스트(Zero Waste) 생활용품이 다양하게 나와 있다. 환경을 한 번 더 생각해 볼 수 있는 의미 있는 선물이 될 것이다.

수업자료를 선택하는 교사의 역할은 실로 환경적인 소임이다. 교사는 수업의 목적과 주제와 활동에 알맞게 수업자료를 합목적적으로 그리고 창의적으로 선택하는 일에 전문가인 사람들이다. 그러므로 친환경적인 환경수업에 꼭 필요한 한 가지가 있다면 환경에 관심을 가진 친환경적 교사가 아닐까.

## 두 가지 친환경 수업자료

자원을 낭비하지 않는 친환경적 수업자료로 시각 자료와 디지털 자료가 있다. 전기에너지를 포함하여 자원이 사용되기는 하지만 대량의 쓰레기를 발생시키는 활동에 비해 환경수업을 한결 친환경적으로 진행할 수 있도록 해 준다.

### 1. 시각 자료

환경에 대한 인식이 한 사람에게 들어오는 순간은 어쩌면 찰나일 수 있다. 순간적으로 드는 감정이 생각을 하게 만들고 행동을 이끈다. 아무 말 없는 그림, 사진, 영상 같은 시각 자료 하나가 긴 설명보다 설득력이 더 높은 경우가 있다.

플라스틱 사용을 줄이자고 백 번을 말하는 것보다 환경 사진작가 크리스 조던(Chris Jordan)의 사진을 보여 주는 게 효과가 크다. 한 컷의 사진이 모든 것을 말해 주고 거대한 질문을 던진다. 지구의 아름다운 모습을 말로 표현하기는 매우 어렵지만 사진이나 영상으로 보여 주면 부족함이 없다. 만들기 활동보다 다큐멘터리 한 편을 보는 게 환경교육의 효과성을 보증할 가능성이 높다. 아이들이 그림, 사진, 영상 등 시각 자료를 직접 만들어 보도록 하는 것도 좋다.

## 2. 디지털 자료

시각 자료와 더불어 환경수업에서 권장하는 또 하나의 친환경적 자료는 바로 디지털 자료다. 환경수업뿐만 아니라 여러 수업을 진행하다 보면 쓰레기가 꽤 많이 나온다. 나도 아날로그적 자료의 강점을 잘 알지만 자원만 고려했을 때는 디지털 자료를 쓰는 게 확실히 낫다. 물론 디지털 자료는 전기에너지라는 자원을 사용하지만 수업 후에 나오는 쓰레기가 제로다.

주제가 확실히 정해져 있다면 인터넷에서 글, 사진, 영상 자료까지 쉽게 검색하여 수업에 활용할 수 있다. 최근에는 증강현실(AR), 게임, 미션 수행 방식에 기반한 참여형 온라인 콘텐츠도 많아지고 있고 수업에서의 활용도는 점차 더욱 높아질 것이다. 또한 누구나 스마트폰을 가지고 있는 세상이므로 교사가 자료를 일방향적으로 제시하는 게 아니라 학습자가 디지털 기기를 이용해 자료를 생성해 내도록 해도 좋다.

이미 다른 교과 수업에서 다양하고 기발한 방법으로 이용하고 있는 것처럼 디지털 자료를 잘 활용하면 자원을 소비하며 진행하던 오프라인 활동을 자원 소비가 적은 온라인 활동으로 대체하여 진행할 수 있다. 주변의 꽃과 식물을 꺾지 않고 사진을 찍어 온라인에서 공유하게 할 수 있고, 환경적 실천 인증사진을 찍어 온라인 게시판에 올리고 캠페인을 벌일 수도 있다. 특히 환경교육에서는 실생활의 환경문제와 환경실천을 다루기 때문에 수업에서 보여 주는 디지털 전환의 본보기는 그 자체로 교육적 효과를 낼 것이다.

원리 2

# 환경수업의 목적은
# 환경문제를 해결하는 게 아니다

### : 환경 감수성을 키우는 환경수업

## 환경교육자는 무엇을 추구해야 할까

당장 나부터 말하자면 나는 환경교육을 막 시작했던 때 개인의 책임을 너무 중요시했다. 이런 생각으로 환경수업을 구상하면 쓰레기 문제 같은 환경문제 해결을 위해 우리 개개인이 일상적인 행동을 어떻게 변화시켜야 할지에 초점을 맞추게 된다. 결국 환경적 행동수칙을 제시하고 이를 지키도록 독려하는 것이 환경수업의 중심이 되고 만다.

얼핏 간단하고 명확한 환경수업 같아 보이지만 이런 환경수업은 학습자와 교육자에게 큰 부담을 안기게 된다. 환경교육을 통해 우리 각 개인이 일상적으로 해 오던 행동을 실제로 바꾼다 하더라도 그 특정한 환경문제가 해결되는 성공적인 장면을 성취하기 어렵기 때문이다. 환경교육을 하는 사람도, 받는 사람도 결국에는 무력감을 느끼게 된다.

환경문제는 단순한 한두 가지 요인의 변화로 해결되는 문제가 아니다. 환경 문제는 자연, 개인, 사회, 정책 등이 복잡하게 얽혀 있는 아주 복합적인 문제다. 개인의 힘만으로는 환경문제를 결코 해결할 수 없다. 개인, 단체, 기업, 정부, 세계 등의 모든 주체가 힘을 모아야 해결이 가능하다. 환경수업의 궁극적 효과라면 모를까 수업의 목적이 '환경문제의 해결'이어서는 안 되는 이유다.

다음의 두 가지 경우 중에서 어떤 경우에 환경교육이 더 실패했다고 보아야 할지 생각해 보자. 환경교육을 마쳤지만 학습자에게 행동의 변화가 없는 경우, 혹은 인식이나 관점이 변화되지 않은 경우 둘 중에 말이다.

수업에 참여한 학습자가 수업 직후에 서너 번은 새로운 행동을 시도하더라도 머잖아 이전의 생활습관으로 돌아가 버린다면 환경수업이 소기의 목적을 달성했다고 말할 수 없다. 그렇다면 환경교육의 목적은 학습자들에게 어떤 한 가지 '친환경적 행동을 연습시키는 것'도 아니다.

한편, 수업에 참여한 학습자가 당장은 행동변화를 보이지 않더라도 마음속에 새로운 환경적 고민이나 탐구심을 작게나마 싹틔웠다면 그 환경수업은 효과가 미미했다고 함부로 평가할 수 없다.

그렇다면 학습자가 환경에 관한 바람직한 인식, 관점, 역량 즉 환경의식을 갖도록 하는 것이 환경교육의 목적으로 보다 타당하다. 성공적인 환경교육의 궁극적인 결과물이 있다면 미래의 지구와 건강하게 상생하는 환경시민이다. 미래 시민의 환경의식은 미래 지구에 일어날 환경문제의 종류와 크기를 좌우하므로 환경교육의 사회적 책임은 대단히 넓고 깊다.


## 환경 지식보다 중요한 것

폭넓은 환경 지식을 갖추는 건 바람직한 일이지만 사실 전문적인 환경 지식을 지닐 책임이 모든 시민의 몫인 건 아니다. 환경 현상이나 문제의 원인과 해결책을 탐구하고 연구하고 분석하여 지식의 체계를 세워 가는 일은 환경 공학, 경제, 정책 전문가들의 몫이다.

대부분의 교육이 그런 것처럼 환경교육 역시 지식의 전달에 치중해서는 교육의 목적을 달성하기 어렵다.

하지만 학교나 사회에서 이루어지고 있는 많은 환경수업은 한두 시간이라는 짧은 시간의 제약을 이유로 환경 위기에 대한 경각심을 불러일으키기 위한 통계자료나 정보를 전달하는 데 그치곤 한다.

환경수업에 흔히 등장하는 통계자료들이 있다. 어떤 물질이 썩는 데 몇 년이 걸리는지, 우리나라에서 하루에 배출되는 음식물 쓰레기가 몇 톤인지 하는 것들인데 사실 이러한 통계 숫자는 간단한 검색으로 금방 알 수 있다. 생활하수가 어떤 과정을 거쳐 처리되는지, 멸종위기 동물에 어떤 것이 있고 이들이 어떤 원인과 경로로 사라지고 있는지와 같은 좀 더 복잡한 궁금증도 책 한두 권이나 기초적인 교육 정도로 충분히 해소할 수 있다.

물론 환경에 관한 정확한 정보를 제시하여서 학생들이 올바른 지식을 쌓을 수 있게 하는 것은 교육의 중요한 책무일 뿐 아니라, 학생들의 행동을 변화시키기 위한 기초 토양에 해당하니 아주 의미 있는 일이다. 다만 내면화 과정을 고려하지 않는다면 교육적으로 유의미한 환경 지식이었다고는 보기 어렵다는 말이다.

앞서 이야기했지만 환경수업의 목적이 학습자의 당장의 행동변화에 그치는 것이 아니라 환경의식 구축이어야 하는 이유는 잘 성장한 환경시민의 '지속적인' 친환경적 선택이 지구에 필요하기 때문이다.

환경수업에서 제시되는 지식을 통해 학습자에게 전하고자 하는 메시지는 사실 한 문장의 '행동 명제'일 수 있다. 그렇다면 한마디 잔소리로 강제할 수도 있는데 왜 굳이 시간과 노력을 들여 교육이라는 과정을 제공해야 하는 걸까? 행동

명제를 행동으로 만드는 일이 간단하지 않기 때문이다. 행동이 몇 번 일어나더라도 습관이 들지 않으면 원상회복되기 마련이다.

왜 행동 명제는 행동으로 이어지지 않을까? 학습자의 마음속에 명제가 깊이 자리를 잡는 내면화 과정이 부실하기 때문이다. 내면화가 충분히 이루어지지 않은 행동 명제는 당장 몇 번의 실천으로 이어지더라도 습관으로는 자리 잡지 못하여 머잖아 또 하나의 단순 지식에 불과해진다. 반면 양질의 내면화 경험이 누적될수록 나중에라도 지식이 지속적 실천으로 이어질 가능성은 높아진다.

내면화된 지식은 관점을 이룬다. 세상을 바라보는 관점이 달라지면 외부 환경과 자극을 받아들이고 느끼는 개인의 고유한 특성인 '감수성'이 달라진다. 환경에 대한 감수성은 환경 지식·정서·실천의 세 가지 요소가 서로 영향을 주고 받으며 개인의 환경정서를 구성한다는 최근 연구[•]에서 환경정서의 하위 항목에 해당한다.

환경 감수성을 뒷받침하는 큰 축 두 가지가 있다면 어떤 것일지 생각해 보았다. 하나는 자연환경의 심미적 아름다움을 느끼고 받아들이는 생태적 감수성이고 다른 하나는 환경 쟁점을 대할 때 나와 다른 입장에도 공감하고 책임을 다하려는 공감적 책임감으로 보인다.

환경교육은 인성교육과 유사성이 있다. "학교폭력을 경험한 학생의 비율이 20%가 넘는다."라는 지식을 시간이 흐른 뒤에도 기억하는지 못 하는지가 중요한 게 아니라 서로 존중하고 배려하고자 하는 관점을 가지고 자신이 일상적으로 해 온 말과 행동에 폭력의 요소가 있음을 문득 인식하는 폭력 인지 감수성을 길러 주는 것이 바람직한 인성교육인 것처럼, 환경교육도 마찬가지다.

인성교육도, 환경교육도 행동의 변화를 촉구하고자 지식을 단서로 삼아 학습자의 관점을 형성하고 감수성을 길러 주는 가치 중점 교육에 해당한다. 가치 교

---

• 　남미리, 강진영, 김정훈, 김찬국. (2021). 〈초등학생용 환경소양 측정 도구 개발〉. 환경교육, 34(4), 395-416.

| 환경적 지식 | 행동 명제 | | 행동 |
|---|---|---|---|
| 우리나라에서 재활용품이 실제로 재활용되는 비율은 10% 정도이다. | 재활용률을 높이기 위해 쓰레기는 깨끗하게 처리한 뒤 분리 배출하자. | 내면화 과정 (환경수업) | (올바른 쓰레기 분리 배출을 반복적으로 수행함.) |
| 화석에너지가 전기에너지로 변환될 때 20%만 사용되고 나머지는 모두 손실된다. | 전기 절약을 위해 사용하지 않을 때는 플러그를 뽑아 두자. | | (플러그를 뽑는 전기 절약 행동을 반복적으로 수행함.) |

육은 단기간에 가르치거나 습득시켜 효과를 보기 어렵고 평가하기도 어렵다.

그렇기 때문에 환경교육이라면 학습자의 환경 감수성을 길러주는 데 초점을 맞추고 수업에서 양질의 내면화 과정을 꾸준히 제공해야 한다. 환경과 관련된 사실과 정보에 대해 학생들이 깊이 있게 고민하고 생각할 수 있도록 하는 내면화 활동을 지속적으로 풍성하게 제공하도록 하자. 그리고 학생들이 주변 환경을 대상으로 자신의 관점을 적용하고 감수성을 발휘하는 연습을 할 수 있도록 수업 과제의 내용과 방법에 대한 고민을 계속하도록 하자.

> 어린이에게나, 어린이를 인도해야 할 어른에게나 자연을 '아는 것'은 자연을 '느끼는 것'의 절반만큼도 중요하지 않다. 자연과 관련한 사실들은, 말하자면 씨앗이라고 할 수 있다. 그 씨앗은 나중에 커서 지식과 지혜의 열매를 맺게 될 것이다. 그리고 자연에서 느끼는 이런저런 감정과 인상은 그 씨앗이 터 잡아 자라날 기름진 땅이라고 할 수 있다. 유년 시절은 그런 기름진 땅을 준비할 시간이다. 아름다움에 대한 감수성, 새로운 것, 미지의 것에 대한 흥분 · 기대 · 공감 · 동정 · 존경 · 사랑 …
>
> – 레이첼 카슨 지음, 표정훈 옮김. (2012). 《센스 오브 원더》. 에코리브르.

## 환경수업의 핵심요소 세 가지

나는 환경문제 해결에만 초점을 두는 환경수업보다는 아이들의 마음속에 생각하는 씨앗을 심어 주는 '생각하는 환경수업'을 추구하고 있다. 이런 환경수업을 잘 만들어 나가기 위해 꼭 챙겨야 할 세 가지 핵심요소가 있다면 무엇일까?

### • 재미

환경교육의 시작은 환경에 대한 관심이다. 관심이 계속 유지되려면 재미가 있어야 한다. 특히 학습자가 어릴수록 환경수업은 놀이처럼 신나는 시간이어야 한다. 프로젝트, 실험, 캠페인과 같은 여러 가지 방법으로 재미있게 진행하면 좋다.

어떤 활동이든 혼자 하면 재미가 없다. 모두가 함께 놀이하듯 배우고 토의하면 재미의 힘은, 교육의 힘은 더욱 강해진다. 한편 교과서가 없는 수업이라는 점만으로도 아이들이 환경수업을 기다리고 재미있어 한다는 점은 환경교육을 준비하는 교사의 부담을 낮춘다!

### • 용기

환경교육은 결국 환경을 위한 변화를 촉구한다. 생각의 변화, 행동의 변화에는 용기가 필요하다. 환경교육은 우리 사회에 쌓여 있는 오래된 생각의 견고함과, 하지 않던 행동을 하는 데 드는 불편과 번거로움을 상대한다.

따라서 학습자가 올바른 자연관에 대해 고민하고 결정하고 때로 행동할 수 있도록 하기 위해서는 지속적으로 격려하며 용기를 주어야 한다.

효율성을 최우선순위에 두는 경제적 관점을 상대하기 위한 설명과 설득의 논리에 대해 지속적으로 논의하고 올바른 자연관, 환경관을 갖도록 용기를 주도록 하자.

## • 희망

환경과 관련된 분야에는 여러 가지가 있다. 환경공학 분야에서는 환경문제를 공학적으로 분석하여 문제를 해결하는 데 힘쓰고, 환경정책 분야에서는 법적 또는 강제적으로 환경문제를 완화시키거나 개선을 주도한다. 환경운동가들은 직접 환경 분야에 앞장서서 적극적으로 환경을 지키기 위해 사회를 설득하고 환경을 변호한다.

환경교육 분야에서는 어떤 역할을 해야 할까? 미래 시민인 학생들에게 환경적 희망과 신념을 길러 주는 역할을 해야 한다.

환경교육의 목적은 학생들을 환경운동가로 길러내는 것이 아니라 환경시민을 키우는 일이다. 환경문제를 심각하고 부정적으로 인식하도록 만드는 게 아니라 우리가 누리고 있는 자연환경에 감사함을 느끼며 창의성을 갖고 자연과 공존할 수 있는 희망적인 미래를 그려 주어야 한다.

원리 3

# 스스럼없이 먼저 감탄하라

### : 나의 환경관은 어디쯤일까?

## 아이들에게 전해지는 교사의 감정

자연에 대한 경이의 감정을 간직하고 강화하는 것, 인간 삶의 경계 저 너머 어딘가에 있는 그 무엇을 새롭게 깨닫는 것. 이런 일에는 어떤 가치가 있는 걸까?

교사들은 감동적인 수업을 꿈꾼다. 교사와 학생의 마음이 통하고 변화가 일어나는 찰나의 순간을 기다린다. 진정한 배움이 일어나는 그 순간 아이들의 눈빛과 표정, 벅차오르는 감정을 생생하게 느낄 수 있다. 말로 표현하지 않아도 그 자리에 있는 우리들은 한마음이 되어 울컥하기도 뿌듯하기도 하다. 이런 순간들에 대한 기억이 교사를 성장시킨다.

아이들 눈에 나는 어떤 모습일까. 예전에는 웬만하면 감정을 드러내려고 하지 않았다. 어른의 권위, 교사의 중립을 앞세워 최대한 내 감정을 숨긴 채 공정한 중재자, 배움의 안내자의 모습으로만 일관했다. 솔직하게 표현하고 마음껏 감탄하며 자연스럽게 있어도 어른의 권위와 교사의 중립이 흐트러지는 건 아닌데 왜 그런 모습을 오래 고집했는지 모르겠다.

우리들은 얼마나 감탄하며 살아갈까? 특별할 것 없어 보이는 일상을 반복하는 가운데 감탄할 일이 얼마나 있을까. 정신없이 하루를 흘려보내고 만다.

그런데 잠시 멈추어 주변 환경을 자세히 들여다보면 미처 보지 못했던 부분이 보일 것이다. 어느 순간 얼굴을 내민 잎눈, 들판에 숨어 핀 꽃, 알쏭달쏭 지저귀는 새소리, 비 오는 날의 기분 좋은 흙내음, 하늘에 흘러가는 오묘한 구름 그림. 어렸을 때 느꼈던 자연의 장면들이 주변에서 여전히 스쳐 지나가고 있다. 대단한 이야기가 있는 것도 아니고 그저 자연의 조각들일 뿐인데 왜 이런 모습은 감동적인 순간이 되어 오래된 기억으로 남는 걸까. 아이들이 지금 받는 감동은 어쩌면 평생 잊지 못할 경험이 될지도 모른다.

아이들은 감정의 전도도 순식간에 일어나고 작은 것에도 금세 감정을 일으킨다. 감정 표현을 자제하던 그 시절에도 가끔 나도 모르게 웃음이 팡 터지거나 울음이 왈칵 나오던 때 아이들이 내 감정을 고스란히 받는 것을 느꼈었다.

교사와 부모가 어떻게 얼마나 표현하고 감탄하는지에 따라 아이들의 감수성이 풍요롭게 성장하기도 하고 그렇지 않기도 한다. 그래서 교사는 감탄뿐만 아니라 탄식도 하고, 어떤 때는 슬픔과 분노도 드러낼 수 있어야 한다. 좋은 감정, 솔직한 감정과 그 표현은 자제할 게 아니라 공유해야 한다.

교사가 감동하지 않으면 아이들도 감동하지 않는다. 자연을 대하는 교사의 감정 표현을 아이들에게 풍부하게 전달해 주도록 하자. 아이들과 함께 자연을 직접 느끼고 교감하면서 말이다.

그러기 위해 교사에게 필요한 건 무얼까? 생태교육자 안만홍이 말하길 자신이 지도할 아이들에게 자극을 전달하기 위해서는 교사 스스로가 직접 자연을 체험하면서 자신에게 어떤 느낌이 일어나는지를 살펴야 한다고 했다. 그런 뒤에는 내면화되고 있는 자신의 감성을 잃어버리지 않도록 반복하여 되새기는 게 좋다. 교사가 자연으로부터 받은 감탄과 감동이 아이들에게 고스란히 전달될 수 있도록 말이다.

인간은 평생 자연으로부터 배우고 느낀다고 하는데, 교사도 아이들도 그 귀중한 순간들을 놓치거나 잊고 살지 않기를 바란다.


## 어른의 환경관을 따라가는 아이들의 환경관

환경관이란 환경에 대한 개인의 신념이나 가치, 태도에서 비롯되는 통합적인 관점을 의미한다. 어린 시절의 경험은 개인의 가치관에 영향을 크게 미친다. 부모, 그리고 교사가 가지고 있는 환경관은 고스란히 아이들 어린 시절 경험의 일부가 된다.

아이들은 환경에 대해 어떤 인상을 가지고 있을까? 학년 초에 아이들에게 환경 하면 무엇이 떠오르는지를 질문하면 당황스러운 표정을 지었다가 하나둘 이런 대답을 꺼내 놓곤 한다. 쓰레기, 환경오염, 미세먼지, 자연.

그리고 어떤 느낌이나 생각이 드는지 이야기해 보라고 하면 이런 말을 덧붙인다. 더럽다, 귀찮다, 심각하다, 아름답다, 잘 모르겠다.

적지 않은 아이들의 눈에 환경은 부정적인 문젯거리, 나와 상관없는 것으로 비춰지고 있는 것이다.

환경수업에 막 눈을 뜨던 시절, 곰곰이 생각하다가 아이들의 이런 눈은 교사인 나의 눈을 닮은 결과물이라는 것을 깨닫고 크게 놀란 적이 있다. '쓰레기, 환경오염, 미세먼지, 심각하다, 귀찮다, 더럽다'는 모두 내가 아이들 앞에서 했던 말이었다. 당시에 내가 아이들에게 주로 해 주고 있던 환경 이야기는 내가 어릴 때부터 보고 들었던 환경오염이나 환경문제에 관한 이야기 정도에 머물러 있었다.

어른이 열어 주는 창을 통해 아이들도 함께 밖을 바라본다. 어른들이 먹고 살기 바쁘고 환경보다 개인적으로 더 중요한 일이 많다면 어른과 함께 생활하고 있는 아이들에게도 환경이 관심 밖인 것은 당연한 결과다.

게다가 교사는 자신의 환경관을 바탕으로 환경교육, 환경수업의 방향과 세부적인 활동을 좌우한다. 아이들이 경험할 수업이라는 합목적적 경험의 내용과 성격을 교사가 지어 주게 되는 셈이다.

교사인 내가 환경을 어떻게 바라보는지를 스스로 자주 돌아보아야 하는 이유다. 아이들이 환경적으로 건강한 가치관을 세울 수 있도록 건강한 환경적 경험을 풍성하게 제공해 줄 책임이 다름 아닌 교사에게 있다.


## 나의 환경관 스펙트럼을 돌아보자

환경을 어떻게 바라볼 것인가 하는 철학적인 지향은 사람마다 다르다. 환경을 '어떻게' 볼 것인가 하는 문제에 대한 입장이 서로 다를 수 있다는 말이다.

환경론에 대한 철학적 · 윤리학적 · 사회학적 구분 유형과 동 · 서양의 자연관에 대한 이론적 고찰을 통하여 개인이 지니고 있는 환경관을 종합적인 측면에서 분석하는 준거의 틀이 있다[*]. 생태지향주의와 기술지향주의를 기본으로 하고 정도에 따라 진보적 생태지향주의, 보수적 생태지향주의, 진보적 기술지향주의, 보수적 기술지향주의의 네 가지 유형으로 개인의 환경관을 나눈다.

하지만 개인의 환경관은 어느 한 가지 유형에 국한되어 있다고 보기는 어렵다. 다만 누군가의 환경관이 스펙트럼의 어느 부분에 위치하고 있는지에 따라

---

[*] 노경임. (2000). 〈환경관 분석 틀의 개발 및 환경관에 따른 인식 특성 연구〉. 단국대학교 대학원 박사학위논문.

서 환경, 환경문제, 환경문제의 원인과 해결, 환경친화적 행위 등을 바라보는 관점과 태도가 매우 다르다[*].

따라서 내가 어떤 환경관을 가지고 있는지를 진단해 보면 나의 환경관이나 환경수업을 어떤 방향으로 만들어 나갈 것인지를 고민하는 데 유용한 지표로 활용할 수 있다.

초등교사들이 가지고 있는 환경관을 조사한 몇 가지 연구가 있다. 연구 결과에 따르면 생태지향적인 환경관보다는 기술지향적인 환경관의 비율이 조금 더 높게 나타났다[**]. 환경관에 따른 두 집단의 차이를 살펴보면 환경교육 실천 특성의 전체 평균점에 대하여 생태지향 집단의 평균이 기술지향 집단의 평균보다 모든 영역에서 높게 나타났다. 다시 말해 생태지향적 성향을 지닌 교사가 환경교육의 이해와 실천에 더 우호적이라는 것이다.

이는 교사가 가지고 있는 환경관이 환경교육에 영향을 상당히 미친다는 것을 의미한다. 학생들의 일상적인 의식과 행동, 습관의 형성에 교사의 관점이 영향을 미친다는 점을 생각해 보면 다른 모든 관점과 마찬가지로 교사가 지닌 환경관은 영향력이 막대하다.

환경관에 대해서는 여러 쟁점이 있고 관점이란 옳고 그름을 따지기 어려운 개인 가치관의 영역이기 때문에 이야기하기 조심스러운 면이 있다. 하지만 학생들에게 환경친화적 관점과 생활습관을 내면화시켜 주는 환경교육을 진행하는 교사는 환경교육을 구안, 진행할 때 인간중심적이고 경제적인 가치를 중요시하는 기술지향적 환경관보다 인간과 자연의 조화를 중시하는 생태지향적인 환경관을 가지고 교육하는 것이 바람직하다는 점만큼은 분명하다.

그렇다고 생태지향적 환경관을 가지고 있다는 게 무조건 바람직하다는 것은 아니다. 그리고 개인의 환경관이란 고정되어 있는 것이 아니라 계속 변화한다. 내가 지금 가지고 있는 환경관은 보수적 생태주의인데 환경교육을 시작한 초기에는 진보적 생태주의에 가까웠다. 그때 나는 우리 사회의 심각한 환경문제들

기술지향주의
(DSP)

생태지향주의
(NEP)

| 보수적 기술지향주의 (강한 DSP형) | 진보적 기술지향주의 (약한 DSP형) | 보수적 생태지향주의 (약한 NEP형) | 진보적 생태지향주의 (강한 NEP형) |

환경 인식 유형 스펙트럼[***]

을 빨리 해결해 내야 한다는 조급함을 가지고 있었다. 그래서 당시에 내가 수업에서 선택한 방법은 아이들에게 심각한 환경오염 사진이나 상황을 보여 주는 일종의 충격요법이었다. 이토록 심각한 상황이 벌어지게 된 건 인간 때문이므로 우리가 바꿔어야만 한다고 설득하고 강요했다. 이렇게 수업을 하면 순수한 아이들은 나의 이야기를 아주 심각하게 받아들이고 나보다 더 열심히 실천했다. 그런 모습이 물론 기특하지만 이런 환경수업은 아이들에게 어른들이 저지른 일을 해결해야 한다고 짐을 지우는 셈이었고 무엇보다도 환경에 대한 심각하고 부정적인 인식을 교사가 매번 심어 주는 셈이다.

교사의 환경관이 아이들의 환경의식과 환경 감수성, 환경행동을 형성하고 변화시키는 데 큰 영향력을 미치므로 교사가 바람직한 환경관을 갖기 위해 노력

[•] 노경임. (2000). 〈환경관 분석 틀의 개발 및 환경관에 따른 인식 특성 연구〉. 단국대학교 대학원 박사학위논문.

[••] 김옥희. (2017). 〈초등학교 교사의 환경관과 생태적 환경교육 실천 특성의 관계 분석〉. 한국교원대학교 대학원 석사학위논문.

[•••] 임광심, 남상준. (2008). 〈초등학교 학생 및 교사의 환경인식 유형 연구—새로운 환경 패러다임을 중심으로〉 사화과교육연구, 15(2), 173–193.
환경관을 크게 지배적인 사회적 패러다임(Dominant Social Paradigm : DSP형)과 새로운 환경패러다임(New Environmental Paradigm : NEP형)으로 나누었고, 강한 DSP형, 약한 DSP형, 약한 NEP형, 강한 NEP형으로 구분하여 환경 인식의 틀로 활용하였다.

해야 하는 건 분명하다. 하지만 아무리 교사의 가치관이더라도 하나의 특정한 가치관을 아이들에게 강요하고 고집하는 것을 경계해야 한다. 교사 자신의 환경관이 하나의 예시임을 아이들에게 분명히 안내하고 아이들이 교사의 환경관을 참고하되 자신만의 고유한 환경관을 건강하게 형성해 나가는 일에 관심을 갖도록 독려해 주도록 하자. 타인이 가지고 있는 나와 다른 가치관을 존중해야 하는 것처럼 사람마다 서로 다른 환경관을 가지고 있으며 여기에 정답이나 오답이 있지 않음을 함께 알려 주도록 하자.

원리 **4**

# 환경에 관한 첫 번째 지식

## : 환경이란 무엇인가

### 환경의 범위는 어디까지일까?

개인이 환경을 바라보는 관점은 환경을 '무엇'으로 보는가, 그리고 '어떻게' 바라
보는가 하는 두 가지로 구분해 볼 수 있다.

개인이 환경을 '어떻게' 바라보는가 하는 것은 앞서 원리 3에서 환경관 스펙
트럼을 가지고 생각해 보았다. 여기에서는 환경을 '무엇'으로 보는가에 대해 생
각해 보자. 소베(Sauvé, 1996)●는 환경을 바라보는 관점을 6가지로 구분하여 제
시했는데 개인에 따라 환경을 '자연(nature)' 그 자체로 보거나, 우리 삶에 필요한
'자원(resource)', 오염이나 공해처럼 해결해야 할 어떤 '문제(problem)', 문화 · 기

---

●　　Sauvé, L. (1996). 〈Environmental education and sustainable development: A further appraisal〉.
　　　Canadian Journal of Environmental Education, 1, 7–34.

술·역사 등으로 구성된 '삶의 터전(place to living)', 인간 외 다른 생물들이 함께 살아가는 '생물권(biosphere)', 또는 참여해야 할 공동의 '프로젝트(project)'로 본다고 했다. 개인이 이 여섯 가지 가운데 한 가지 관점만 가지는 건 아니고 보통은 여러 가지 관점을 가지고 있으며 다만 중요도나 관심도에 따른 비중 차이가 있을 뿐이다.

환경수업을 시작했던 초기에 나는 환경을 '자원'과 '문제'로 인식하고 있었다. 한정된 자원이 낭비되고 쓰레기가 넘쳐나는 이 문제를 가장 심각하게 여겼다. 그래서 수업을 하면 ① 환경문제의 심각성이 나타난 자료 제시 – ② 환경문제 원인 분석 – ③ 환경문제의 영향 분석 – ④ 환경문제 해결을 위한 실천 방안 탐색 등의 순서로 진행했다.

이것도 분명 괜찮은 흐름의 환경수업이다. 문제는 내가 나의 환경수업을 해결이 필요한, 이미 불거져 있는 환경문제들에 초점을 맞춘 처방적 수업으로 제한했다는 점이다. 환경을 바라보는 여섯 가지 관점 가운데 한 가지 관점에 대한 수업일 뿐이다. 또한 앞서 살펴본 것과 같이 환경교육이 추구하는 목표는 환경문제의 해결만이 아니다. 환경문제 해결은 환경교육의 궁극적, 최종적 목적 가운데 하나일 뿐이다.

환경은 우리 사회 전체에서 똑 떼어 내어 생각할 수 있는 조각 하나가 아니다. 자연과 자원은 아주 중요하지만 인간은 소비와 개발을 하지 않고 살아갈 수 없다. 자연을 보존하자고 코로나19 같은 팬데믹을 외면할 수도 없다.

환경수업을 단편적으로 진행하다 보면 수많은 입장과 가치관이 부딪치는 실제 현실을 왜곡하고 외면한다는 양심의 가책에 직면하게 된다. 서로 다른 가치관이 대립할 때 환경보전의 가치를 무조건 강요하기는 어렵다. 따라서 환경교육에서는 교육내용의 범위를 자연환경에 국한하지 말고 사회, 경제, 정치, 문화까지 전반을 아우르도록 확장해야 한다. 우리가 한 번쯤 들어 본 '지속가능발전교육'으로 시야를 넓혀야 한다. 사실 환경과 지속가능발전은 개념의 의미도 배경도 다르지만 환경교육에서 지속가능발전을 고려하지 않을 수가 없다. 두 용어가 혼용되는 이유는 이 때문이다.

## 넓은 의미로서의 환경
## : 지속가능발전목표, UN의 SDGs

2015년에 UN은 인류의 보편적 문제(빈곤, 질병, 교육, 여성, 아동, 난민, 분쟁 등)와 지구 환경문제(기후변화, 에너지, 환경오염, 물, 생물다양성 등), 경제·사회문제(기술, 주거, 노사, 고용, 생산 소비, 사회구조, 법, 대내외경제)와 같은 문제들을 해결하기 위해 지속가능발전목표(SDGs; Sustainable Development Goals)를 채택했다. SDGs는 17개 목표와 169개 세부목표로 구성되어 있으며 사회적 포용, 경제 성장, 지속가능한 환경의 3대 분야를 유기적으로 아우르고 있고, 2030년까지 이행하는 국제적 공동목표다. 각 목표를 살펴보면 지구 환경문제뿐만 아니라 지구 곳곳의 여러 가지 문제들이 복잡하게 얽혀 있다는 것을 확인할 수 있다. 환경교육의 내용을 선정할 때 환경문제만 다룰 것이 아니라 다른 연계 문제로 내용의 범위를 확장하는 것이 현실적, 실제적이라는 말이 된다. 이렇게 진행되는 환경교육은 지구촌 세상 전체를 보는 아이들의 눈을 키워 줄 것이다.

https://sdgs.un.org/goals

# UN의 지속가능발전목표(SDGs) 17개

https://sdgs.un.org/goals 의 내용을 정리하였음.

Goal 1. No Poverty (모든 형태의 빈곤 종결)

Goal 2. Zero Hunger (기아 해소, 식량 안보와 지속가능한 농업 발전)

Goal 3. Good Health and Well-being (건강 보장과 전 연령대 복지증진)

Goal 4. Quality Education (양질의 포괄적인 교육 제공과 평생학습 기회 제공)

Goal 5. Gender Equality (성평등 달성 및 모든 여성과 여아의 역량 강화)

Goal 6. Clean Water and Sanitation (물과 위생의 수준 보장 및 지속가능한 관리)

Goal 7. Affordable and Clean Energy (적정가격의 안정적이고 지속가능한 에너지 공급)

Goal 8. Decent Work and Economic Growth (지속가능한 경제성장 및 양질의 일자리와 고용 보장)

Goal 9. Industry, Innovation and Infrastructure (사회기반시설 구축 및 지속가능한 산업화 증진)

Goal 10. Reduced inequalities (국가 내, 국가 간 불평등 해소)

Goal 11. Sustainable Cities and Communities (도시와 주거의 인전성, 복원성, 지속가능성 확보)

Goal 12. Responsible Consumption and Production (소비와 생산의 지속가능한 패턴 확보)

Goal 13. Climate Action (기후변화와 그 영향에 대한 방지 및 긴급 대책 시행)

Goal 14. Life Below Water (지속가능한 발전을 위한 해양 및 해양자원의 보존 및 지속가능한 사용)

Goal 15. Life on Land (육지생태계 보존과 삼림보존, 사막화방지, 생물다양성 유지)

Goal 16. Peace, Justice and Strong Institutions (사회의 평화와 포괄성 증진 및 모두가 접근 가능한 사법제도와 포괄적 행정제도 확립)

Goal 17. Partnerships for the Goals (전체 목표의 이행 수단 강화와 기업, 의회, 국가 간 글로벌 파트너십 강화)

원리 5

# 환경시민을 키우는
# 베이직 수업패턴 3가지

## : 튼튼한 녹색 안경을 맞춰 주는 방법

### 미래세대에게 물려주어야 할 '환경적 유산'

우리가 미래세대에게 환경적으로 물려주어야 할 것은 무엇일까? 앞선 세대가
경험한 아름다운 자연과 깨끗한 환경을 우리 아이들도 평생 누리면서 살면 얼
마나 좋을까. 유해성분 따질 필요 없이 안심하며 먹을 수 있고, 미세먼지 없는
맑은 하늘 아래 실컷 뛰어 놀 수 있는 그런 자연스러운 일상 말이다. 우리보다
더 앞선 세대가 훼손되고 오염된 자연을 보고 왜 그렇게 씁쓸해하고 안타까워
했는지 조금은 알 것 같다. 그럴 때마다 나는 미래세대에게 아름다운 자연을 그
대로 보존하여 물려주고 싶다는 생각을 한다. 적어도 내가 현재 누리는 자연의
상태만이라도 내가 가르치는 아이들과 내 자식에게까지 닿기를 바란다.

　우리는 모두 미래세대에게 가치 있는 '환경적 유산'을 물려줄 의무가 있다. 환
경적 유산 중에는 실제로 보고 느낄 수 있는 자연과 환경뿐만 아니라 보이지 않

는 것도 있다. 바로 '환경적 눈, 안목'이다. 어떤 집안에서 부모가 자식들에게 유산으로 엄청난 재산을 남기고 세상을 떠났다. 자식들에게 남겨진 재산은 어떻게 될까. 만약 부모가 오직 재산만 유산으로 남겼다면 자식 한두 명만이 누리고 그 세대에서 끝날 것이다. 그러나 부모가 재산뿐만 아니라 사회와 경제를 볼 수 있는 눈을 꾸준히 길러 주었다면, 물려받은 재산은 더욱 더 불어날 가능성이 크다. 그리고 자식 세대에서 그치는 것이 아니라 그 다음 세대까지 이어질 수 있다. 때로는 보이지 않는 것의 힘이 보이는 것보다 더 크다. 설혹 부모가 실수로 재산을 크게 잃게 되었더라도 자식이 어렸을 때부터 지속적으로 경제적인 안목을 길러 주었다면 자식만큼은 희망을 갖고 가정경제를 회복할 밑천을 갖춘 셈이다. 그러니 먼 미래세대까지 우리의 자연과 환경을 물려주기 위해서 아이들에게 당장 물려주어야 할 것은 환경적으로 보는 눈이다. '환경적 안목'을 길러주는 것이 환경교육의 핵심적인 목표 중 하나이다.

## 생활 속에서 찾는 '환경적 안목'

대부분의 교사들과 부모들은 어느 정도 환경적 위기와 심각성을 인지하고 있다. 아이를 낳기 전에는 보이지 않았던 환경문제가 직접적으로 와 닿는다는 이야기를 종종 듣는다. 지금의 환경을 봤을 때, 우리 아이들이 살아갈 미래 환경은 얼마나 더 끔찍할까. 살아가며 중요한 문제들이 우리 앞에 닥쳐 있지만 환경문제는 생존문제와 다름없다. 더 이상 미룰 수 없다. 더 늦기 전에 어렸을 때부터 가르치고 배워야 한다.

그런데 막상 어떤 이야기로 시작해야 할지 막막하다. 나 역시 환경수업을 처음 시도하려고 했을 때 어떤 주제로 환경 이야기를 풀어 가야할지 결정하는 데 가장 오랜 시간이 걸렸다. 환경에 관심이 있는 정도에 따라 다르겠지만, 보통은 자주 들어서 익숙하거나 최근 이슈화된 문제를 떠올린다. 예를 들면, 자연 보호, 에너지 절약, 기후변화와 쓰레기 문제 따위다. 그런데 이들은 모두 정말 중요하고 심각한 문제임에도 불구하고 한편으로는 진부하고 따분하게 느껴지기도 한다. 물론 이런 주제가 좋지 않은 수업 내용이라는 게 아니다. 단지 수업을 하는 교사나 수업에 참여하는 아이들 모두가 이미 머리로는 알고 있는 당연한 이야기를 반복하는 느낌을 받게 된다. 그러면 환경이라는 주제에 대한 흥미가 떨어져 버린다. 그렇다고 환경수업을 한다고 뜬금없이 심각한 환경 이야기를 억지로 끄집어내어 시작할 필요는 없다. 갑자기 "기후변화에 대해서 이야기해 볼까?"라고 하면 가르치는 교사도, 배우는 학생들도 막연하고 먼 이야기로 받아들인다.

오히려 우리의 일상생활에서 경험하는 평범한 이야기로 시작해서 여러 가지 다양한 관점 중 하나로 '환경적 관점'을 이끌어 내는 것이 좋다. '기후변화' 이야기를 하더라도 시작은 나의 생활과 밀접해야 한다. 이를 위해서는 교사가 먼저 '환경적 눈'을 가져야 한다. '나는 환경적 눈은커녕 환경에 관심도 별로 없었고, 아이들과 똑같이 잘 모르는데...' 하며 걱정하는 교사들이 있을 것이다. 그러나 크게 걱정할 필요 없다. 교사나 부모에게 필요한 '환경적 눈'은 아이들의 생활과 경험을 환경과 연결해 주고자 하는 의식적인 관점이다. 우리가 살아가는 환경 속에서 경험하는 모든 사물과 현상은 환경과 연결되어 있다. 교사가 관심 있는 어떤 것이든 좋다. 만약 여행에 관심이 많다면, '친환경 여행'을 주제로 활동을 계획해 볼 수 있다. 또한 아이들이 사용하는 물건이나 겪는 상황을 살펴보며, 그 순간을 포착하여 의식적으로 '환경'을 툭 던져 보자.

교사의 관심거리로 시도해 보고 아이들의 흥미를 살펴 환경수업 소재를 계속 확장해 가도록 한다. 환경적 안목은 하루아침에 형성되는 것이 아니다. 환경 이야기를 지속하기 위해서는 일회적인 환경수업보다는 평소에 잠깐씩이라도 언급하며 환경적으로 바라보고 생각할 수 있는 기회를 자주 주어야 한다. 교사는 환경적 눈을 길러주는 통로 역할을 할 수 있는 중요한 사람이다.

## 환경적 안목을 길러 주는 세 가지 방법

교사가 '환경적 눈'을 갖고 아이들에게 환경 이야기를 하며 안목을 길러줄 수 있는 방법은 세 가지가 있다. 첫 번째 방법은 하나의 소재를 골라 수업 시간에 심도 있게 다루어 이면에 있는 환경적 관점을 찾아보게 하는 것이다. 예를 들어, 우리가 매일 사용하는 스마트폰을 소재로 환경 이야기를 해 보자. 환경과 별로 관련이 없어 보이는 스마트폰도 자세히 들여다보면 환경과의 연결고리를 찾을 수 있다. 스마트폰을 생산할 때 필요한 금속 '콜탄' 채굴로 고릴라의 서식지가 파괴되는 문제, 스마트폰 만드는 회사의 입장에서 포장재 선택과 홍보 방법, 스마트폰 등 전자제품 에너지 사용, 신재생에너지를 활용한 미래의 스마트폰, 폐스마트폰 처리 과정과 같이 다양한 환경 이야기를 이끌어낼 수 있다.

두 번째 방법은 최근의 환경 관련 이슈를 던져 주고 자세하게 이야기를 풀어가는 방법이다. 환경적 소재가 잘 생각나지 않을 때는 환경 분야의 뉴스를 찾아보면 쉽다. 최근 대두되고 있는 환경이슈나 우리가 미처 알지 못했던 소식을 소개해 주면 아이들의 관심을 끌기에 좋다. 예를 들어, "기후변화로 인해 식목일 날짜를 앞당겨야 한다."는 뉴스 기사를 아이들에게 보여 준다. 식목일을 처음 만든 1940년대 이후 식목일 즈음의 평균 기온이 3도 이상 올라서 4월 5일, 식목일 즈음에는 이미 잎이 나 있으므로 식목을 하기에 적당하지 않다는 지적이다. 한편에서는 이미 오래 전부터 정해져 있는 사회적 약속을 군이 바꿀 필요가 있느냐는 말도 나온다. 이에 대해 아이들과 함께 찬반 토론을 해 보면 환경을 내 생활로 끌어들일 수 있다.

마지막으로 세 번째 방법은 수업 시간 외에 평소 생활 속에서 가볍게 환경 이야기를 하는 것이다. 점심시간에 아이들이 채소를 잘 먹지 않고 잔반을 너무 많이 남기는 상황에서 이야기를 시작해 보자. 환경을 고려하지 않았던 예전의 나는 그 상황에서 "건강하게 잘 자라려면 남기지 말고 골고루 잘 먹어야지."라고 잔소리하거나 그냥 지나쳤다. 하지만 '환경적 눈'으로 그 상황을 보니, 아이들과 나누고 싶은 환경 이야기들이 많았다. 지나친 육식 습관으로 인한 건강과 환경 문제, 생산과 유통, 조리 과정에서 에너지 사용, 잔반 음식물 쓰레기 문제와 같은 환경 이야기를 조금씩 지나가는 말로 해 주었다. 그러자 앞서 했던 잔소리보다 훨씬 효과가 좋았다. 환경수업 시간에만 환경을 다루려는 생각을 버려야 한다.

우리는 언제 어디서든 환경 이야기를 자연스럽게 꺼내어 자유롭게 토론하며 '환경적 안목'을 기를 수 있는 분위기를 만들어야 한다. 그 시작은 환경을 생각하는 우리들의 마음에 있다. 너무 거창하고 어렵게 생각하지 말고, 우리의 생활과 경험 속에서 환경을 연상시켜 교사와 학생이 함께 환경적 눈을 키우도록 노력하자. 환경적 안목은 '녹색 안경'을 쓰는 것과 같다. 녹색 안경을 쓰고 우리 생활의 모든 것을 환경과 연결 지어 생각해 보자. 그리고 더 나아가 현상의 이면에 있는, 보이지 않는 것까지 볼 수 있는 비판적인 제3의 눈을 길러 주어야 한다. 쓰레기가 우리 눈앞에 없다고 사라진 게 아니다. 냉방기 뒤에 숨겨진 뜨거운 바람을 느낄 수 있어야 한다. 지구 반대편까지 전체를 바라볼 수 있는 눈을 키워보자. 이러한 환경적 안목은 인간이 지구에 태어나 살아가는 데 중요한 환경가치관의 토대가 될 것이다.

# 환경활동 시간을
# 충분히 확보하기 위한 꿀팁
### : 어떤 교과에서든 환경활동 할 수 있다

## 환경수업이 의무화된다면?

코로나 이후 우리 생활에서 환경문제가 더욱 더 심각하고 빠르게 표면화되면서 환경 전문가가 아닌 일반인들 사이에서도 환경 자체에 대한 관심뿐만 아니라 개선할 수 있는 구체적인 실천 운동이 이어지고 있다. 이에 따라 시민들을 대상으로 하는 환경교육이 평생교육으로서 자리매김해야 한다고 생각하는 사람들이 많아지고 있다. 앞으로의 사회는 미래세대가 다니는 유치원, 초등학교, 중고등학교에 환경교육 요구를 강화할 것이다. 가까운 미래에 환경교육이 초등학교에서도 교육과정상 의무화되는 모습은 그렇게 허황된 상상은 아닐 것이다.

대부분의 교사들은 환경교육의 필요성에 대해 어느 정도 인식하고 있지만 아직 환경수업에는 적극적이기가 쉽지 않다. 교과 학습지도와 생활지도, 여러 행사로 정신 없는 학교생활에 환경교육은 부담이 될 수밖에 없다. 다른 교과교육의 우선순위에 밀려 개별 교사의 자율에 맡겨진 환경교육은 어쩔 수 없이 또 소외받게 된다. 환경 관련 교육과정을 언급하는 학교들이 있지만 환경교육 프로그램을 내실 있게 운영하는 학교가 얼마나 있을까. 일 년에 몇 시간이라는 환경수업 시수를 명시함으로써 수업시간을 확보해 둔 학교도 있지만 이런 경우에도 외부 강사에게 맡기거나 일회적으로 진행하고 마는 경우가 적지 않은 게 현실이다.

초등학교 교육과정 안에서 환경교육은 교과로서가 아니라 여러 범교과 학습의 '주제' 가운데 하나로 존재하기 때문에 교사가 자신의 환경수업 시간을 확보하는 일이 간단하지가 않다.


## 부족한 환경수업 시간을 극복할 수 있는 방법

- 환경수업 경험이 없다.
- 환경수업을 할 시간이 없다.
- 환경교육 정보가 부족하고 자료를 찾기 어렵다.
- 환경교육에 대해 잘 모르고, 환경교육 전문성이 부족하다.


우리가 환경수업을 미룰 이유는 많다. 배운 적이 없으니 모르는 게 당연하고, 경험이 없으니 전문성이 부족하다.

처음부터 잘하는 사람은 없다. 개인의 상황과 역량이 모두 다르지만 변화를 받아들이고 의지만 있으면 누구나 다 할 수 있는 게 환경수업이다.

나의 경우를 생각해 보면 환경수업을 하고자 하는 의지는 있는데 수업 시간을 확보하기가 어렵다는 게 우선 큰 난관이었다. 한정된 시간을 최대한 활용할 수 있는 '통합' 수업을 하는 게 하나의 분명한 해결책이었다.

환경교육은 그 자체로 통합교육의 성격을 가지고 있다. 융합교육, 학습자 중심, 실생활 연계, 전인교육, 시민양성교육 같은 키워드가 환경교육과 어울리는 키워드다.

환경교육은 경제, 정치, 문화, 윤리 분야를 포괄하고 환경의 과학, 기술, 사회적 측면을 고루 다룬다는 점에서 총체적인 내용 특성이 있다는 점을 기억해 보자. 그렇다면 환경과 환경문제를 총체적인 시각에서 파악하는 데는 범교과적 지식, 방법 및 기능이 필요하다. 이처럼 초등학교에서는 환경교육의 특성과 환경문제 본연의 성격에 따라 교과 통합 수업을 하는 게 시간 부족의 한계를 극복하는 해결책이 될 수 있다.

교과 통합에 관한 여러 논의 가운데 UNESCO-UNEP은 환경교육의 내용 선정과 조직의 방법으로 다학문 접근과 간학문 접근을 대표적으로 손꼽았는데 여기에서는 환경교육에 적용한 교과 통합적 접근 유형을 좀 더 세분화하여 제시한 것을 살펴보자. 학문병렬 유형은 대부분의 교사들이 적용하고 있는 접근 방법이다. 국어 시간에 읽었던 환경 예시 글, 사회 시간에 토론했던 환경 쟁점들, 과학 시간에 관찰한 자연환경, 도덕 또는 실과 시간에 함께 실천한 환경 행동 등 우리는 이미 여러 학년, 여러 교과에 제시되어 있는 환경교육 내용을 다루고 있다. 다만 우리가 환경교육에 그다지 초점을 두지 않고 해당 교과교육 내용에 초점을 두고 수업을 했기 때문에 환경수업을 했다고는 생각하지 않았던 것이다. 다학문 접근은 각 교과목의 목표나 방법에 따라 운영하면서 여러 교과에 환경교육의 내용이 스며들도록 운영하는 방식이다. 이 접근 방법에 따라 우리나라 초등 교육과정에는 각 교과목 안에 환경교육 내용 요소가 녹아들어 있다. 그러나 교육과정의 의도와는 달리 환경교육 내용을 거의 고려하지 않기 때문에 다학문 접근이 제대로 이루어졌다고 보기는 어렵다.

| 통합 유형 | 환경교육에의 적용 |
|---|---|
| 학문병렬 | • 각 교과에 포함된 '환경' 관련 내용을 모아 수업하지만, 교과 간의 연계성이 드러나지 않은 채 각 교과의 특성과 주제를 그대로 유지하고 있는 경우<br>• 활동 내용이나 시수 등에 조정은 있었으나, 개별 교과의 차시별 학습 목표 또는 단원의 내용, 평가 방식 등은 국가 교육과정을 거의 그대로 따르는 경우 |
| 다학문<br>(교과 통합) | • 교과의 구분이 명확하고, 국가 교육과정이 제시한 개별 교과의 차시 및 단원에 따라 수업 계획이 이루어진 경우<br>• 학문병렬에 비하여 중심 활동에서 교과 간의 관련성이 드러나거나, 둘 이상의 교과를 연결하려는 교사의 의도가 잘 드러나는 경우<br>• 기후변화, 재활용, 에너지, 생태계 등의 주제 및 소재를 중심으로 교과를 묶고, 활동 내용과 시수 등을 조정한 경우 |
| 간학문<br>(주제 통합) | • 개별 교과의 단원과 차시에 따라 수업을 구상하지 않고, 환경에 관한 토픽이나 개념 또는 역량을 출발점으로 삼는 경우<br>• 테마 · 큰 개념 · 필수적인 학습 표준 기능 또는 역량 등 하나 이상의 공통 사항을 중심으로 여러 교과가 서로 연결되어 있는 경우<br>• 교과를 중심으로 나누어져 있지 않고, 개별 교과의 지식 이해라는 결과보다 전체 수행의 과정을 중요하게 여기는 경우 |
| 탈학문 | • '환경'에 관련된 학습자의 실생활 맥락이나 실천에서 출발하여 수업을 조직한 것<br>• 개별 교과의 학습 목표나 교과서의 내용 지식이 아니라, 지식 습득의 방법, 역량, 기능 등을 배워 나가도록 학습 방법을 구조화하여 활용한 경우(프로젝트 학습, 문제기반 학습 등)<br>• 교사가 환경 관련 주제를 제시하여 학습자가 자기 주도적으로 세부 주제와 학습의 방향을 정할 수 있도록 수업을 계획한 경우 |

환경수업에 관심을 갖고 처음 시도해 보려는 교사들께는 각 교과목에 녹아들어 있는 환경 요소를 찾고 이를 좀 더 적극적으로 강조하고 보충, 심화하는 방

---

• 정혜원, 김찬국. (2018). 〈초등 환경교육을 위한 교과 통합적 접근 분석틀 개발 및 적용〉. 환경교육, 31(3),210–223. 표 일부 수정하여 제시하였음.

식을 가볍게 한번 택해 보시기를 추천드린다.

간학문 접근은 별도 과정의 단원 프로그램을 만들고 환경교육에 관한 교과나 학문 내용을 선정하여 조직하는 방식으로 장시간 동안 다양한 상황에서 문제 해결 기능 및 환경교육의 개념을 적용하도록 하는 방식이다. 다시 말해, 어떤 환경 주제를 중심으로 환경교육의 목표–활동–평가가 일관되도록 환경교육 과정을 재구성하는 것이다. 중등 교육과정에 따로 마련되어 있는 환경 과목은 이런 간학문 접근의 예다.

초등 교육과정에도 드물게 특정 교과에서 단원 전체가 환경 주제를 다루고 있는 경우가 있다. 하지만 충분한 수준이 아니다. 그렇다고 현실적으로 일반 교사들에게 아예 새로운 환경 주제를 개발하고 이 주제들을 중심으로 전 과목을 재구성하라고 요구하는 것은 무리다. 우리 모두가 프로그램 개발이나 연구까지 하기는 어렵다. 그래도 환경주제를 정해 간헐적으로 수업을 시도해 보거나 일 년에 한 번 정도는 중장기적인 프로젝트에 도전해 볼 만하다. 중등 환경 과목의 교육과정을 참고하여 초등학교 수준에 맞게 변형하여 지도할 수도 있고 하나의 주제를 관통하는 여러 활동을 아이들과 함께 직접 계획하여 실행해 볼 수도 있다.

예를 들면 '옷의 역할과 관리 방법'에 대해 실과 시간에 교육해야 하는데 이때 '옷'을 주제로 한 환경수업을 진행하면 좋다. 실과 과목 한 단원의 내용을 다른 교과와 통합하여 하나의 환경수업으로 간단하게 재구성할 수 있다. 초등학교에서는 담임교사가 여러 교과목을 가르치기 때문에 간학문 접근 방법을 실행하기가 용이하다. 대표적인 환경 주제들을 중심으로 한 수업활동 가이드와 그 예시는 PART 4에 자세히 다루어 두었다.

● '옷'을 주제로 한 통합 환경수업
(1) 옷의 기본적인 역할 (의식주의 하나) – 실과

(2) 옷의 생산, 유통, 처리 과정 (패스트패션 vs 슬로우패션) − 실과

(3) 계절에 맞는 옷 디자인하기 (쿨맵시와 온맵시) − 미술

(4) 옷을 관리하는 방법 실습하기 (옷 개수 세기, 옷 수선, 옷 정리) − 실과

(5) 입지 않는 옷 기부하고 느낀 점 쓰기 − 도덕, 국어


## 누구나 할 수 있는 환경수업, 환경요리

어떤 접근 방법이든지 너무 신경 쓰거나 부담 갖지 말고 우선 시도해 보시라고 꼭 이야기하고 싶다. 일단 시도를 해 보면 자신만의 평가를 하며 다음 수업을 더 잘 계획할 수 있다. 실패와 아쉬움이 남더라도 아예 안 하는 것보다 훨씬 낫다. 지금의 학교 환경교육은 잘 되고 있느냐의 평가를 하기 이전에, 실행이 되느냐 마느냐의 난관을 넘어서는 것이 당면 과제인 상황이다.

따로 환경수업 시간을 확보하는 데 부담을 느끼지 말고 다른 교과 시간을 활용하여 단계적으로 시도해 보자. 지금까지 교과 교육과정에 제시된 대로 환경적 소재를 가볍게 다루어 왔다면, 우선 앞으로는 그런 소재를 만났을 때 좀 더 자세히 깊이 이야기하는 시간을 수업 중에 가져 보도록 하자. 차츰 교과에 제시되지 않은 환경적 소재와 주제를 찾아 이제는 그것을 중심에 두고 교과를 연결 짓는 시도를 해 보도록 하자. 그렇게 통합 수업의 경험을 쌓아 나가 보자.

환경교육은 도구적, 기능적 의미보다는 지식적, 가치적, 실천적 의미에 중점을 둔다. 따라서 우리가 환경수업을 할 때 가장 먼저 고민할 점은 "무엇을 요리할 것인가?"이다. 즉, 환경적 내용, 콘텐츠가 중요하다.

교사들은 이미 다른 요리를 많이 해 왔기 때문에 재료를 선택하는 방법(아이디어, 수업자료)이나 조리 방법(수업방법, 기술전략, 시간활용)에 대해서는 전문가다. 한식요리만 해 보았기 때문에 중식요리에 익숙하지 않을 수 있는 것처럼 환

경요리를 해 본 경험이 적어서 주저하게 될 뿐이다. 막상 몇 번 해 보면 누구나 훌륭한 '환경 요리사'가 될 것이 분명하다.

그리고 한 가지 더. 환경요리가 꼭 '메인 디쉬'가 될 필요는 없다. 나의 경험에 따르면, 다른 일반 교과 수업에서 '사이드 메뉴' 정도의 자리를 차지하더라도 아이들의 입맛을 충분히 당길 수 있다. 그러니 우리들의 일차적 목표는 조금 더 자주 환경수업을 하는 것이다. 게다가 교사들 사이에서 자발적으로 메뉴, 재료, 레시피 공유가 활발하게 이루어진다면 환경수업은 즐거운 급물살을 타기 시작할 것이다.

원리 7

# 생태환경 수업에 필요한
# 단 하나의 준비물

### : 더욱더 재미있게, 우리 동네 생태환경 수업

## 삶의 터전이 되는 나의 특별한 환경

나의 고향은 전라남도 순천이다. 내가 태어난 곳은 광주이지만 유년시절부터 청소년 시절까지 순천에서 자랐다. 내가 자란 동네에는 동천과 봉화산이 있다. 그래서 학교가 끝나면 동천 옆 개울가에 가서 놀고 학교 건너편 산턱 무덤 주변에서 곤충을 잡았던 기억이 있다. 또 주말에는 가족과 함께 봉화산으로 물통을 들고 등산하며 시원한 약수를 담아서 내려왔던 추억이 있다. 가끔은 죽도봉 공원에 올라가서 멀리 우리 학교, 우리 집을 찾아보기도 했다. 또 아버지를 따라 순천 선암사가 있는 조계산에 오르며 땀 흘린 뒤 먹은 보리밥은 아직도 생생하다.

지금도 여전히 내 부모님은 그곳에 살고 계신다. 이십 년이 지난 현재, 우리집 주변에 있던 산은 다 깎였고 아파트 단지들이 엄청나게 많이 들어섰다. 내

어릴 적 추억도 모두 함께 깎여 나가 버리는 것 같았다.

한편 순천 지방자치단체에서는 십 년이 넘는 동안 순천만 주변으로 생태습지 공원을 조성하는 데 힘을 썼다. 내가 어릴 때만 하더라도 그곳은 철새들이 가끔 온다는 소문만 듣고, 아무런 발길이 닿지 않는 황량한 곳이었는데, 지금은 순천 시민들뿐만 아니라 전국 각지에서 찾아오는 유명한 습지 공원이 되었다. 또 순천 국가 정원 박람회를 열고 유지하며 생태도시로 거듭났다. 그 덕분에 아버지는 은퇴 후에 순천 국가 정원에서 정원사로서 제2의 삶을 살고 계신다. 지금 순천에 사는 아이들은 나의 순천과는 다른 순천을 자신의 뿌리로 삼고 살아가고 있는 셈이다.

한 사람이 경험한 환경은 사람의 수만큼 다양하게 존재한다. 어딘가에 뿌리 내리고 살아가는 나무 한 그루와 우리의 모습은 비슷하다. 우리 모두가 공유하고 있는 지구 환경도 소중하지만 각자가 경험하는 환경은 서로 다른 만큼 각별하다. 그래서 자연스럽게 과거 나의 뿌리에 해당하는 환경이 훼손되는 모습을 안타까워하며 환경을 소중하게 여기고 지켜내려는 마음을 품게 된다.

환경을 아름답게 지키려고 하는 노력은 결국 나의 행복을 위해서다. 어릴 때 내가 살았던 환경과 추억을 떠올려 보자. 지금은 어떻게 달라졌는지를 생각해 보자. 아이들도 좋은 환경에서 자라며 기억을 간직할 수 있도록 도와 주는 게 어떨까.

## 환경 안에서의 교육

환경교육 초기였던 1972년에 루카스(Lucas)는 환경교육의 방식을 크게 세 가지로 범주화했다. 환경에 관한 교육, 환경 안에서의 교육, 환경을 위한 교육이다.

보통 환경교육을 한다고 하면 환경에 관한 지식 전달 위주의 교육을 생각한다. 그래서 환경수업이라고 하면 과학이나 사회, 실과 같은 일반적인 교과목 안에서 환경적 지식을 부수적으로 다루는 상황을 떠올리는 경우가 적지 않다.

모든 교육이 그런 것처럼 환경교육 또한 지식을 전달하는 데 그쳐서는 안 되지만, 당면한 환경문제를 실제로 해결하는 데만 초점이 맞춰져 개인에게 책임을 묻고 참여를 강요하는 방식에 치우쳐서도 안 된다.

환경교육은 우리가 살고 있는 환경에 대한 사회적 책임과 함께, 살아갈 환경에 대한 개인의 권리도 존중해야 한다. 즉, 환경에 대한 인식, 가치관, 태도, 행동의 측면을 균형 있게 고루 강조해야 한다.

**환경교육의 범주**[*]

|  | 환경에 관한 교육 | 환경 안에서의 교육 | 환경을 위한 교육 |
|---|---|---|---|
| 영어 표현 | Education about Environment | Education in Environment | Education for Environment |
| 강조점 | 지식, 개인적 실천 | 생태적 경험 | 환경문제, 쟁점, 공동체적 실천 |
| 교사의 역할 | 지식의 권위자 | 환경 내에서의 경험의 조직자 | 공동의 참여자/탐구자 |
| 학습자의 역할 | 지식의 수동적 수용자 | 환경 경험을 통한 능동적 학습자 | 새로운 지식의 능동적 창조자 |
| 지식의 조직원리 | 교과 | 개인적 경험 | 환경문제 |
| Palmer(1998) | 환경을 조사 | 환경을 매개로 교육 | 환경을 보존, 개선 |

[*] 김찬국. (2002). 〈'창의적 재량활동'을 통한 중학교 환경교육의 문화기술적 연구〉. 서울대학교 환경대학원 국내석사학위논문. 의 〈표 2-1〉 일부를 제시하였음.

환경에 관한 교육과 환경을 위한 교육을 이어 주는 교육이 바로 '환경 안에서의 교육'이다. 환경에 대한 지식을 이해하는 데 그치지 않고, 내가 살고 있는 환경 안에서 직접 경험하고 확인하며 학습하는 과정에 초점을 맞추는 교육이다. 내가 직접 보고 느낀 환경적 경험은 환경을 보존하고 개선하는 행동으로 자연스럽게 이어질 것이다.

우리는 태어나면서부터 죽을 때까지 환경을 벗어나지 못한다. 모든 경험은 우리가 살고 있는 환경을 빼고서는 이야기할 수가 없다. 내가 살았던 곳, 살고 있는 곳에서의 경험이 삶의 거의 전부다. 어떤 환경에서 자라고 살아가느냐에 따라서 가치관이, 나아가 삶이 바뀔 수도 있다는 말이다.

따라서 환경 안에서의 교육이란 일생의 모든 교육적 경험의 원리이자 진정한 배움에 이르는 가장 자연스러운 방식일 것이다. 환경은 자극이자 매개가 되어 개인의 마음에 작용해 그 마음을 움직이므로 환경 안에 있는 개인에게는 배움이 일어난다. 특히 우리를 실제로 둘러싸고 있는 환경은 특히 큰 학습 자극으로 작용한다.

환경교육 용어 가운데 '자기환경화'라는 개념이 있다. 환경문제가 나와 상관없는 문제가 아니라 '나의 문제'라는 생각과 느낌을 가지게 되는 것을 의미한다. 자기환경화를 달성하기 위한 환경교육 전략은 환경과의 직접적인 접촉을 통한 감정적 체험이 본능적인 행동이나 사고로 이어져 습관으로 자리잡을 수 있도록 하는 것이다.

북극곰은 외면할 수 있어도 우리 동네 무당개구리는 외면하기 어렵다. 우리가 살고 있는 집, 마을, 지역 사회, 우리나라처럼 나와 가까운 환경을 새롭게 경험하도록 안내해 준다면 교육의 효과가 높을 것이라는 이야기다.

사실 '생태교육'이라는 개념은 현대 도시화에 따른 신개념이다. 과거에는 대문만 열고 나가면 드넓은 '생태 놀이터'가 펼쳐져 있었지만 이제는 인위적으로 조성되고 운영되는 '생태 체험장'을 찾아야 하는 형편이다. 생태환경을 경험하기 위해 비용을 지불해 가며 딸기 따기, 조개 캐기, 일일 농장 가꾸기 등의 체험 프로그램을 신청하기도 한다.

자연에서 자연스럽게 뛰놀게 하며 스스로 탐색을 할 수 있도록 해 주고 싶지만 그것이 가능하지 않은 도심 속 아이들에게는 이런 인위적인 체험 프로그램도 짧은 시간에 알차게 진행되는 특별한 체험임에 틀림없다. 화려한 플라스틱 장난감을 사 주는 것보다는 훨씬 나은 선택이다. 도시에서 자란 아이들도 변화무쌍하고 살아 움직이는 자연 속에서 노는 것을 더 좋아한다. 단지 우리가 자연과 아이들을 차단하고 있을 뿐이다. 도심에 사는 아이들이라면 특히 의식적으로 자연환경 속에 자주 던져 넣어 주는 게 좋다. 강제하거나 암기시키지 않아도 아이들의 감수성, 창의성, 사회성이 자연스럽게 길러진다. 교사가 인도하고 자연이 가르치는 것이다. "자연에 접속하라."는 제인 구달의 말을 마음속에 새겨 보자.


## 체험으로 그치지 않고 '의미'를 발견하게 하라

체험 중심의 환경교육 또는 생태교육은 자연 안에서 직접 환경을 탐색하고 체득하게 한다. 자연 체험을 통해 자연스럽게 환경에 대한 이해와 깨달음, 실천을 이끌 수 있도록 지원하는 교육이다.

여러 번 보고 듣는 것보다 한 번의 직접적인 체험이 기억에 오래 남는다. 어릴 때의 체험은 교육적인 효과가 특히 크다. 교실 밖 체험 교육은 실내에서의

●　　안만홍. (2017). ≪에코 산책 생태 교육≫. 맘에드림.

교육과 비교해 교육 효과가 7배 이상이라는 주장도 있다[*]. 체험 중심의 교육을 할 때 아이들의 표정을 살펴보면 단번에 알 수 있다. 체험학습을 하는 동안 아이들의 동기, 참여, 변화의 정도는 일반적인 교실 수업과 확연히 다르다. 그래서 나는 체험학습의 기회를 최대한 많이 주는 방향으로 수업과 각종 활동을 진행한다.

과거에 학교에서는 학교 교육과정의 진도에 맞춰 나가는 것을 중요시했는데 이제는 나만의 교육과정을 만들어 융통성을 발휘하는 방향으로 점차 변화하고 있다. 교사는 교육과정 내 성취기준을 벗어나지 않는 범위에서 체험 시간을 확보할 수 있다. 교육과 수업의 목적을 고려하여 교사들은 여러 활동의 우선순위를 정한다. 교사 개인마다 교육관과 가치, 경험이 저마다 달라 우선순위도 각자 달라진다. 하지만 우리의 역할은 정해져 있음을 잊지 말자. 지금, 내가 살고 있는 이곳에서 다양한 주체와 더불어 사는 법을 미래세대인 아이들이 체득하도록 해 주는 것 말이다.

그런데 체험학습을 할 때 기억해야 할 것이 하나 있다. 일회적인 체험에 그치지 않도록 하는 후속 활동을 진행하는 것이다. 후속 활동은 거창한 활동이 아니라 체험활동으로부터 의미를 발견할 기회를 별도로 제공하는 활동이면 된다. 여럿이 똑같은 체험을 해도 배경지식과 이전의 경험에 따라 아이들은 각기 다른 의미를 찾아낸다.

후속활동으로 나는 주로 일기를 쓰도록 하고 있다. 일기를 쓰면 자신이 체험한 과정을 되돌아보고 체험했던 순간에는 미처 생각하지 못한 것까지 끄집어낼 수 있기 때문이다. 체험을 하는 동안에도 물론 생각하고 느끼지만 체험을 모두 마친 뒤에는 또 다른 생각과 느낌을 가질 수 있다. 그리고 글로 써 놓으면 타인과 공유할 수도 있다.

아이들이 쓴 일기를 통해 교사는 체험학습을 하는 동안에 놓쳤던 장면들을 파악할 수 있고 아이들의 생각을 들여다볼 수 있어서 교육 효과를 짐작할 수 있다. 의미를 잘 발견한 글이나 특별히 함께 나누고 싶은 글은 아이들에게 읽어 주어도 좋다. 느낀 점을 돌아가며 간단히 발표하도록 하여 아이들이 생각을 나누도록 해 주어도 좋다. 온라인에서 진행해도 부족함 없이 괜찮다.

별거 아닌 것 같지만 후속 활동을 할 때와 하지 않을 때의 차이는 크다. 나와 타인의 환경 감수성을 비교해 볼 수 있는 이런 메타인지적 환경활동은 아이들이 자신의 환경 감수성을 다듬어 나가는 데 큰 영향을 미친다. 이렇게 쑥 높아진 환경 감수성은 이후의 환경수업 참여나 일상생활 태도에도 상당한 변화를 야기할 수 있다. 그러므로 체험학습에서 교사의 역할은 크게 두 가지다. 체험학습으로의 안내, 그리고 체험학습 바깥으로의 안내.

## 도시 속 아이들이라면

자연을 가까운 곳에서 자주 누릴 수 있는 환경에서 살면 좋겠지만 그렇지 못한

**환경교육센터 추진체계** ●

●    환경부. (2022). 〈2022 대한민국 환경교육〉.

아이들이 더 많다. 특히 도심이라면 그 속에서 환경 체험학습은 어떻게 할 수 있을까.

도시 학교에서 교사들이 찾을 수 있는 방법을 생각해 보자. 우선 지역사회에서 지원하는 교육 프로그램을 최대한 활용하도록 하자. 요즘에는 국가환경교육센터, 지자체, 공공기관, 개인 또는 사회단체에서 환경교육 프로그램을 꽤 활발하게 운영하고 있다. 특히 처음 환경수업을 시작해 보려고 하는 교사라면 적극적으로 활용하기를 권한다. 모든 것을 계획하고 활동하기는 어려우므로 교실 밖에서 체험하게 해 줄 수 있는 현장 체험학습을 병행하면 좋다. 학교 밖에서 운영되는 프로그램 홍보를 항상 주의 깊게 살펴보고 지원을 받도록 하자.

어떤 프로그램이 아니더라도 학급 아이들, 환경동아리 아이들과 자주 교실 밖으로 나가자. 우리 지역의 공원이나 하천을 찾아 여러 동식물을 만나기도 하고 우리 지역의 환경관리시설도 직접 눈으로 보고 오면 된다.

대부분의 지역에는 그 지역의 특색에 맞는 다양한 교육 프로그램 혹은 환경 시설이나 기관이 있을 것이다. 있는 줄 몰라서 이용을 안 하는 경우가 대부분이다. 찾기 전에는 보이지 않던 게 보이기 시작할 것이다. 환경 시설, 기관, 프로그램은 환경 정책의 영향이 크게 작용한다는 점도 참고하자. 최근 들어 기후 위기와 코로나 상황에 대처하기 위해 국가에서는 광역 환경교육센터를 새롭게 지정하여 운영하기 시작했다. 환경교육센터는 〈환경교육의 활성화 및 지원에 관한 법률〉에 따라 운영되는 기관으로 국가, 광역, 기초 환경교육센터로 구분된다. 이 센터들은 학교환경교육과 사회환경교육을 연결하는 환경교육 거점의 역할을 한다.

지역의 교육센터에 문의하면 지역 특색에 맞는 환경교육 프로그램을 지원받을 수 있다. 교육센터뿐만 아니라 지역 생태식물원(휴양림), 박물관(체험관), 환경관리시설 등에서 운영하는 자체 프로그램을 활용할 수도 있다.

## 환경부 소속/산하 공공기관의 환경교육 프로그램 예시

환경부. 2022.03.29. 2022년 환경부 소속 · 환경교육프로그램 안내". 환경교육포털(www.keep.go.kr)을 참고하여 정리하였음.

| 운영 기관 | 운영 프로그램 예 | |
|---|---|---|
| 한강유역환경청 | 팔당호 생태 · 문화와 함께하는 선상 체험 | |
| 낙동강유역환경청 | 꿈꾸는 초록누리단 프로그램 | |
| 금강유역환경청 | 미래세대 대상 화학안전교육 | |
| 영산강유역환경청 | 물사랑배움터 | |
| 원주지방환경청 | 미래 환경리더 양성 환경체험교실 | |
| 대구지방환경청 | 운문산 생태관광/체험/자유학기제 | |
| 전북지방환경청 | 새만금 환경사랑 에코에듀, 애반딧불이 생태여행 | |
| 수도권대기환경청 | 미세먼지 바로알기 방문교실 | |
| 국립생물자원관 | 생물다양성교실, 생물자원교실, 생물학자와 만나요(진로) | |
| 한국수자원공사 | K-water 물드림캠프, 금강물길생태캠프 | |
| 한국환경공단 | 환경사랑홍보교육관 | |
| 국립공원공단 | 국립공원 숲(바다) 학교, 국립공원 두드림 진로체험 | |
| 수도권매립지 관리공사 | 폐자원을 에너지로 만드는 자원순환(꿈길진로체험) | |
| 한국환경산업기술원 | 토양 · 지하수 청소년 여름캠프 | |
| 국립생태원 | 지역연계 일일생태체험: 육지생물, 바다생물 우리는 친구 | |
| 국립낙동강 생물자원관 | 꿈의 나침반(자유학기제 연계교육), 자연탐사대: 생물 만나기, 물길따라 생태 · 문화탐방 | |
| 국립호남권 생물자원관 | 풀이랑 그림이랑, 멸종 위기동물들 구해 줘!, 섬에서 보물찾기 | |
| 수자원 환경산업진흥(주) | 디아크 문화관 | Let's walk! 낙동강, AR 낙동강 생물탐구 |
| | 한강 문화관 | ECO강문화생태체험, 한강 환경문화교실 |
| | 금강 문화관 | 더 가까이 금강, 금강문화관 진로체험 |
| | 영산강 문화관 | 영산강 블리츠(Blitz), 영산강 지천탐험대 |
| | 낙동강 문화관 | 물길따라 배움따라, 낙동강하구 생태교실 |

원리 8

# 지속가능한 환경수업을 하려면

## : 환경수업을 업사이클링하라

### 일회용 수업, 재활용 수업

수업에도 일회용이 있다. 일 년에 한두 번 행사로 하는 특별 수업도 있고, 여러 가지 이유로 단 한 번으로 끝나고 더 이상 이어지지 않는 경우도 있다.

여러 가지 이유란 무엇일까? 교사가 별로 관심이 없거나 중요하다고 생각하지 않아서, 학습자가 흥미를 느끼지 않아서, 준비하는 데 어려움이 있어서, 수업 시수 여유가 없어서 다음 수업으로 이어지는 데 탈락하는 셈이다. 안타깝게도 환경수업이 이렇게 진행되는 경우가 적지 않다.

교사 입장에서 환경수업은 실행하기 쉬운 수업이 아니다. 교육 내용을 선정하는 것부터 수업자료를 찾고 만들기까지 고민할 게 많다. 그래서 보통은 형식적으로 한두 번하고 만다. 아예 하지 않는 경우도 많고 해야 하는 경우에는 학교 밖의 기관들이 진행하는 프로그램으로 대체하여 수업을 진행하는 경우도 많다.

환경수업이 이렇게 진행되는 가장 큰 이유는 학교급별로 학습자 수준에 맞게 세분화된 교육과정 문서가 없기 때문이다.

그래서 수업을 하려는 의지를 가진 교사들도 별도의 노력을 꽤 들이지 않으면 자꾸만 똑같은 환경 이야기를 반복하는 '재활용' 수업을 하게 된다. 환경수업에 익숙하지 않아서 지구온난화, 북극곰, 분리배출, 절약만 외쳤던 작년의 수업을 올해도 또 하게 된다.

가르치는 사람도 배우는 사람도 여러 번 들어서 더 이상 와닿지 않는 수업내용이다. 교사 스스로가 지루해하지 않고 환경수업을 계속 이어가기 위해서는 무엇을 어떻게 해야 할까.


## 지금 우리의 학교 환경교육은 지속가능한가

환경은 계속 변하고 이에 대응하는 정책이나 사회 활동도 변하고 있다. 특히, 코로나 이후의 환경과 우리의 삶은 급격하게 변하였다. 우리는 여기저기서 발생하는 새로운 환경이슈를 전보다 더 많이 접하고 있고, 그 속도와 범위가 점점 커지고 있다. 그런데 학교 안에서 교사가 바라보는 '환경교육'과 학교 밖 국제 사회, 환경 관련 종사자를 비롯한 일반 사람들이 바라보는 '환경문제'의 온도차가 크게 느껴진다. 내가 환경수업을 처음 시도했던 때와는 다르게, 확실히 환경에 대한 사회적 관심이 뜨거워졌다. 정부나 환경과 직접적인 관련이 있는 기관·단체뿐만 아니라 환경과 관련이 없는 기업에서조차 환경은 필수적으로 고려해야 할 대상이 되었다. 우리 생활의 전반에서 점점 더 높은 수준의 환경적 지식과 실천이 요구되고 있다. 그러나 학교에서의 환경교육은 십 년 전이나 지금이나 달라진 것 없이 제자리다. 여전히 학교 교육과정의 한 페이지 안에 환경교육 계획으로만 있다. 환경교육이 의미 있게 제대로 실천되는 현장은 찾아보기 어렵다.

최근 들어 사회적 요구에 따라 환경교육에 대한 지침과 지원이 조금씩 늘어나고 있다. 이러한 움직임이 제대로 효과를 보이려면, 각 학교에서 교사들로부터의 자발적인 의지와 실천이 필요하다. 위로부터의 일회적인 지침과 지원으로 끝난다면, 또다시 일회용 환경교육으로 전락하고 말 것이다. 한때 '지속가능발전교육'이 환경교육의 또 다른 용어로 혼용되어 왔는데 환경교육은 특정 시대에 유행하는 트렌디한 교육이 아니라 글자 그대로, 그 자체로서 '지속가능하고 발전'하는 교육이어야 한다.

환경수업을 일회용으로 만들 것인지, 지속가능하도록 발전시킬 것인지는 우리 교사 앞에 놓여 있는 선택지다. 그리고 미래 사회에 대비하는 환경수업을 어떻게 할 수 있을지에 대한 고민을 더는 미룰 수 없는 시대가 되었다.


## 환경수업을 새활용하는 두 가지 방법

환경수업을 시작하여 회를 거듭하다 보면 보이지 않았던 것들이 보이기 시작할 것이다. 환경수업을 하기 전에는 어떤 환경수업 주제와 활동이 있을지를 고민하지만 시간이 조금 지나면 다뤄야 할 환경이슈가 너무 많아서 무엇을 선택해야할지 고민하게 될 것이다.

해마다 비슷한 기후 위기 이야기, 환경 보호 이야기로 환경수업을 재활용하지 말고 비슷한 주제와 활동을 유지하더라도 변화하는 이슈와 상황에 맞추어 '새활용'하자. '새활용'이란 환경용어 '업사이클링(Up-cycling)'의 우리말로 물건을 버리거나 그대로 다시 사용하는 게 아니라 활용도나 가치를 새롭게 더해 재탄생시키는 재활용의 한 방식을 의미하는 말이다. 환경수업도 업사이클링하자. 목표를 일관되게 유지하면서도 내용을 발전시켜 심화된 새로운 환경수업을 만들어 가도록 하자.

　환경수업을 지속가능하도록 업사이클링하는 방법 두 가지를 소개하고자 한다. 첫 번째 방법은 수업의 주제나 내용을 확대하고 심화하는 것이다. 앞서 자원순환과 관련하여 '올바른 분리배출'에 대한 수업을 진행했다면 이번에는 '제로 웨이스트 운동, 플라스틱 어택 운동'을 주제로 이야기 나눠 보는 것이다. 교사도 처음 접하는 이슈가 대부분이겠지만 아이들과 함께 탐색하고 자연스럽게 생각도 함께 나누면 된다. 교사는 수업 주제를 던져 주고 다양한 입장에서 생각해 볼 수 있도록 안내해 주기만 해도 크게 부족하지 않다.

　혹은 하나의 주제를 여러 개의 내용으로 세분화하여 연계 또는 통합 수업을 계획할 수 있다. 예를 들어 우리가 먹는 음식, 식생활을 주제로 한 환경수업을 간단히 계획해 보자. 첫 시간에는 우리가 주로 먹는 음식의 종류, 구입 방법, 조리 방법, 재료나 성분과 관련된 환경 이야기를 나눈다. 두 번째 시간에는 식자재의 원천, 유통 과정, 폐기 처리 과정까지의 '푸드 마일리지'에 대해 자세하게 이야기 나눈다. 세 번째 시간에는 육식과 채식 등 다양한 식자재 생산자, 유통자, 음식의 공급자, 소비자 등 다양한 입장에서 환경을 위한 건강한 식습관에 대해 토론해 보도록 한다. 마지막으로 네 번째 시간에는 건강한 음식을 직접 만들어 보는 체험을 하도록 한다. 이처럼 한 가지 주제를 실생활과 다양하게 연계하면서 수업을 심화, 발전시키도록 하자.

　환경수업 업사이클링의 두 번째 방법은 똑같은 주제를 유지하되 새로운 활동 내용과 활동의 방식을 다양하게 시도하는 것이다. 예를 들어 '에너지 절약'이라는 주제로 환경수업을 처음 진행할 때는 개인의 절약 수칙에 대해 다짐하는 것을 주된 활동으로 삼는다. 그다음 해에는 수업 시간에 실천까지 이어질 수 있도록 활동을 변형하여 진행한다. 주변에서 에너지가 낭비되는 곳을 찾고 내가 절약한 사례를 인증하여 서로 공유하고 발표하도록 하는 것이다.

　생각의 폭을 조금 넓히면 '에너지 절약'이라는 주제와 관련된 활동은 아주 다양하게 준비할 수 있다. 에너지를 절약할 수 있는 옷차림이나 생활용품, 건축 시스템 아이디어 생각해 보기, 교실과 가정에서 에너지 절약할 때마다 얻을 수 있는 보상(포인트)을 어떻게 주면 좋을지 토의하기, 에너지 절약 정책 만들기 등 아주 다양한 활동을 진행할 수 있다.

새로운 활동과 방식을 떠올릴 때는 여러 교과목에서 지도했던 내용과 방법을 적용해 보면 좋다[•]. 시를 짓거나 카피라이트 만들기 활동을 할 수도 있고, 노래 가사를 바꾸거나 영상 자료를 만들어 보게 할 수도 있다. 학습 대상에 따라 수준을 다르게 하여 똑같은 내용이라도 다른 활동과 방식을 적용할 수 있을 것이다. 아이들의 반응과 요구에 따라 새로운 활동을 함께 창작하면서 이를 계속 이어 나간다면 모두가 능동적으로 참여하며 함께 만드는 환경수업이 될 것이다.

한 학기에 한 번씩, 서로 다른 주제와 활동을 가지고 나만의 환경수업의 범주와 깊이를 업그레이드, 업데이트해 보자. 문서화된 환경교육과정은 없더라도 나만의 환경수업 교육과정이 만들어지고 어느새 환경교사로 성장한 자신을 만나게 될 것이다.

---

# 조금 더 친환경적인
# 환경수업을 고민한다

## : 환경교육 전문성 높이는 법

처음 환경수업을 시도하려고 했을 때는 물론이고 그 이후에도 한동안 환경수업을 주저하게 했던 생각이 하나 있었다. '나는 환경에 대해 관심은 있지만, 환경교육에 대해서는 아는 게 별로 없다.'라는 것이었다. 즉, 환경교육 전문성이 전혀 없다는 두려움은 환경수업에 대한 엄두를 좀처럼 내지 못하게 했다.

하지만 학교 교육과정에서 혹은 우리 일상생활 속에서 자꾸 등장하는 환경 이야기를 외면할 수는 없었다. 환경교육을 하려고 마음먹으니 환경과 관련된 이슈가 여기저기에서 보이기 시작했다. 환경수업을 처음 했을 때는 환경문제와 환경보전에만 초점이 맞춰져 있었는데, 환경수업을 거듭하면서 이는 한정적인 시각이었음을 알게 되었다. 환경에 대한 시야를 한번 넓히고 나니 이제는 환경의 방대한 범위 가운데 어떤 것을 어디까지 다루어야 할지 고민이 되기 시작했다. 자료를 찾다 보면 전문적이고 어려운 용어를 만나 당황하기도 했고 시기별 또는 기관별로 통계자료가 조금씩 달라서 학생들에게 잘못된 정보를 알려 주게 되는 건 아닐지 불안하기도 했다.

그런데 수업에 참여한 아이들은 그 어떤 수업보다도 높은 관심을 보이며 환경수업을 재미있어했다. 무언가를 깨닫고 새로운 실천을 해 보고 싶다는 강한 의지를 보이기도 했다. 평소와는 다른 의외의 모습에 내가 더 놀랄 때도 있었다. 아이들의 그런 모습을 통해 어느 순간 내가 가지고 있던 생각이 바뀌었다.

내가 하고 있는 환경교육의 방향이 맞는지 환경교육 방법이 적합한 것인지 갈 길을 잃어 방황할 때마다 아이들은 오히려 나에게 용기를 주었다. 나의 부족함과 한계는 포기하지 않고 환경교육의 경험을 쌓아간다면 극복할 수 있을 것이라는 믿음이 생겼다.

환경시민인 우리 모두는 각자의 자리에서 녹색의 역할을 할 수 있다. 환경문제의 원인을 분석하고 문제를 해결하기 위해 연구를 하고 지식의 체계를 만드는 것은 환경 과학자, 환경 연구원, 환경 공학자, 환경 정책 전문가의 역할이다. 그렇다면 교사는 환경교육 전문가의 역할을 할 수 있겠다.

그렇다면 환경교육 전문가의 모습은 어떠할까? 환경교육을 하는 교사의 전문성은 어떻게 알 수 있을까? 교사 전문성과 관련된 기존의 연구는 전문성을 갖춘 교사는 무엇을 할 수 있고 초보 교사와 전문가 교사가 어떤 차이가 있는지에 주로 집중했다.*

환경교육에서도 환경교사에게 기대하는 행동적 능력, 즉 환경교육을 효과적으로 가르치기 위해 필요한 자질(지식, 기능, 태도)을 확인해 보는 관점에 따라 환경교육을 위한 교사의 자질과 전문성을 목록화하는 연구가 계속되어 왔다. 여러 학자들이 연구한 요소를 정리해 보면 환경교사에게 필요한 전문적 자질은 교육학 전반에 대한 이해, 환경수업 기술, 환경교육 내용에 대한 지식, 환경교육과 관련된 기능, 환경에 대한 가치 및 태도, 환경 행동, 환경교육에 대한 열성과 집착력, 환경 감수성이다.

## 초등 환경교육 교사의 전문성[**]

| 구분 | 초등교사의 전문성 | 환경교사의 전문성 | 초등 환경교육 교사의 전문성 |
|---|---|---|---|
| 내용 지식 | 통합적인 교과 교육 | 환경교육 내용 지식 | 환경의 통합적인 교과 내용과 지식 |
| 생활 지도 | 생활지도 학급 경영 | | 환경적인 생활지도 및 학급의 환경 경영 |
| 수업 기술 | 수업 기술 및 기능 | 환경교육과 관련된 기능과 환경수업 기술 | 환경교육 교수 · 학습의 기술과 기능 |
| 덕성 | 개인의 인성 (교직애, 윤리, 사명감, 봉사 정신) | 열성과 집착력, | 환경교육에 대한 열성과 집착력 |
| | | 환경 감수성 | 환경 감수성 |
| 교육학 | 교육학에 대한 이해 | 교육학에 대한 이해 | 교육학에 대한 이해 |
| 태도 행동 | | 환경에 대한 가치 태도 | 환경에 대한 가치 및 태도 |
| | | 환경행동 | 환경 행동 |
| 아동 이해 | 아동에 대한 이해 | | 환경심리학 아동의 발달 단계 이해 |
| 협력 | 일반적 교양 (타인과 협력) | | 동료와 지역사회와 소통 및 협력 |
| 역할 | 학교 및 교사의 역할 이해 | | 초등환경교사로서의 역할 이해 |

●   홍우림. (2014). 〈초등교사의 전문성 발달 특성에 관한 연구〉. 초등교육연구, 27(3), 213–236.

●●   이성희, 최돈형. (2007). 〈초등환경교육의 전문성 신장을 위한 교사 연수 프로그램의 구성 요소 탐색〉. 환경교육, 20(2), 54–66.

그렇다면 초등교사에게 각각의 자질을 갖추도록 한다면 환경교육 전문성이 길러졌다고 할 수 있을까. 교사들의 전문성 신장을 위한 많은 환경교육 연수 프로그램에 참여했음에도 불구하고 실제 학교 현장에 있는 초등교사들은 스스로 여전히 환경교육에 대한 전문성이 부족하다고 생각한다. 일반 초등교사들의 경우 전문성을 논의하기 이전에 환경수업 경험 자체가 거의 없다. 교사 양성과정에서부터 학교 현장에서도 환경수업을 직접 해 본 경우가 드물기 때문에 환경수업에 대해 소극적이다.

일반적으로 교사의 전문성은 주로 수업에서 비롯된다. 초등교사의 환경교육 전문성 발달을 위해서는 역시 환경수업 경험이 선행되어야 할 것이다.

초등교사들은 다양한 경험을 통해 학습자들의 이해, 교육과정과 교수 · 학습의 이해, 생활지도 면에서는 전문성을 가지고 있다. 환경수업을 계획하고 실행할 때도 교육과정을 재구성하거나 다른 수업의 교수 · 학습 방법을 적용하는 능력만큼은 부족함이 없을 것이다. 환경수업의 경험이 다소 부족할 뿐이다.

환경수업을 처음 시작하는 교사가 높은 수준의 환경교육 전문성을 갖추고자 열심히 노력해도 차마 채워지지 않는 부분이 있을 것이다. 연수 프로그램에서 보고 들은 환경교육 내용이 아닌, 환경수업을 직접 경험해 보아야만 얻을 수 있는 교사 자신만의 '실천적 지식(practical knowledge)'이 이후의 환경수업을 발전시키고 교사의 환경교육 전문성을 다지기 때문이다. 각자의 방법으로 시도하고 노력하는 과정에서 얻는 성취감 혹은 좌절감만으로도 환경수업의 전문성은 발달된다. 따라서 초등교사의 환경교육 전문성 발달이 시작되는 건 첫 환경수업에서다. 이렇게 싹트기 시작한 전문성은 지속적인 환경교육의 실천과 역동적인 상호작용을 하기 시작할 것이다.

# 환경교육 전문성 발달을 위한 세 가지 방향

교사 전문성 발달은 교사 스스로 변화에 대한 필요성을 인식하고, 나름대로 의미 있는 방법을 찾아낼 때 일어난다. 단순히 지식이나 기술을 습득하는 양적인 변화가 아닌, 어떤 심리적인 변화로 교수 실행과 삶에 영향을 주는 질적인 변화가 필요하다. 결국 교사의 진정한 전문성 발달은 교육활동의 주체인 교사 스스로 반성적 성찰이 발휘될 때 시작되고, 교사 스스로 자신의 생각이나 신념을 바꾸어 교수 실제와 삶의 방식까지 변화되는 것을 말한다.

초등교사는 수업 연구, 학급 경영 및 생활지도, 학생 관리, 여러 가지 교내 업무로 인해 매우 바쁜 생활을 한다. 그래서 일반적으로 급격하고 강제적인 변화를 꺼려 하는 경향이 있다. 이러한 상황에서 어떻게 교사의 유의미한 질적 변화를 이끌어 낼 수 있을까. 환경교육 전문성 발달을 위한 교사교육의 방향을 세 가지 관점으로 제시해 보고자 한다.

첫 번째로, 개인의 맥락과 상황에 맞춘 '자발적·지지적 교사교육'이 필요하다. 교사의 자발성과 능동성이 교사의 변화능력을 설명하는 주요 척도로 보고, 외적 요인과 내적 요인에 따라 4가지 교사 변화 유형을 제시한 그림이 있다. 이 그림은 변화에 대응하는 교사의 다양한 모습을 보여 주는데 이를 통해 유의미한 변화의 조건을 짐작해 볼 수 있다.

변화를 촉구하는 외적 요인이 강한데 내적 요인은 충분하지 못한 경우 그 변화의 필요성에 공감하지 못하여 갈등을 경험하게 된다. 환경교육이 보다 보편화되고 활성화되기를 기대하더라도 형식적, 제한적으로 운영될 것을 원하는 게 아니라면 무작정 수업 시수만 확보하는 행정적 대처만 필요한 게 아닌 이유다.

교사가 변화의 필요성을 스스로 인식하고 자발적인 의지가 있어야 비로소 변화를 받아들이고 유의미하게 성장할 수 있게 된다. 특히 환경 분야는 개인 경험과 의지의 영향이 크다.

많은 교사가 환경교육에 관심을 갖고 전문성을 기르도록 하기 위해서는 학교나 기관에서 환경교육에 관한 자발적·지지적 풍토를 만드는 데 힘써야 한다.

따라서 초등교사의 환경교육 전문성 발달을 위해서는 기존의 연수 프로그램과 같이 강의식 위주의 지식 전달 방식보다는, 교사의 맥락과 상황을 고려하고 교사 개인의 변화에 대한 욕구와 의지에 대한 이해가 수반된 자발적·지지적 교사교육으로 나아가야 한다.

두 번째로, 지속적으로 피드백을 주고받을 수 있는 '쌍방향적 교사교육'이 필요하다. 교사가 성장하고 학습하는 과정에서 나타나는 반성적 실천(reflective practice)은 교사의 실천적 지식의 형성과 전문성 발달에 중요한 개념으로, 이미 현장 교사들과 교사교육 연구자들 사이에서 각광받았다. 그러나 수업에 반영되는 복합적인 맥락을 고려한다면 개별 교사의 반성과 노력만으로는 실천적 지식을 얻거나 전문성을 기르는 데에 한계가 있다. 유의미한 교사의 변화를 위해서는 이를 개별 교사의 실천적 지식을 정당화하고 보완할 수 있는 타인(전문가, 동료 교사 등)이 필요하다. 개인적 반성과 실천을 넘어서 타인과의 집단적 사고 과정을 통한 수업 설계와 실행이 지속되어야 한다. 따라서 기존의 교사 연수 프로그램과 같은 일회적, 일방적인 교사교육이 아닌, 지속적, 쌍방향적인 교사교육이 이루어져야 한다.

초등교사들은 전문성 발달을 위해 자기주도 학습(탐독), 대학원, 워크샵 및 연수, 학습 공동체와 같이 다양한 방법으로 배움을 멈추지 않고 있다. 특히 온오프라인에서의 공동체 활동이 활발하여 개인적인 학습 외에도 서로 경험을 공유하는 학습활동을 통해 전문성을 협력적으로 향상시켜 나가고 있다. 교사 학습 공동체, 전문 학습 공동체, 교사 전문 공동체, 실천 공동체, 탐구 공동체 등의 명칭으로 진행되는 다양한 교사 공동체 모임에서는 참여 교사들의 교수내용지식과 교사효능감이 발달하고, 동료 교사들과 교류하면서 집단으로서의 성취감을 통해 공동체의식이 형성되기도 한다*. 그러나 교사 학습공동체는 현실적 요

|  | | |
|---|---|---|
| 지지적 | 〈2〉 변화 갈등기<br>변화의 필요성 인식 부족<br>외부의 변화 제기 | 〈4〉 변화 최적기<br>교사의 내적, 외적 요인<br>융화 |
| 외적요인 | | |
| 부정적 | 〈1〉 변화 부동기<br>현 상태 유지 | 〈3〉 변화 고독기<br>교사의 필요성 인식<br>외부 자원 부족 |
|  | 수동적          내적요인 | 능동적 |

교사 변화의 유형●●

건의 한계로 인한 교사 간 갈등과 교사의 지식 부족의 한계가 있을 수 있다. 이러한 한계를 극복하기 위해 교사가 교사 학습공동체 활동에 대한 흥미와 재미를 느끼면서 자발적으로 참여하는 것이 매우 중요하며 전문가의 조언이나 지원이 행정적·제도적 차원에서 필요하다.

마지막으로, 환경시민으로 성장하는 교사교육의 관점이다. 환경교육은 환경에 대한 지식 습득, 문제해결 기능, 태도 변화 등을 교육하는 것과 더불어 생태적 관점을 인식하여 참여하려는 동기를 기반으로 직접 참여하여 사회를 변화시키는 시민을 기르는 방향으로 나아가고 있다. 따라서 환경교육을 위한 교사교육도 교사의 생태(환경)시민성을 함양할 수 있는 방향으로 가야 할 것이다.

환경교육을 받는 것뿐만 아니라 가르치는 행위 자체가 더욱 직접적인 원동력

● 박세희, 한조은, 정보람, 이지혜, & 이선경. (2014). 〈교사 학습공동체를 통한 에너지기후변화 교육프로그램 수업공동 설계와 실행에 관한 연구〉. 에너지기후변화교육학회지, 4(2), 113-131.
●● 엄채윤. (2012). 〈교사의 변화능력에 대한 의미와 함의〉. 학습자중심교과교육연구, 12(2), 191-215.

이 되어 교사 개인의 삶을 변화시키는 데에 영향을 준다. 학생과 교사 모두 환경교육을 통해 소양, 인식, 자기 효능감이 발달하여, 실천적 지혜와 기능(행위)을 갖춘 환경시민임을 깨닫게 된다. 교사는 학생들에게 환경교육을 가르침과 동시에 학생들과 함께 배워가는 교학상장하게 됨을 알 수 있다. 따라서 성인 시민인 교사와 동료 시민인 학생 모두 한 사회의 시민으로서, 학생뿐만 아니라 환경교육을 가르치는 교사도 환경시민성을 함께 기를 수 있는 방향으로 교사교육이 이루어져야 할 것이다.

아이가 교사에게 자연물의 이름이 무엇이냐 질문했을 때 즉답할 수 있는 소양이 곧 환경교사의 전문성인 것처럼 여겨서는 안 된다. 구체적인 자연물이 자신(인간)에게 어떤 존재인지 그 관계를 이해하고, 자연물을 직접 대하고 느끼는 경험으로 아이들을 인도하는 게 환경교사의 소양에 가깝다.

환경과 관련된 사실 정보를 수집하거나, 특정한 환경문제의 원인과 해결방안을 밝혀내는 일을 환경교사의 역할로 여겨서는 안 된다. 환경에 관심을 가지게 하고, 환경 이슈와 관련된 다양한 입장을 존중하고 공감하는 태도를 길러 주는 것. 환경 지식의 내면화에 초점을 두어서 환경 감수성이 높은 환경시민을 기르는 것이 환경교사의 역할에 가깝다.

그렇다고 대단한 부담감을 갖지는 말자. 아이들은 자연을 대하는 태도와 감수성을 자연스럽게 체득한다. 아이들은 정확한 답보다 어른들의 반응과 태도를 기억에 남긴다. 그리고 보고 배운다. 자신이 궁금해하고 질문한 것을 흘려듣지 않고 함께 고민하고 방법을 찾는 교사의 자세를 자연스럽게 흡수한다. 교육자이기 이전에 아이들과 함께 한 사회를 살아가고 있는 시민으로서 환경을 함께 진지하게 들여다보는 것만으로도 환경교사로서의 자질이 충분한지도 모른다.

# Part 4

# 주제 통합 환경수업 6대 주제별 가이드

## : 창의적 체험활동 시간 활용하기

# 주제 통합 수업 만들기
## 6 STEP

교육부가 발간한 초등학교 〈2015 개정 교육과정 총론 해설〉에 따르면 초등 교육과정에서 환경교육은 범교과 학습 주제 가운데 하나로 제시되어 있다. 그러므로 환경수업은 교사가 학교의 상황과 교사의 재량, 아이들의 흥미에 알맞게 운영할 수 있다. 교육과정에서는 범교과 학습주제의 교육적 효과를 극대화하기 위해 교과뿐 아니라 창의적 체험활동(이하 창체) 시간을 활용하기를 권장하고 있으며 지역사회나 가정과의 연계도 적극 고려할 것을 제안했다.

이후 코로나19 팬데믹 등이 촉매가 되어 환경교육의 필요에 대한 인식이 크게 높아졌다. 그 결과 2021년에는 〈환경교육의 활성화 및 지원에 관한 법률〉이 1월에 개정되어 환경교육 교과과정 운영의 활성화가 각 학교 학교장의 의무임을 명시했고, 이어 생태전환교육 등의 활성화와 지원을 위한 조례들이 속속들이 제정되었다. 서울시교육청은 2022년 2월에 〈2022 생태전환교육 기본 계획〉을 발표해 새로운 환경교육의 방향성을 제시했는데, 이전 2015 교육과정의 기본 체제를 유지하여 범교과 학습 주제인 환경·지속가능발전교육 운영 방안을 마련하고 생태전환교육 계획 수립을 추진한다고 하면서 생태전환교육 시수를 7시간 이상 편성하기를 권장한다고 하였다.

이렇게 범교과 학습 주제로서, 기존 교과와는 독립된 별도의 수업으로서 창체 시간에 진행할 수 있는 환경수업을 손쉽게 구성하는 방법을 안내하고 6개 환경주제별 활동을 소개하고자 한다. 6개 환경주제를 뽑을 때 주된 준거로 삼은 것은 환경부, 교육청, 기상청이 함께 만든 환경일기장(5~6 학년용)으로 여기에서 대기(미세먼지), 폐기물(자원순환, 쓰레기), 에너지, 기후변화, 먹거리의 5개 주제를 뽑은 뒤 마지막에 생태 1개 주제를 추가하였다. 이 초등 환경일기장은 학생들이 환경자료를 이해하고 해석하는 과정을 돕고 자신의 관점을 정리해 보도록 하는 일기장이다. 이 책의 수업활동을 선택·수정하여 시도해 보아도 좋고, 좀 더 정기적으로 환경수업을 진행하기를 원한다면 이 환경일기장을 병행해도 좋다.

환경부 환경일기장

그리고 이 책에서 교과 목표, 영역, 핵심개념, 내용 요소, 역량 등 교육과정 요소로 언급된 것은 모두 중학교 환경교과 교육과정에서 가져온 것이다. 환경교과는 중학교 선택 교과 교육과정 가운데 하나로 이에 대한 교육과정 문서의 일부를 이 책 말미의 '부록'에 발췌 제시해 두었다.

환경수업의 중심소재는 다양한 방법으로 마련할 수 있다. 교사의 평소 관심거리 중에서 수업의 소재를 찾아 선택해도 좋고, 환경이슈 키워드를 검색한 뒤 현재의 사회적 이슈 하나를 선택하여 수업의 소재로 삼는 것도 좋다. 교사가 자신의 관심사에서부터 수업 준비를 시작한다면 수업의 준비, 진행 과정에 깊이를 더할 수 있을 뿐 아니라 금번의 수업과 연계된 심화 · 발전 수업을 자연스럽게 준비하게 될 것이다. 또한 중학교 환경교과의 내용 영역 체계표를 살펴보면서 상위의 영역과 핵심 개념을 선택한 뒤 하위 내용 요소로 좁혀 나가도 좋다.

**• 환경이슈 키워드 검색결과 살펴보기 (추천 키워드)**

| 기후변화, 탄소중립, 제로 웨이스트, 패스트패션, 과포장, 해양쓰레기, 미세먼지, 코로나 |
| --- |

**• ㉠ 나의 관심사 살펴보기**

| 여행/캠핑 | 맛집 | 독서 |
| --- | --- | --- |
| 미니멀캠핑, 친환경캠핑<br>LNT운동<br>친환경 여가활동 | 비건 식당<br>착한 가게<br>제철 음식 | 환경그림책<br>환경잡지, 환경만화(웹툰)<br>종이책 VS 전자책 |
| 경제 | 운동/건강 | 전시회/예술 |
| 착한 소비<br>절약<br>주식(환경분야산업) | 플로깅<br>환경호르몬, 질병<br>자연 치유 | 친환경작가<br>친환경전시<br>업사이클링 |

**• ㉠ 내가 선택한 최종 주제**

| 패스트패션 |
| --- |

✔ **STEP 2. 문제의식 끌어내기**

수업의 주제를 정했다면 주제에 대한 문제의식을 브레인스토밍하듯이 적어 내려가 보자. 주제와 관련하여 머릿속에 드는 의문을 이어 나가다 보면 다소 포괄적인 대주제로부터 수업에서 강조할 핵심 소주제를 간추릴 수 있고 어떤 정보와 가치를 전달할 것인지 또한 정리할 수 있다.

> **예** 우리는 옷을 얼마나 사용하고 버리고 있나? 옷을 왜 버리게 되는가? 그 많은 옷은 어디로 가는 것일까? 우리는 옷을 소비할 때 너무 유행을 따라가는 게 아닌가? 옷을 생산하고 소비하는 과정에서 얼마나 많은 에너지가 낭비되고 있을까? 환경을 위한 옷을 생산하고 소비하는 방법은 없을까?

✔ **STEP 3. 수업 의도 결정하기**

수업의 기대효과를 정리해 보자. 학습자가 갖추기를 바라는 환경적 지식, 태도, 행동(실천) 영역으로 구분하여 기대효과를 적으면 수업에서 강조해야 할 정보와 가치, 습관이 무엇인지를 구체화할 수 있다. 이는 수업의 목표로 이어진다.

**예**

| | |
|---|---|
| 환경적 지식 | 옷은 생필품이지만 생산부터 폐기에 이르기까지 다양한 에너지와 인적/물적 자원이 연관되어 있음을 학습자가 알기를 바란다. |
| 환경적 감수성 가치·태도 | 많은 옷이 낭비되고 있음을 학습자가 깨닫기를 바란다. 옷을 소비하고 처분할 때 학습자가 환경적 조건을 고려한 선택을 하기를 바란다. |
| 환경적 실천 | 학습자가 자신의 의생활을 돌아보고 계획적인 소비를 실천하기를 바란다. |

어떤 시간을 이용해 몇 차시로 수업을 진행할지 교육과정의 근거를 찾아 수업을 계획해 보자. 초등에서는 환경을 범교과 학습주제 중 하나로 두고 있으니 때로는 창의적 체험활동 시간을 활용하여 환경에 초점을 맞춘 수업을 진행해도 되고, 관련 교과 시간을 이용해도 된다. 관련 교과는 수업 내용이나 전략에 따라 정할 수 있다. 교과에 포함되어 있는 환경 관련 내용요소를 함께 학습하도록 하거나 이미 학습한 내용을 확인, 적용해 보도록 해도 좋다.

**예)**

| 관련 교과 | 창의적 체험활동, 실과, 사회, 도덕 등 | |
|---|---|---|
| 차시 | 2차시 | |
| 교육과정 근거 | 내용 영역 | 세부 내용 |
| | 자원과 에너지 | ② 자원과 에너지의 분배와 소비<br>⑥ 자원과 에너지의 관련 문제(고갈, 유한성)<br>⑦ 자원과 에너지의 관리와 보전 |
| | 환경 보전과 대책 | ① 환경 친화적 생활 실천<br>② 환경 보전을 위한 참여와 실천, 친환경적인 행동 |
| | 환경 윤리와 관점 | ① 인간이 환경에 대해 갖는 다양한 가치관 |
| | 인간 시스템 | ① 환경과 인간(환경의 일부로써의 인간, 환경의 적응, 환경에 미친 영향)<br>⑤ 사회적 시스템(경제 시스템, 소비, 사회 정치적 시스템, 문화와 종교, 사회 정의, 평화, 평등, 빈부 격차) |

상세한 교수 · 학습 과정안을 마련하기에 앞서 우선 수업의 동기유발 활동과 주요 활동, 과제 등 추후 활동과 같은 주요 활동들을 구상해 보자. 주요 활동으로 수업 전체의 큰 틀을 간략히 마련하고 나면 필요한 준비물이나 수업자료 등을 마련하기가 한결 용이하다.

특히 개념을 소개하고 질문을 던져 학생들이 수업주제를 자신의 생활과 연관 짓게 하는 동기유발 활동의 주요 질문은 앞의 2단계 '문제의식 끌어내기'에서 적어 둔 질문 가운데 몇 가지를 선별하거나 변형하여 활용하면 좋다.

예

| 동기유발 | 버려진 옷들은 어디로 가는 것일까요?<br>패스트패션이라는 말을 들어본 적 있나요? |
|---|---|
| 주요 활동 | 1. 옷과 관련된 에너지 알기<br>　- 생산-유통-소비-폐기에 쓰이는 에너지<br>　- 각각의 다양한 방법/장단점<br>　- 친환경적인 방법이 있을까?<br>2. 나의 옷 소비 선호 분석하기<br>　- 패스트패션 VS 슬로우패션<br>　- 그 외 A VS B 세트를 만들어 보자.<br>　- 밸런스 게임으로 진행하면 즐겁겠다.<br>3. 평소 나의 옷 소비 습관 돌아보기<br>　- 미리 사전 과제를 내주는 게 좋겠다.<br>4. 앞으로의 옷 소비 계획<br>　- 일상생활에서의 실천을 독려하자.<br>　- 패스트패션을 벗어나 옷을 오래 입을 수 있는 방법은?<br>　- 자신만의 취향을 찾는 것도 좋겠다. |
| 과제 등 추후 활동 | 집에서 가장 오래된 옷, 자신에게 잘 어울리는 옷 소개하기 |

이제 구체적인 교수 · 학습 과정안을 채워 나가 보자. 앞서 3단계에서 작성한 수업의도를 수업 목표로 재정리하고 5단계에서 마련한 단계별 활동을 4단계에서 확보한 수업 시간에 알맞게 배치하고 소요 시간을 쪼개어 보자. 이 단계에서는 활동에 사용할 준비물과 영상, PPT 등 수업자료를 구체적으로 준비하도록 한다. 예로 든 '탄소중립과 패션 라이프' 수업의 교수 · 학습 과정안 문서파일과 영상, PPT 등은 인터넷에 정리해 두었으니 다운로드 혹은 열람하여 상황에 알맞게 활용하시기를 바란다.

패스트패션
지도안 및 수업자료

예

| 프로그램명 / 차시 | 탄소중립과 패션 라이프 / 2차시 | 교육대상 | 초등(5~6학년) | | |
|---|---|---|---|---|---|
| 학습 주제 | 탄소중립, 에너지 소비, 패션 | 교육시간 | 80분 | 활동 공간 | 교실 |
| 학습 목표 | 1. 옷의 생산부터 소비, 관리, 폐기까지의 전 과정에 필요한 에너지 알기<br>2. 옷 토론(밸런스 게임)을 하며 의생활에 대한 환경관, 환경 감수성 기르기<br>3. 나의 옷 생활을 돌아보고 앞으로의 소비 계획 세우기 | 준비물 | 영상자료, PPT자료, 사전 조사지, 포스트잇 | | |

| 학습<br>단계 | 학습<br>내용 | 교수 · 학습 활동<br>교사 – 학생 | 시간<br>(분) | 준비물(★)<br>교육자료(☆)<br>유의점(※) |
|---|---|---|---|---|
| 도입 | 동기<br>유발 | ◎ 동기유발하기<br>- 의류 수거함에 넣은 옷들은 어디로 갈까?<br>- 계절이 바뀌면 옷 정리를 하죠. 일반쓰레기<br>는 쓰레기 봉투에 버리지만 옷은 보통 의류<br>수거함에 넣죠. 그 옷들은 어디로 갈까요? | 10 | ☆ 유튜브<br>크랩. (2021).<br>〈우리가 헌옷 수거<br>함에 버린 옷들이<br>향하는 곳〉<br>https://bit.ly/<br>3PIfA0L |
| | 학습<br>목표<br>파악 | ◎ 공부할 문제 안내하기<br>옷 생활에서 쓰이는 에너지를 알고, 지구를 위한 나의 옷 생활을 탐구해<br>봅시다. | | |
| 전개 | 활동<br>1 | ◎ 옷의 일생(생산부터 폐기까지)에 필요한 에<br>너지 알아보기<br>1. 다양한 재질의 옷 생산/유통<br> - 전통 옷 소재, 공장 옷 소재, 친환경 섬유<br> 소재<br> - 원단 수입/수출, 국내/국외 배송<br> - 생산자와 공장 기계<br>2. 옷을 소비하는 여러 가지 방법과 각각의 장<br> 단점(오프라인, 온라인, 중고거래, 물려 입<br> 기 등)<br>3. 옷을 오래 입을 수 있는 방법<br> (세탁, 수선, 적게 사서 아껴 입기 등)<br>4. 옷을 처분하는 여러 가지 방법과 각각의 장<br> 단점(중고거래, 물려주기, 소각, 수출) | 20 | ☆ PPT 자료<br><br>※ 에너지 종류를<br>미리 제시하여 옷<br>의 일생에 필요한<br>에너지를 짐작해<br>보게 한다. |
| | 활동<br>2 | ◎ 패션라이프 밸런스 게임<br> - 패스트패션과 슬로우패션을 들어본 적 있<br> 나요? 여러분이라면 어떤 선택을 할 것인가<br> 요? 짝과 함께 이야기 나누어 봅시다.<br> ○ 오프라인 구매 VS 온라인 구매<br> ○ 필요한 옷 VS 마음에 드는 옷<br> ○ 저렴한 옷 여러 개 VS 비싼 옷 한 개<br> ○ 물려받은 옷 여러 개 VS 새 옷 한 개<br> ○ 5,000원 수선 VS 10,000원 새 옷<br> ○ 중고판매나 물려주기 VS 버리기 | 20 | ☆ 유튜브<br>서울특별시교육<br>청생태전환교육.<br>(2021). 〈패스<br>트&슬로우 패션이<br>란 무엇인가〉.<br>https://bit.ly/<br>3PH5wW1<br>※질문을 뽑는 방법<br>으로 짝과 빠르게 의<br>견을 나누게 한다. |

| | | ◎ 나의 패션라이프 이야기하기<br>1. 현재 가지고 있는 나의 옷<br>　- 내가 가지고 있는 옷은 몇 개인가요?<br>　- 내가 자주 입는 옷은 몇 개 정도인가요?<br>　- 나는 옷이 많은 편인가요, 적은 편인가요?<br>2. 나의 옷 소비생활<br>　- 내 옷은 누가 고르나요?<br>　- 내 옷은 주로 어디서 구매하나요?<br>　- 얼마나 자주 옷을 구매하나요?<br>3. 옷 관리와 소비 계획 세우기<br>　- 내 옷을 오래 입기 위해 내가 할 수 있는 노력을 발표해 봅시다.<br>　- 나에게 어울리는 옷 스타일을 표현해 봅시다. (말 또는 그림)<br>　- 어른이 되었을 때 혹은 지금 '나만의 옷 사는 기준'을 만들어 봅시다.<br>　　(상황, 주로 사는 곳, 가격, 빈도 등) | 25 | ※ 사전 과제로 속옷과 양말을 제외한 자신의 옷 개수를 항목별로 세어 오게 한다.<br>※ 서로의 옷 조건이나 상태에 대해 존중해 주는 분위기를 조성한다.<br>★ 포스트잇<br>(패들렛)<br>※ 의견을 포스트잇에 써서 모둠친구들과 최대한 다양하게 공유하도록 한다. |
| 정리 | 정리<br>활동 | ◎ 학습 내용 정리하기<br>　- 옷이 생산부터 폐기되기까지 얼마나 많은 에너지가 필요한지 알게 되었죠? 옷을 소비할 때 신중하게 선택하고 결정해야 합니다. 또한, 옷을 오래 입을 수 있도록 평소에 잘 관리하고 소중히 다루도록 노력해 봅시다. 그래서 우리 모두 '착한 패셔니스타'가 됩시다! | 5 | |
| | 과제<br>제시 | ◎ 선택 과제 제시하기<br>○ 집에서 가장 오래된 옷, 자신에게 잘 어울리는 옷 또는 추억이 담긴 옷 소개하기<br>○ 자신의 옷장 정리를 하고 사진으로 인증하고 느낀 점 쓰기 | | |
| 지도상<br>유의점 | | - 의식주 중의 하나인 '의생활'에서 어떤 에너지가 필요하고 쓰이고 있는지 '에너지'와 연관하여 생각하는 시간을 갖도록 발문한다.<br>- 패션과 환경의 관계를 생각할 수 있도록 질문, 유도한다.<br>- 다른 사람의 시선에 민감할 수도 있으니, 아이들의 옷 조건이나 취향, 패션에 관해서는 서로 존중해 주는 분위기를 조성한다.<br>- 대부분 옷을 구입하는 소비자이지만 미래의 생산자의 관점에서도 언급해도 좋다.<br>- 지금 당장은 아니더라도 앞으로의 옷 소비를 위한 자신만의 신념을 가져보게 한다. | | |

| 참고 자료 | 다큐 KBS 스페셜 〈지구를 위한 옷은 없다〉<br>도서 《환경을 생각하는 지속가능한 패션이야기》<br>유튜브 영상자료 |
| --- | --- |

# 주제 1

# 대기

## : 미세먼지

언제부터 마스크가 생활필수품이 되었을까. 사실 코로나19 팬데믹 이전부터 마스크는 이미 우리에게 낯선 물건은 아니었다. 미세먼지 문제 때문이다. 집 밖으로 나서기 전 미세먼지 농도를 알려주는 앱을 열어 그 정도를 확인하는 게 일상이 되었고 '맑음'이라는 결과를 만날 때 특별한 자유로움을 느끼는 시대가 이미 되었다.

지도안 및 수업자료

　　대기 오염이라고 하면 공장 매연이나 자동차 배기가스 정도를 떠올리던 어린 시절이 생생한데 그때는 대기 오염이 내 생활 속으로 이렇게 파고들어올 줄은 상상하지 못했다.

　　눈에 보이는 것보다 보이지 않는 것이 중요하다고들 하는데 미세먼지에도 해당되는 말이다. 눈에 보이지 않는 미세먼지, 초미세먼지가 우리의 생활을 좌우하니 말이다.

아침에 앱을 열어 보고 "오늘도 나쁨이야?" 할 때 느끼게 되는 불쾌감을 넘어 대기와 관련한 환경문제는 우리의 건강과 밀접하다. 특히 호흡기 질환을 갖고 있는 사람들이나 어린 아이들은 면역력이 약하기 때문에 매 순간 각별히 조심해야 한다.

그렇기 때문에 대기와 관련하여서는 근본적인 해결방법을 고민하기보다는 지금 당장의 위험에 대처하는 데 급급한 경향이 있다. 코로나19 방역에 모두가 신경을 곤두세울 수밖에 없었던 것처럼 말이다. 안타깝지만 당장의 안전보다 중요한 것은 없는 것이 사실이다.

그래서 다른 환경 주제와 달리 미세먼지 등 대기오염 주제에 관한 수업은 그 내용에 수동적인 성격이 강한 듯하다. 물론 우리가 숨 쉬지 않고 살아갈 수는 없기 때문에 매 순간 마시는 공기를 그대로 들이마시기보다 마스크로 오염 물질을 거르자는 건 당연하지만 오염된 현상의 대처에 그치니 처방적이고 소극적인 방법일 뿐이다. 대기의 오염 물질은 공장이나 교통수단으로부터 비롯되더라도 대부분이 기체이기 때문에 눈에 잘 보이지 않고 광역적으로 퍼진다. 어떤 지역에 머물러 있기도 하고 국경을 넘기도 한다. 그래서 제어하고 관리하기가 쉽지 않다. 그렇다 보니 결국 각 개인이 스스로 보호하기를 권할 뿐이다.

수업에서도 마찬가지다. 미세먼지에 대해 수업을 한다고 가정해 보자. 어떤 내용과 활동을 할 수 있을까. 미세먼지의 원인과 우리에게 미치는 영향을 알아보는 데 그치고 결론은 "마스크를 잘 써야 한다."에 머물기 십상이다. 안전 교육의 성격이 강한 이런 접근은 타당하지만 환경교육으로서는 아쉬운 부분이 있다. 변화된 환경에 잘 적응하게 하는 것도 중요하지만 오염에 대한 거부감을 크게 부각하고 수동적 태도에 그치게 하는 환경수업을 한 뒤에는 추후 활동이 이어져야 한다.

환경교육에서 추구하는 것을 다시 한번 생각해 보자. 대기 문제를 해결해 나갈 미래세대에게는 희망을 부각해야 한다. 마스크를 바르게 쓰며 살아가야 한다고만 강조하는 건 환경교육으로서 부족하다.

아무 대가 없이 누리던 맑은 공기가 이제 더 이상 공짜가 아니게 되었지만 이런 시대일수록 공기의 소중함과 고마움을 강조해 보자. 마스크 없이 마음껏 숨쉬고 뛰노는 추억을 아이들도 간직할 수 있는 수업을 고민해 보자.

## 키워드 검색, 추천 KEYWORD

대기오염, (초)미세먼지, (코로나19)바이러스, 호흡기 질환, 환경 보건

## 관련 교육과정

| 영역 | 핵심 개념 | 일반화된 지식 | 내용 요소 | 기능 |
|------|-----------|---------------|-----------|------|
| 환경의 체계 | 환경 문제 및 보전 | 환경 문제는 생태계 내의 복합적인 관계 속에서 발생하며 환경 문제 해결과 개선을 위해 우리의 다양한 노력이 필요하다. | • 환경 문제와 물, 공기, 흙, 생물, 인간 등의 상호작용<br>• 환경 문제와 환경 보전의 사회적, 문화적, 경제적 측면<br>• 환경 문제 해결과 환경 개선을 위한 노력 | • 사례에서 의미 도출하기<br>• 실천방안 구상하기<br>• 타인 의견 경청하기 |
| 지속 가능한 사회 | 지속 가능한 사회와 삶 | 지속가능한 사회를 위해서 바람직한 현재와 미래 사회의 모습에 대한 소통과 합의 과정이 중요하다. | • 지속가능한 생활 양식과 사회 체제<br>• 함께 그리는 지속가능한 사회의 모습 | • (의미와 중요성, 필요성 등) 설명하기<br>• 조사하기<br>• 타인 의견 경청하기<br>• 다양한 관점과 의견 비교하기<br>• 소통을 통해 합의하기 |

## 추천! 영상 클립

미세먼지에 관한 설명 환경부(과학쿠키)
환경부. 2021. "과학쿠키가 물어봤습니다"〈1탄. 당신이 궁금했던 미세먼지의 거의 모든 것〉
    https://bit.ly/3NahtkN
환경부. 2021. "과학쿠키가 물어봤습니다"〈2탄. 미세먼지, 팩트체크!〉
    https://bit.ly/39LkjiB
사피엔스 스튜디오. 2021. "외계통신"〈미세먼지, 정말 중국 때문일까? 팩트로 파고드는 미세
    먼지의 진짜 원인〉https://bit.ly/3OwGo3h
사피엔스 스튜디오. 2021. "외계통신"〈미세먼지에 대한 중국 평론가의 한마디! 미세먼지, 정말
    개인의 노력으로 해결 가능할까?〉https://bit.ly/3ychaSf
YTN사이언스, 2019. "다큐S 프라임"〈미세먼지를 분석하라!〉https://bit.ly/3ydVbdJ


## 수업활동 사례

| 활동명 | 마스크 대신 줄 수 있는 선물 |
| --- | --- |
| 환경역량 | 환경정보 활용 능력, 환경 감수성, 환경 공동체 의식 |
| 수업 흐름 | 활동 내용 |
| 동기유발 | ⊙ 오늘의 미세먼지 농도<br>   – 바깥 하늘을 보고 미세먼지 농도를 예측해 볼까요?<br>   – 오늘 미세먼지 농도는 무엇인가요?<br><br>⊙ 미세먼지 OX 퀴즈<br>  ○ 미세먼지에 대해 제대로 알고 있는지 확인해 보기<br>   〈예〉황사와 미세먼지는 다르다. (O)<br>       코털이 미세먼지를 걸러 준다. (X)<br>       미세먼지는 1군 발암물질이다. (O)<br>       미세먼지 '나쁨' 날은 외출하면 안 된다. (X)<br>       미세먼지가 나쁜 날은 환기를 하지 말아야 한다. (X)<br>       미세먼지는 전부 중국 탓이다. (X)<br>       미세먼지는 줄일 수 있다. (O)<br>       전기 자동차는 미세먼지를 발생시키지 않는다. (X) |
| 학습문제 | ⊙ 학습문제 확인<br>   미세먼지에 대해 바로 알고, 맑은 하늘의 소중함 나누기 |

| 활동 1 | ⊙ 미세먼지에 관한 궁금증 영상 보기 |
|---|---|

⊙ 미세먼지에 관한 궁금증 영상 보기
  ○ 동영상 보기
    환경부. 2021. "과학쿠키가 물어봤습니다" 〈1탄. 당신이 궁금했던 미세먼지의 거의 모든 것〉 https://bit.ly/3NahtkN (11분)
    – 미세먼지란 무엇인가요?
    – 미세먼지는 어디서 오는 것인가요?
      산업 · 에너지 생산 – 공장, 제철소, 화력발전소 등
      도로 교통 – 자동차, 비행기 등
    – 미세먼지는 왜 위험한가요?
      (일반 먼지에 비해 크기가 매우 작아 몸속까지 침투한다.
       오염 물질이 대기에서 '2차 화학반응'을 일으켜 만들어져 해롭다.)

**활동 2**

⊙ 미세먼지에 대한 감정 나누기
    – 미세먼지가 없는/많은 날 여러분의 기분은 어떤가요?
  ○다양한 입장이 되어 감정이입해 보기
    – 야외에서 오랜 시간 활동해야 하는 사람들은 어떤 기분이 들까요?
    – 어린 아기나 임산부, 노인들과 같은 사람들은 어떤 마음일까요?
    – 호흡기 환자들은 미세먼지가 어떻게 느껴질까요?
    – 마스크를 쓰지 못하는 동물과 식물들은 어떻게 느낄까요?

⊙ 마스크 대신 줄 수 있는 선물
  ○미세먼지로부터 보호할 수 있는 아이디어 상상만화 그리기
    – 앞에서 언급한 사람, 동물, 식물들을 위해 마스크 대신 어떤 선물을 줄 수 있을까요? 미세먼지로부터 지켜 줄 수 있는 방법을 만화로 그려 봅시다.

**활동 3**

⊙ 미세먼지 줄이기 위한 정책 만들기
  ○미세먼지 저감 정책의 사례 보기
    공장 생산, 자동차 운행 등에서 오염배출 저감 기술 의무화 / 전기 자동차 세금 완화 / 대중교통 활성화 위해 요금 할인, 차량 5부제 / 건축 시 공기정화시스템 의무화
  ○미세먼지 줄이기 위한 정책 아이디어 제안하기
    예 가정과 학교에서 공기청정기 대신 식물 가꾸기 의무화 / 자동차 운행 줄인 가정에 '에코 마일리지' 적립 / 대중교통 이용하면 그다음 이용 요금 공짜

**활동 4**

⊙ '맑은 하늘'을 사진 촬영하고 자연에 대한 고마움 느끼기 (야외 수업)
  ○ '맑은 하늘, 푸른 하늘' 인증샷 찍기
    – 맑은 하늘을 보니 기분이 어떠한가요? /  마음껏 숨 쉬고 아름다운 하늘을 사진에 담아 보세요.

○ 자연에 대한 고마움을 느끼고 인증샷 공유하기

    - 미세먼지가 없는 깨끗한 공기를 공짜로 마실 수 있는 게 소중한 날이 되었네요. 이처럼 자연을 자세히 들여다보면 자연을 통해 누릴 수 있는 것들이 많아요. 자연에 대한 고마움을 생각해 봅시다.

**학습정리**

◉ **마스크 대신 줄 수 있는 선물은?**

    - 사진과 함께 자연에 대한 고마움을 표현한 짧은 글을 학급 게시판에 올려 보세요.

    - 결국, 우리가 그들과 스스로에게 줄 수 있는 가장 큰 선물은 '맑은 하늘' 입니다. 맑은 하늘을 오래도록 보고 누릴 수 있었으면 좋겠습니다.

## 수업 팁

✓ 미세먼지에 대한 지식보다 다양한 입장에서 생각해 보고 공감하는 시간을 충분히 갖는다.

✓ 미세먼지에 대한 궁금증 중에서 실생활에 관련된 의문점들에 대해 더 알아보고 싶다면 '추천! 클립 영상' 가운데 다음 영상을 참고한다.

  환경부. 2021. "과학쿠키가 물어봤습니다" 〈2탄. 미세먼지, 팩트체크!〉

  https://bit.ly/39LkjiB

✓ 마스크와 공기청정기는 미세먼지의 근본적인 해결책이 아님을 꼭 언급한다.

✓ 미세먼지로부터 타인이나 동식물을 보호해 주는 상상만화 그리기와 미세먼지 줄이기 정책 만들기 활동에서는 현실가능하지 않은 아이디어도 적극적으로 허용해 주도록 한다.

✓ '맑은 하늘'의 고마움, 소중함을 느끼게 하는 수업이므로 미세먼지 예보를 보고 미세먼지 농도가 약한 맑은 날에 수업을 하도록 한다.

✓ 푸른 하늘의 날 (매년 9월 7일)을 기념하여 수업해도 좋다. 이날은 2019년 한국 정부에서 제출한 결의안을 바탕으로 2019년 UN총회에서 채택한 공식 기념일이다. 이날은 2019년 9월 23일 기후행동정상회의에서 우리나라가 제안하여 지정된 최초 UN 공식 기념일이자 국가 기념일이다.

# 주제 2

# 자원 순환

: 쓰레기

우리 생활 속에서 가장 와 닿는 환경문제는 바로 '쓰레기' 문제일 것이다. 쓰레기와 같은 폐기물은 인간이 생활하면서 불가피하게 계속 발생하고 눈에 직접적으로 보이기 때문에 사람들이 환경문제로 쉽게 떠올린다. 매일 또는 매주 나오는 쓰레기를 배출하는 일은 누구나 겪어 봤고 꽤나 귀찮고

지도안 및 수업자료

꺼려지는 일이다. 특히나 코로나19 팬데믹 상황 이후, 비대면 사회생활이 익숙해지고 택배나 배달 음식 이용이 증가하면서 일회용품이나 플라스틱 쓰레기가 급격하게 늘어나고 있다. 환경에 관심이 없던 일반인들조차 순식간에 쌓이는 쓰레기를 보며 이대로는 안 될 것 같다며 심각성을 인지하고 있다.

쓰레기, 폐기물과 관련된 교육은 '자원순환교육'에 해당된다. 자원순환은 한정된 자원을 채취 및 생산 → 유통 → 소비 및 이용 → 폐기 및 처리하는 과정에서 자원의 낭비를 최소화하여 폐기된 자원이 다시 생산으로 이어지도록 하는

것을 말한다. 자원순환의 과정 중 대부분의 학습자들은 자원에 대해서 소비와 이용에 주로 관여한다. 그래서 그 외의 과정은 잘 모르고 관심 밖이다. 자원순환교육을 할 때에는 기본적으로 자원이 어디에서 어디로 가는지, 어떻게 생산되고 폐기되는지 시스템적인 관점으로 안내해야 한다. 무조건 쓰레기를 줄이자고 이야기하는 것보다 자원순환의 각 단계를 자세히 들여다보게 해 주면 학습자는 자원의 가치를 자연스럽게 인식하고 쓰레기 문제에도 적극적으로 참여하게 될 것이다.

보통 환경수업 주제를 떠올려 보자고 한다면 친환경 물건이라는 명목으로 무언가를 만드는 '공작 수업'을 상상하는 경우가 많다. 다시 말해, 환경교육의 하나인 자원순환교육 중에서도 재활용 수업에 치중되어 있다. 이때 진정한 의미의 재활용(Recycle)을 한 것인지 아니면 또 다른 쓰레기를 만들게 되는 건 아닌지를 한번쯤 생각해 보아야 한다.

쓰레기 문제는 실제 가정과 학교생활에서 나오는 '진짜 쓰레기(실물 또는 디지털 사진/영상)'를 수업 소재로 삼는 게 좋다. 또한 생활에서 바로 실천할 수 있는 실질적인 지식을 알려주고 함께 용기를 갖고 참여하도록 북돋아 주는 분위기를 만드는 게 바람직하다. 이를 위해서는 쓰레기와 자원에 대해 깊이 생각해 보는 시간, 즉 위에서 언급한 자원순환의 과정을 충분히 나눌 수 있는 시간이 선행되어야 한다. 또한 쓰레기 문제가 다양한 주체들(쓰레기 수출입 나라 국민들, 생산자, 소비자, 폐기물 처리 관계자, 동식물 등)에게 어떤 영향을 주는지도 살펴본다면 지속가능한 자원순환 사회로 발전하는 데에 도움이 될 것이다.

## 키워드 검색, 추천 KEYWORD

자원순환, 분리배출(분리수거), 5R운동, 아나바다 운동, 업사이클링(새활용), 제로 웨이스트, 포장/배달 용기, (미세)플라스틱, 일회용품/다회용품, 쓰레기(생활, 음식물, 해양 등), 폐기물(산업, 의료, 건축 등)

## 관련 교육과정

| 영역 | 핵심 개념 | 일반화된 지식 | 내용 요소 | 기능 |
|---|---|---|---|---|
| 지역 환경과 지구 환경 | 지구 환경 과 환경 문제 | 지구의 환경 변화는 넓은 시공간에 영향을 미치고 있으며, 환경 문제 해결을 위해 개인과 사회가 참여할 수 있다. | • 지구 환경과 지구 환경 문제의 특성<br>• 지구 환경 문제의 해결 방식 | • (현황, 역할, 특징 등) 조사하기<br>• 탐구를 계획하고 수행하기<br>• 자료 분석하고 설명하기<br>• 해결방안 설계하기<br>• 해결방안과 영향 평가하기<br>• 사례에서 의미 도출하기<br>• 해결 방안 토의, 토론하기 |

### + 참고 PLUS

한 연구에서 '자원순환교육의 목적과 주요 내용'을 아래와 같이 정리한 바 있다.*

• 목적

일상생활에서 자원의 가치를 새롭게 인식하고 자원순환 문제를 해결하는 과정을 통하여 지속 가능한 미래 사회를 이끌어 나갈 수 있는 역량을 기른다.

- 자원순환 사례를 일상생활에서 찾아보고 우리의 삶과 밀접한 관련이 있음을 이해한다.
- 자원순환 문제를 합리적으로 해결하기 위한 노력을 통해 의사결정 능력과 창의적 문제해결 능력을 기른다.

---

• 이성희, 이상원. (2019). 〈초등학생용 자원순환교육 교재의 개발 및 적용〉. 한국초등교육 vol.30, no.3, 통권 98호 pp. 117–138.

– 자원순환 활동의 습관화를 통하여 바람직한 가치관과 환경적 감수성을 함양하고 환경공동체의 구성원으로서 자원순환 활동에 참여하는 생활 태도를 기른다.

• 주요 내용

| 구분 | 주요 내용 |
|---|---|
| Rethink | 상품 구매 전에 상품의 디자인 공정 과정과 폐기물 등이 우리의 삶을 지속 가능하게 하는지 자신에게 물어보기 |
| Repair | 물건이 고장 났거나 제 기능을 하지 못할 때, 버리기 전에 수선하려고 노력해 보기 |
| Reduce | 우리가 사용하는 자원과 생산 및 수송, 폐기에서 발생하는 에너지의 양 줄이기, 지구적 한계를 인지하고 생태계에 부담을 줄이기 |
| Reuse | 계속해서 사용할 수 있는 물건에 대해 생각해 보고 물건을 재사용하기 |
| Recycle | 자원을 분리 배출하여 쓰레기가 아닌 또 다른 자원이 될 수 있도록 자원 재활용하기 |

## 추천! 영상 클립

KBS. 2018.07.05. "KBS스페셜"〈플라스틱의 역습〉https://bit.ly/3BqMq1X
KBS. 2018.07.06. "KBS스페셜"〈굿바이 플라스틱〉https://bit.ly/3Pl1iNH
KBS. 2019.07.11. "KBS스페셜"〈플라스틱 대한민국 불타는 쓰레기 산〉
        https://bit.ly/3vnprky
KBS. 2019.09.19. "KBS스페셜"〈북태평양 쓰레기 지대를 가다〉https://bit.ly/3Bq6CRt
EBS다큐. 2019.04.11. "다큐 시선"〈플라스틱 없이 살아보기〉
        https://bit.ly/3Q2TjKO
JTBC. 2020.11.16. "차이나는 클라스" 183회 해양과학자 남성현 교수 〈바다야 .지구를 구해줘〉
JTBC. 2021.09.12. "차이나는 클라스" 223회 생태독성 전문가 안윤주 교수 〈우리는 오늘도 미세플라스틱을 먹습니다〉

## 수업활동 사례

| 활동명 | '잘' 버리는 법 |
|---|---|
| 환경역량 | 환경 공동체 의식, 환경 감수성, 창의적 문제해결력 |
| 수업 흐름 | 활동 내용 |
| 동기유발 | **⊙ 쓰레기통 파헤쳐 보기**<br>○우리 반 쓰레기통 안에는?<br>　- 우리 반 쓰레기통에는 어떤 쓰레기가 들어있을지 추측해 볼까요?<br>　- 우리 반에 있는 쓰레기통(실물 또는 동영상)을 파헤쳐 볼까요?<br>　(학습지, 책, 종잇조각, 과자봉지, 포장비닐, 필기구류, 페트병 등)<br>○우리 집 쓰레기 종류<br>　- 그렇다면 여러분 집에서 나오는 쓰레기는 어떤 것들이 있을까요?<br>　가장 많이 나오는 쓰레기 종류는 무엇인가요?<br>　- 보통 가정에서 나오는 쓰레기는 크게 3가지 종류가 있습니다.<br>　"음식물 쓰레기, 재활용 가능한 쓰레기(분리배출), 일반 쓰레기(나머지)"<br>　그래서 가정마다 3가지 종류의 쓰레기통이 있습니다.<br>　- 쓰레기통을 파헤쳐 보면 무엇을 먹고 사는지, 어떤 물건을 사용하는지 그 집의 생활을 짐작할 수 있습니다. '쓰레기'라고 하면 흔히 더럽다고만 생각하는데, 만약 집에 쓰레기통이 없어서 제대로 배출되지 못한다면 아마 쓰레기 더미에 쌓여 생존 불가능하게 될 것입니다. 우리 몸에서 노폐물이 잘 빠져나가야 건강하듯이 우리 집 '쓰레기 배출'도 매우 중요합니다. 그래서 '잘 버려야' 합니다. |
| 학습문제 | **⊙ 학습문제 확인**<br>쓰레기 처리 방법을 알고 잘 버리는 방법을 실천하기 |
| 활동 1 | **⊙ 쓰레기 '페트'의 여행**<br>　- 우리가 마신 이 플라스틱 페트병은 어디에 버리나요?<br>　(쓰레기통, 집 주변 재활용 분리배출 장소 등)<br>　- 이 플라스틱 페트병은 어디에서 왔을까요?<br>　(수입해 온 석유에서 플라스틱 원료를 뽑아서 공장에서 여러 기계 과정을 거쳐 제품으로 만들어지고 각 가게에 운반되어 우리들이 소비한다.)<br>　(우리가 물건이나 음식을 사면 '알맹이'를 사용하고 나머지는 쓰레기가 됩니다.)<br>　- 한 사람이 1년 동안 버리는 플라스틱은 얼마나 될까요?<br>　(약 100kg 정도)<br>　- 한 사람이 1년 동안 버리는 쓰레기는 얼마나 될까요?<br>　(약 3톤 정도) |

| | |
|---|---|
| 활동 2 | ⊙ 쓰레기 처리 방법 4가지 |
| | - 그렇다면 이 많은 쓰레기는 어디로 갈까요? 사라질까요? |
| | (재활용센터 자원회수시설, 땅 매립지, 바다 등으로 갑니다. 쓰레기는 우 |
| | 리 눈앞에만 안 보일 뿐 사라지지 않고 지구에 계속 쌓이고 있습니다.) |
| | - 쓰레기를 처리하는 방법은 크게 4가지가 있습니다. |
| | 썩히는 방법(퇴비화), 묻는 방법(매립), 태우는 방법(소각), 흘려 보내는 |
| | 방법(부유) |
| | - 음식물 쓰레기는 어떻게 처리될까요? |
| | (동물 사료, 퇴비, 바이오 가스로 처리됩니다. 그런데 이 과정에서 비닐봉 |
| | 지가 분리가 안돼서 기계가 고장이 나고 비닐 미세플라스틱 문제가 발생하 |
| | 고 있습니다.) |
| | - 재활용 가능한 쓰레기는 어떻게 처리될까요? |
| | (우리가 분리배출한 대로 지역 자원회수시설에 옮겨지면 다시 선별 작업 |
| | 을 합니다. 그런데 이 중에서도 제대로 분리가 안 되어 있거나 재활용할 |
| | 수 없는 쓰레기가 많아서 실제로 재활용되는 비율은 절반도 되지 않습니 |
| | 다. 플라스틱은 약 23%밖에 되지 않습니다.) |
| | (그리고 여기서 나온 쓰레기들은 대부분 다른 나라로 수출됩니다. 우리나 |
| | 라에서 다 감당할 수 없어서 개발도상국가에게 돈을 주고 처리해 달라고 |
| | 합니다. 그렇게 던져진 쓰레기들은 또 그곳에서 '쓰레기산'이나 '쓰레기 |
| | 섬'이 됩니다.) |
| | - 나머지 종량제 봉투에 버리는 일반 쓰레기는 어떻게 처리될까요? |
| | (보통 매립지 땅 속부터 층층이 덮어 쌓아 올리면서 묻어서 썩게 하거나 |
| | 불에 태웁니다. 계속 나오는 엄청난 쓰레기를 묻을 땅을 구하는 것도 문제 |
| | 이고 태웠을 때 나오는 물질은 또 대기 오염을 발생시키게 됩니다.) |
| 활동 3 | ⊙ 쓰레기를 잘 버리는 방법 |
| | ○동영상 보기. EBS다큐. 2019.04.11. "다큐 시선" 〈플라스틱 없이 살아보기〉 |
| | https://bit.ly/3OEvw34 |
| | ○분리배출 퀴즈 풀기 |
| | - 교실에서 나온 쓰레기들은 어떻게 분류해야 할까요? |
| | - 헷갈리는 분리배출 OX 퀴즈를 풀어 봅시다. |
| 학습정리 | ⊙ 굿 버리기 챌린지 "어디까지 분리해 봤니?" |
| | - 재활용 가능한 쓰레기를 분리배출하는 것을 귀찮고 힘듭니다. 하지만 게 |
| | 임 레벨을 깨듯이 재미있게 하다 보면 습관이 될 것입니다. |
| | - 일주일 동안 자신의 집에서 나온 재활용품 쓰레기 중에서 확실하게 분리 |
| | 배출한 것을 인증샷으로 학급 게시판에 올려 보세요. 난이도별로 이야기를 |
| | 나눠 보겠습니다. |
| | ⊙ 쓰레기 문제 해결을 위한 생활 방식 |
| | - 근본적으로는 쓰레기 자체를 만들지 않는 게 좋습니다. |
| | (제로 웨이스트, 다 쓰고 사기, 다 먹기, 미니멀로 살기, 일회용품 거절하기 등) |

**수업 팁**

✔ 각자 자신의 집에 있는 쓰레기통을 미리 보고 오거나 사진, 영상을 찍어 오라고 하고 이야기를 나누면 관심을 끌기에 좋다.

✔ 쓰레기의 여행을 이야기할 때, 실제 생활 속 쓰레기를 직접 보여 주며 하는 것이 효과적이다.

✔ 플라스틱으로 배출할지 비닐로 배출할지 방법은 제품에 표시되어 있기도 하고 인터넷 검색으로 대부분 알아낼 수 있다. 성가시다는 이유로 제대로 하지 않던 분리배출을 놀이처럼 재미있는 도전 과제로 제시하여 미션 성공의 즐거운 경험을 제공하도록 하자.

✔ 아이들끼리 직접 분리배출에 관한 퀴즈를 만들어 풀게 해도 좋다.

✔ 쓰레기 배출 관련 앱

   ⑴ 헷갈리는 분리배출 방법 검색하기 : "내손안의 분리배출", 쓰레기 백과사전 "블리스고(blisgo)"

   ⑵ 대형 폐기물 배출 방법 알기 : "여기로(yeogiro24.co.kr)", "빼기(gatda.com)"

# 주제 3

# 에너지

지도안 및 수업자료

환경수업에서 에너지는 빼놓을 수 없는 주제 중 하나이다. 지구환경에서 살아가고 있는 모든 것들의 시스템은 에너지의 원리로 설명될 수 있다. 에너지 없이는 단 하루도 살 수가 없다. 마치 공기와 같아서 우리가 누리고 있음을 알아차리지 못할 뿐이다. 에너지는 인간뿐만 아니라 모든 생명체가 살아가게 하는 원동력이다. 동식물과 같은 생명체가 아닌 컴퓨터, 선풍기와 같은 기계조차도 에너지가 있어야 작동한다. 우리가 매일 먹는 음식, 입고 있는 옷, 타는 교통수단, 쓰는 전자제품, 살고 있는 집까지 온 세상이 만들어지고 허물어지는 데까지 온통 에너지를 필요로 한다.

아이들에게 '에너지' 하면 무엇이 떠오르는지 물어보면 "전기요!"라고 답한다. 아이들에게 에너지란 콘센트에서 나오는 무언가라는 이미지가 있는 것 같다. 실제 에너지 소비량 비율이 열에너지(75%)가 전기에너지(25%)에 비해 훨씬 많음에도 불구하고, 아이들 세대에게는 전기가 익숙하다. 에너지 전환의 변천사를 봤을 때, 나무 → 가스 → 전기로 에너지를 이용하는 형태가 바뀌었다. 최근 가스레인지에서 전기레인지로 주방의 모습이 많이 바뀌었고, 교통수단도 휘발유나 경유 자동차에서 전기 자동차로 갈아타는 추세이다.

그런데 전기에너지는 1차 에너지를 가공하여 만든 2차 에너지이다. 전기에너지는 결국 1차 에너지인 석유, 석탄, 천연가스와 같은 화석연료나 원사력, 지열, 태양열, 수력, 풍력 에너지를 전환시킨 것이다. 그래서 전기 자동차가 배기가스 배출을 하지 않아 청정하다고 하지만 완벽하게 친환경이라고 할 수 없다. 현재 태양, 바람과 같은 무한한 '신재생에너지' 개발이 활발하게 진행되고 있지만 실제 이용률은 거의 무의미하다고 보면 된다. 결국 여전히 화석연료에 의존하고 있고, 원자력에너지 또한 경제와 안전상의 문제가 확실하다. 전기에너지가 신재생에너지로부터 전환되는 데는 기술적인 한계가 있고 완전히 전환되더라도 화석연료에 비해 아직 효율이 현저히 떨어진다.

에너지 교육에서 핵심은 '에너지는 한정되어 있다'는 사실을 깨닫는 것이다. 그렇기 때문에 결론은 '에너지 절약'이 된다. 타임(TIME)지는 이미 2009년 신년호를 에너지 특집호로 구성하고 "에너지 문제가 부각되면 사람들은 대체 에너지 개발과 원자력 에너지 부활을 주로 이야기하지만, 더욱 중요한 것은 에너지 절약이다."라고 했다. 제1의 에너지 불, 제2의 에너지 석유, 제3의 에너지 원자력, 제4의 에너지 신재생에너지에 이어 제5의 에너지로 다름 아닌 '에너지 절약'을 규정하며 이 다섯 번째 에너지가 가장 중요한 에너지라고 강조했다.

학생들에게 '한정된 에너지를 지금보다 덜 써서 미래세대가 쓸 만큼을 남겨주어야지.'라는 생각이 들게 하였다면 '에너지 소양 교육'의 목적은 절반 이상 도달한 것이다. 에너지가 지속가능한 사회를 만드는 게 목표이기 때문이다.

에너지 중독 사회에 살고 있는 현대 사회에서 에너지 교육은 반드시 갖추어야 할 '소양'으로서 이루어져야 한다. 교육과정상의 에너지 교육은 과학, 기술,

사회, 실과 등의 교과에서 에너지의 종류와 형태, 전환에 관한 지식이 분산적인 방식으로 반영되어 있다. 에너지원의 종류나 발전, 전환, 이동, 이용 등의 전체 과정을 개인과 사회의 생활과 연결 지어 이해하고 현명한 소비에 대해 생각하고 연습할 기회를 주어야 한다. 에너지가 환경, 사회, 경제에 미치는 영향을 복합적으로 이해하고 에너지 문제를 주체적으로 해결해 나갈 환경시민으로 자라는 것을 목표로 한다.

## 키워드 검색, 추천 KEYWORD

에너지 고갈, 에너지 전환, 에너지 발전, 에너지 분배, 에너지 취약계층, 에너지 소비, 에너지 자급력, 에너지 자립마을, (신)재생에너지, 에너지 절약

## 관련 교육과정

| 영역 | 핵심 개념 | 일반화된 지식 | 내용 요소 | 기능 |
|---|---|---|---|---|
| 지역 환경과 지구 환경 | 자원과 에너지 | 인간이 이용한 자원과 에너지는 시대에 따라 변화해 왔고, 이러한 자원과 에너지의 이용은 환경에 영향을 미친다. | • 자원의 의미와 우리 지역의 자원순환 체계<br>• 에너지 이용의 변천과 환경 영향<br>• 에너지 이용에 관한 쟁점 | • (현황, 역할, 특징 등) 조사하기<br>• 탐구를 계획하고 수행하기<br>• 자료 분석하고 설명하기<br>• 해결방안 설계하기<br>• 해결방안과 영향 평가하기<br>• 사례에서 의미 도출하기<br>• 해결 방안 토의, 토론하기 |

## 추천! 영상 클립

유튜브 채널 '한국에너지공단 미래세대교육' https://bit.ly/3zDxwUJ
tvN. 2021.04.19. "미래수업" 18회 〈기후문제는 생존위기다!〉
JTBC. 2020.05.06. "차이나는 클라스" 155회 에너지덕후 공학박사 김선교 〈코드명 그린 탄소중독 탈출법〉

JTBC. 2022.04.24. "차이나는 클라스" 239회 서울대 환경대학원 홍종호 교수 〈기후 불황에서 살아남기 '지금 우리 지구는'〉

## 수업활동 사례

| 활동명 | 에너지를 이용하는 우리들의 자세 |
|---|---|
| 환경역량 | 환경 공동체 의식, 성찰·통찰 능력, 의사소통 및 갈등해결 능력 |
| 수업 흐름 | 활동 내용 |
| 동기유발 | ⊙ 에너지 소비왕<br>○ 우리가 사용하는 에너지<br>- 교실에서 사용하고 있는 에너지를 찾아볼까요?<br>- 가정에서 사용하고 있는 에너지를 찾아볼까요?<br>- 대부분 전기를 많이 찾을 수 있죠. 그런데 실제로 전기에너지와 열에너지와 비교했을 때 둘 중 어떤 에너지가 더 많이 필요하고 이용될까요?<br>　(전기에너지 25%, 열에너지75%로 열에너지가 훨씬 많은 에너지 소비량을 차지하고 있습니다. 이제는 열도 전기를 통해 얻는 경우가 많죠.)<br>○ 우리나라 에너지 사용량<br>- 에너지 소비가 가장 많은 나라는 어디일까요?<br>- 우리나라는 몇 번째로 소비를 많이 할까요?<br>- 통계자료를 보며 확인해 보겠습니다.<br>　Enerdata. "총 에너지 소비((2020년 세계 에너지 소비량)" |
| 학습문제 | ⊙ 학습문제 확인<br>한정된 에너지 자원을 이용하는 방법 생각해 보기 |
| 활동 1 | ⊙ 에너지의 종류와 유한성<br>- 우리가 살고 있는 지구에는 다양한 자원이 있습니다.<br>　우리가 먹는 음식, 마시는 공기, 주변에서 이용할 수 있는 모든 것들이 자원이 됩니다. 그중 우리가 생활하는 데 꼭 필요한 '에너지' 자원이 있습니다.<br>- 에너지의 종류는 어떤 것이 있을까요?<br>　(전기에너지, 열에너지, 빛에너지, 화석에너지, 태양에너지 등)<br>- 하지만 그중에 우리가 실제로 사용할 수 있는 자원은 계속 존재하는 것이 아니라 한정되어 있습니다.<br>　그중에서도 화석에너지, 즉 석유, 석탄, 천연가스가 차지하는 비율이 80%가 넘습니다. 가장 큰 문제는 이 화석에너지는 몇 백 년이 넘는 오랜 기간에 걸쳐서 만들어지고, 얼마 남지 않았다는 것입니다.<br>- 그렇다면 이 한정된 에너지 자원을 어떻게 나눠서 이용하면 좋을까요? |

| | |
|---|---|
| 활동 2 | ◉ 지구 에너지 자원 소비 놀이(1)<br>○ 작은 지구 마을의 지구촌 시민 되기<br>　- 우리 반을 작은 지구 마을이라고 했을 때, 어떤 나라의 사람이 될지 추첨<br>　을 통해 정해 보겠습니다.<br>　예 미국, 중국, 독일, 일본, 한국, 아프리카 중 하나를 선택받았습니다.<br>○ '에너지' 자원 먹기<br>　- 작은 지구 마을이기 때문에, 현재 이 과자 한 봉지가 우리가 사용할(먹을)<br>　수 있는 에너지 전부입니다. 선생님이 부르는 나라 순서에 따라 나와서 먹<br>　고 싶은 만큼 마음껏 과자를 먹으면 됩니다.<br>　(학생들이 나와서 순서대로 과자 집어 먹기)<br>　(순서는 소비가 많은 나라, 선진국을 고려하여 먼저 부른다.)<br>　- 모든 사람들이 먹기도 전에 에너지가 모두 없어졌습니다.<br>　놀이를 하면서 어떤 기분이 들었는지 공책에 써 보고 발표해 봅시다.<br><br>◉ 지구 에너지 자원 소비 놀이(2)<br>○ 지속가능한 지구 에너지 자원 분배 방법 생각하기<br>　- 다시 한 번 놀이를 해 보도록 하겠습니다.<br>　이번에도 지구촌 시민 역할과 순서는 변함이 없을 것입니다.<br>　이런 상황에서 다 같이 사용할(먹을) 수 있는 방법은 없을까요?<br>　(먹을 수 있는 개수를 정해 주세요./ 1개씩만 먹는 것을 반복해요./<br>　뒷사람까지 먹을 수 있게 양심적으로 먹어요.)<br>　- 그럼 여러분이 정한 방법대로 다시 한 번 과자를 먹어 보겠습니다.<br>　(학생들이 나와서 순서대로 과자 집어 먹기)<br>　- 이제 에너지가 다 떨어졌습니다. 두 번째 놀이를 하면서 어떤 기분이 들었<br>　는지 다시 공책에 써서 발표해 봅시다. |
| 활동 3 | ◉ 〈지구 생태용량 초과의 날〉 동영상 보기<br>뉴스EBS. 2021.08.10. 〈올해 '지구 생태용량 초과의 날'은 7월 29일〉<br>https://bit.ly/3BICKpu<br>　- '지구 생태용량 초과의 날'은 1년 동안 사용할 수 있는 한정된 자원을 모<br>　두 사용한 날입니다. 매년 그 날짜는 달라지지만 점점 빨라지고 있는 추세<br>　입니다. 보통 지구 전체 평균은 7월, 8월 중이고 한국은 4월 중으로 12월<br>　까지 쓸 자원을 4개월 만에 다 써 버리는 셈입니다. 그래서 해마다 우리는<br>　미래세대가 쓸 자원을 빼앗아 쓰고 있는 것이죠.<br>　- 우리는 지구에 남아 있는 자원에 비해 너무 풍족하게 살고 있습니다. 현<br>　세대인 우리가 지금 당장의 편리함을 누릴수록 그 다음 세대는 이용할 자<br>　원이 없는 고통을 받게 됩니다. 지금 여러분이 누리고 있는 풍요로움이 어<br>　른이 되어서는 어떻게 달라질지 모릅니다. 현재도 자원이 취약한 지역이나<br>　계층은 이미 고통을 받고 있습니다. |

| 학습정리 | ⊙ 지구 에너지 자원에 대한 자세 |
| --- | --- |
| | ○ 지구 자원 소비 놀이의 의미 나누기 |
| |    - 작은 지구 마을에 사는 우리는 다 같이 자원을 나눠 먹을 수 있었습니다. 과자는 무엇을 의미할까요? |
| |     (식량, 물, 공기, 에너지와 같은 지구의 모든 자원) |
| |    - 지속가능한 자원을 위해 모든 과자(자원)를 다 가져가지 않고, 미래세대를 위해 남겨 놓는 것은 어떨까요? |
| |    - 오늘 체험한 놀이를 통해 느낀 점과 앞으로 실제 지구 자원을 어떻게 이용할지 다짐을 써 봅시다. |

## 수업 팁

✓ 우리가 이용하고 있는 자원의 종류는 굉장히 많지만, 이용할 수 있는 양은 지구 전체로 봤을 때 한정되어 있다는 점을 설명한다.

✓ 무조건 에너지를 절약하자고 설득하기보다는 자원의 유한성과 절약의 필요성을 가상 놀이를 통해 자연스럽게 체득할 수 있도록 한다.

✓ 지구촌 시민 추첨 용지는 학생 수와 각 나라의 인구수 비율을 고려하여 준비한다. 나라의 종류는 변경 가능하고 나라뿐 아니라 동식물을 추가해도 좋다.

✓ 지구촌 시민 역할 추첨과 자원 분배 과정에서 중재를 잘 해야 한다. 가상의 놀이임을 인지시키고 '자원 분배와 소비 방법'을 고안해 보고 역할에 이입하여 자원 고갈의 위기감을 느껴 보는 것에 초점을 둔다.

✓ 과자만 먹고 끝나는 것이 아니라, 지구 자원 차원에서 현세대뿐만 아니라 미래세대까지 고려하여 앞으로 어떻게 자원을 이용해야 할지 진지하게 생각해 보도록 한다.

✓ 에너지 자원으로 과자봉지를 사용하였지만, 물 자원에 초점을 맞춰 활동을 진행한다면 큰 생수병을 사용하면 된다.

# 기후 변화

: 탄소중립

지도안 및 수업자료

국제적으로 기후변화 교육은 '온실효과', '지구온난화', '기후 변화' 등을 가르치는 방식으로 논의되었고 2000년대 이후부터 '기후변화 교육(climate change education)'이라는 표현이 포괄적으로 사용되고 있다. 현재는 기후소양교육으로 많이 쓰이며 기후위기 교육, 기후변화 대응교육 등의 용어와도 함께 쓰인다[*]. 환경수업 주제로서 '기후변화'는 지구 환경의 핵심적인 문제라고 할 수 있다. 산업화 이후 인간의 활동으로 최근 100년 사이에 지구 평균 기온이 급속도로 상승했다. 그리고 기후변화는 다시 인간은 물론 생태계 전체에 위협을 주고 있다. 지구온난화로 해수면이 상승하고 세계 곳곳에서 '이상기후'의 빈도가 높아지고 있다. 이렇게 기후변화로 인한 자연재해로 삶의 터전을 잃은 '기후난민'이 매년 2천만여 명이 발생하고 있다.

먼 나라 얘기처럼 들릴 수도 있겠다. 왜 우리들은 기후변화의 심각성을 잘 못 느끼는 것일까. 기후변화는 눈에 직접적으로 보이지 않기 때문이다. 매일 바뀌는 날씨에 비해 기후는 30년 정도의 평균 날씨를 말한다. 30년 전 내가 어렸을 때와는 확실히 기후가 달라진 것 같은데, 솔직히 느낌만 기억날 뿐이다. 체감상 그때도 여름에는 더웠고, 겨울에는 추웠다. 그게 당연한 것이니까. 그런데 여름에 더운 것을 못 참고, 겨울에 추운 것을 못 견뎌 내면서 점점 과해졌다. 여름에 춥게 살고 겨울에 덥게 사는 일부 인간들의 '이상한' 행동 양식이 '이상기후'로 되돌아오고 있다. 과학자들은 기후변화의 원인과 심각성, 영향에 대해서 끊임없이 경고하고 있지만 일반 사람들에게는 단지 통계자료일 뿐이고 어제와 다를 것 없는 일상을 계속하고 있다. 이미 우리는 편리함과 풍요로움에 익숙해져서 '탄소 중독'이 되어 버렸고 '평범한 일상'을 포기할 수 없게 되었다. 기후변화를 멈추기 위해서는 불편함과 결핍도 감수해야 하는 일이기 때문이다.

그렇다고 해서 이대로 둘 수는 없는 노릇이다. '기후위기'가 인류를 포함한 모든 생태계의 '생존위기'로 심각하게 여겨지면서 국제 사회에서는 기후변화에 대한 대응을 더 이상 미룰 수 없게 되었다. 2016년 발효된 파리협정 이후 121개 국가가 '2050 탄소중립 목표 기후동맹'에 가입하면서 '탄소중립'이라는 용어가 새롭게 주목받게 되었다. 탄소중립은 어떤 활동이 지구 대기 중의 온실가스 전체 농도에 영향을 미치지 않음을 의미한다. 다시 말하면 개인이나 기업이 발생시킨 이산화탄소 배출량(+)만큼 이산화탄소 흡수량(−)도 늘려 실질적인 이산화탄소 배출량을 0으로 만든다는 개념으로 넷제로(Net Zero)와 같은 말이다. 기후변화의 심각성에 대한 인식이 전 세계적으로 확산되면서 각 나라와 기업, 사회에서는 기후 위기를 극복하기 위한 대책을 다급하게 마련하고 있는 추세다. 우리나라도 지난 2020년 10월에 '2050 탄소중립 선언'을 하였다.

---

● 국가환경교육센터 기획/편집. (2020). 《환경교육 용어사전》 중 〈기후소양교육〉. 환경부 발행. https://keep.go.kr/html/Dictionary

미래세대에게 '기후변화' 교육은 필수다. 교사와 아이들 모두 환경시민으로서 갖추어야 할 기본적인 교양으로 생각하고, 자연스럽게 나눌 수 있는 화제여야 한다. 전문적이고 어려운 내용을 다 알려 줄 필요도 없고, 최신의 통계 자료와 이슈(뉴스)를 영상 자료로 제시하는 것으로 충분하다. 교사의 역할은 기후변화에 얽혀 있는 다양한 현상, 영향, 대책들을 풀어서 이야기하는 자리를 만들어 주는 것이다. 그리고 그 실마리는 기후변화의 가장 큰 원인인 탄소다.

'기후변화'라는 거창한 말로 시작하기보다는 실제로 겪고 있는 생활 속 문제를 던져 주는 게 좋다. 기후변화 교육은 기후변화에 대한 두 가지 '대응' 방법으로 접근하고 있다. 하나는 이미 변화된 기후에 잘 '적응(adaptation)'하게 하는 것으로, 예를 들면 폭염과 미세먼지가 심할 때 어떻게 대처해야 자신을 지킬 수 있는지 알려 주는 방법이다. 다른 하나는 기후 변화를 적극적으로 '완화/감축(mitigation)'하게 하는 것으로, 어떤 친환경적인 행동을 하면 지구를 지킬 수 있는지 설득하고 참여시키는 방법이다. 두 가지 접근 방법을 학습자 상황에 따라 구분하여 진행해도 되고 통합해도 상관없다. 그런데 최근 기후변화가 심각해지면서 탄소를 흡수하고 줄이는 '완화/감축'의 내용인 '탄소중립' 환경교육에 대한 요구가 특히 높아졌다.

환경교사의 역할이 기후변화에 얽혀 있는 다양한 현상, 영향, 대책들을 풀어서 이야기하는 자리를 만들어 주는 것이라 한다면 그 이야기의 주된 실마리로 활용할 수 있는 핵심 소재가 바로 기후변화의 가장 큰 원인인 탄소다. 지구에 존재하는 모든 생물, 비생물에 탄소가 포함되어 있다고 해도 과언이 아닐 정도로 탄소의 순환은 중요하다. 그런데 이 순환이 고장 난 것이다. 그래서 기후변화가 발생하고 이 변화가 지구 환경 전체의 위기를 불러일으킨 것이다. 따라서 환경교육 내용의 대부분이 탄소중립과 관여되어 있다. 이에 따라 위기에 닥친 우리들에게는 위기에 걸맞은 대응 행동을 촉구하는 탄소중립 환경교육이 필요하다.

## 키워드 검색, 추천 KEYWORD

기후 위기, 기후 적응, 기후 대응, 지구 온난화, 이상 기후, 기후난민, 탄소발자국, 탄소중립, 생물다양성

## 관련 교육과정

| 영역 | 핵심 개념 | 일반화된 지식 | 내용 요소 | 기능 |
|---|---|---|---|---|
| 지역 환경과 지구 환경 | 기후 변화 | 지구의 기후는 변화해왔고 현재도 변하고 있으며, 인간 활동은 기후를 변화시키고 기후 변화의 영향을 받기도 한다. | • 기후 변화의 원인과 영향<br>• 기후 변화 대응을 위한 노력 | • (현황, 역할, 특징 등) 조사하기<br>• 탐구를 계획하고 수행하기<br>• 자료 분석하고 설명하기<br>• 해결방안 설계하기<br>• 해결방안과 영향 평가하기<br>• 사례에서 의미 도출하기<br>• 해결 방안 토의, 토론하기 |

### + 참고 PLUS

교육부, 환경부의 국가환경교육센터, 17개 시도 교육청이 함께 만들어 2022년에 배포한 《탄소중립 학교 만들기(기후 위기 대응 교재)》에서는 기후변화 영역 요소를 다음과 같이 세분화하여 제시하고 있다.

| 기후 변화 영역 요소 | 기후변화 지식 | 원인, 현상, 영향, 대응(적응, 완화) |
|---|---|---|
| | 환경가치 태도 | 환경 감수성, 기후위기공감, 책임감과 배려, 기후행동 의향 |
| | 실천과 참여 | 기후문제 대면하기, 기후문제 쟁점탐구하기, 기후문제 해결 계획하기, 기후문제 해결 실행하기 |
| | 환경역량 | 통합적 사고역량, 공동체 역량, 의사소통 역량, 문제해결 역량, 미래디자인사고 역량 |

그리고 환경교육포털(www.keep.go.kr)에서는 일반 학교와 교사들을 위해 탄소중립 소양 함양·습관화를 위한 온라인 도움 창구인 '탄소중립 학교 기후·환경교육 지원단(헬프데스크)'을 운영하고 있다. 교육과정 재구성, 학교 변화(문화형성, 시설조성), 외부 자원 연계, 대상별 환경교육 안내에 이르는 전문적, 체계적 지원을 제공하고 있다. '탄소중립 환경교육'라는 별도의 카테고리가 있어 생애주기별 탄소중립 교육자료, 소식이 업데이트되고 있으며 지역별 탄소중립 교육 프로그램 정보도 수시로 제공되고 있다.

## 추천! 영상 클립

KBS지식. 〈타일러의 지구를 지키는 20가지 제안〉 1~20.
  https://bit.ly/3bfp5Wf
생명다양성재단. 최재천 교수 〈마지막 수업〉 1~4강.
  https://bit.ly/3oD2Qg0
tvN. 2021.04.19. "미래수업" 18회 〈기후문제는 생존위기다!〉
JTBC. 2019.12.11. "차이나는 클라스" 137회 대기과학자 조천호 박사 〈지구가 참는 것도 한계가 있다〉
JTBC. 2022.01.23. "차이나는 클라스" 226회 서울대 지리학과 박정재 교수 〈기후가 변하면 역사도 달라졌다〉
JTBC. 2021.12.19. "차이나는 클라스" 인생수업 13회 진화생태학자 최재천 교수 〈혼자 살 수 있는 생명은 없다〉

## 수업활동 사례

### • 기후 변화 적응

| 활동명 | 기후 변화에 살아남는 패셔니스타! |
|---|---|
| 환경역량 | 환경정보 활용 능력, 창의적 문제해결력 |
| 수업 흐름 | 활동 내용 |
| 동기유발 | ⊙ 지구온난화로 바뀐 옷차림<br>○ 뉴스 〈입는 순간 더위 싹~ '냉장고 바지' 인기〉<br>https://bit.ly/3JdkbFT<br>　– 해마다 더워지는 여름, 우리들의 옷차림은 어떻게 바뀌어 가고 있나요?<br>　– 최근에 왜 이런 제품들이 인기를 끌게 되었을까요?<br>　– 잠깐의 유행일 뿐일까요? 앞으로 더 필요하게 될까요?<br>　– 갈수록 더 더워지고 더 추워지는 기후에 옷을 어떻게 입어야 할까요? |
| 학습문제 | ⊙ 학습문제 확인<br>기후에 맞는 옷맵시를 살려 기후 변화에 적응하기 |
| 활동 1 | ⊙ 기후변화 이야기<br>○ 날씨와 기후의 개념<br>　– 날씨가 더워진 걸까요? 기후가 더워진 걸까요?<br>　– 날씨 : 매일 경험하는 기온, 바람, 비 등의 상태<br>　– 기후 : 약 30년 동안 나타나는 날씨의 평균 상태<br>○ 우리나라의 기후변화<br>　– 우리나라는 어떤 기후에 속해 있나요? (온대 기후 → 열대 기후화 가능성)<br>　– 만약 오랜 시간에 걸쳐 평균 기온이 2℃ 증가했을 때, 4℃ 증가했을 때 우리나라 기후는 어떻게 될까요?<br>　– 이미 100년이 넘는 시간 동안 우리나라의 평균 기온이 1.8℃가 올라 기후가 변하였습니다.<br>○ 기후변화의 영향<br>　– 기후변화가 급격하게 일어나면서 이상기후, 자연재해도 발생하게 됩니다.<br>　– 우리나라에서는 어떤 일이 벌어지고 있을까요? (폭염, 한파, 가뭄, 폭설, 집중호우, 태풍 등) |

| 활동 2 | ⊙ 기후에 맞는 옷맵시 |
|---|---|

⊙ 기후에 맞는 옷맵시
○기후변화 적응 방법
  - 변화하는 기후에 적응하기 위해 어떻게 입어야 할까요?
  - 우리가 주로 적응하는 상황의 옷차림에 대해 알아봅시다.

---

○무더운 여름에 뜨는 쿨(Cool)맵시

  - 쿨맵시를 들어 본 적이 있나요?
  - 폭염에 가까운 더운 날씨에 적합하지 않은 옷차림은 어떤 것인가요?
  - 쿨맵시를 입으면 어떤 점이 좋을까요? (효과)
    ① 체감온도를 2℃ 정도 낮춤.
    ② 혈액순환과 두뇌순환을 도움, 냉방병 예방
    ③ 냉방비 절약
    ④ 7억 그루의 나무를 심는 효과
    ⑤ 나만의 개성을 살릴 수 있다.

○매서운 한파에 뜨는 온(溫)맵시

  - 온맵시를 들어본 적이 있나요?
  - 한파에 가까운 추운 날씨에 적합하지 않은 옷차림은 어떤 것인가요?
  - 온맵시를 입으면 어떤 점이 좋을까요? (효과)
    ① 체감온도를 높임(체온유지).
    ② 혈액순환을 돕고 동상, 저체온증 예방
    ③ 난방비 절약
    ④ 7억 그루의 나무를 심는 효과
    ⑤ 나만의 개성을 살릴 수 있다.

---

| 활동 3 | ⊙ '2050 스쿨 옷맵시' 코디하기 |
|---|---|

⊙ '2050 스쿨 옷맵시' 코디하기
○기후에 맞는 옷맵시를 살리는 조건별 토의
  - 옷을 디자인할 때 어떤 조건들이 필요할까요?
    형태, 소재, 색깔, 아이템

  - 폭염과 한파에 어울리는 조건을 자유롭게 토의해 보세요.
  ○기후에 맞는 '2050 스쿨 옷맵시' 코디하기
  - 짝과 함께 폭염과 한파에 맞는 가까운 미래를 위한 '2050 스쿨 옷맵시'를 코디해 보세요.

| 학습정리 | ⊙ '2050 스쿨 옷맵시' 발표하기 |
|---|---|

⊙ '2050 스쿨 옷맵시' 발표하기
  - 기후에 맞는 우리들의 '2050 스쿨 옷맵시'를 친구들 앞에서 발표해 보고 기후변화에 적응하는 생활을 합시다.
  - 우리 반 '에코 패션디자이너'를 뽑아 보세요.

**수업 팁**

✓ 기후 변화 수업 시기는 효과를 극대화할 수 있는 한여름이나 한겨울이 좋다.

✓ 도입부분의 뉴스와 연계하여 기후변화의 주요 개념을 정확하게 전달하되, 이야기를 들려주듯이 지도하여 기후 변화의 심각성과 적응의 필요성을 깨닫도록 한다.

✓ 후반부에 해당하는 스쿨 옷맵시는 직접 디자인하며 창의력을 발휘할 수 있는 활동이다. 이때 학생들의 상상력을 충분하게 수용하면서, 기후 변화와 연관 지어 생각할 수 있도록 이끌어 주는 게 좋다.

✓ 주변의 생활을 잘 살펴보면 의생활뿐만 아니라 기후 변화의 영향을 받고 있는 것들이 많다. 학생들의 생활에서 구체적인 에피소드를 찾아 언제든 들려주면 좋을 것 같다.

## • 기후 변화 대응

| 활동명 | 기후 변화를 멈추게 하는 편지 |
|---|---|
| 환경역량 | 환경정보 활용 능력, 창의적 문제해결능력 |
| 수업 흐름 | 활동 내용 |
| 동기유발 | ⊙ 기후 변화에 대한 미래세대의 메세지<br>○ 서울환경연합. (2019.09.24.). 〈그레타 툰베리 '유엔 기후행동 정상회의' 연설 풀영상〉<br>https://bit.ly/3oBhkNu<br>– 스웨덴에 살고 있는 16살 소녀, 그레타 툰베리는 여러분과 같은 미래세대 입니다. 누구를 대상으로 말하고 있는 것인가요?<br>– 툰베리가 선생님을 포함한 어른들에게 무엇을 말하고 있나요?<br>(기후 위기를 극복하기 위해 무분별한 개발이나 소비를 멈춰 주세요!)<br>– 툰베리가 어른들을 향해 목소리를 내는 이유가 무엇일까요?<br>(기후 변화는 미래세대의 생존이 달려 있는 문제이기 때문입니다.) |
| 학습문제 | ⊙ 학습문제 확인<br>기후 변화를 멈추게 하는 행동을 찾고 실천하기 |
| 활동 1 | ⊙ 기후 변화 체감하기<br>○ 기후 변화 설문 조사<br>– 지구의 평균 온도가 올라가고 있다는 말을 들어 본 적 있나요?<br>– 최근 100년 동안 지구의 평균 온도가 몇 도 올랐을까요?<br>(2017년 기준 1℃ 상승)<br>– 그 원인이 '인간의 행동'이라고 생각하나요? 아니면 다른 원인이 있다고 생각하나요?<br>– 가정에서 어른들과 환경에 대한 이야기를 나눠 본 적 있나요?<br>– 지구를 위한 행동은 '나 하나쯤이야'라고 생각하나요? 아니면 '나라도 해야지'라고 생각하나요?<br>– 지구를 위해 집에서 또는 내가 실천하고 있는 행동이 2가지 이상 있나요?<br>– 지구를 위한 행동을 하자고 했을 때 도전하고 싶은 마음이 있나요?<br>○ 기후 변화 영상 보고 심각성 깨닫기<br>씨리얼. 〈과학자들이 아무리 말해도 당신이 현실 부정하는 10년 후 팩트〉<br>https://bit.ly/3SbdgRB<br>– 영상을 보고 지금까지 몰랐던 사실이 있나요?<br>– 어떤 생각이 들었나요?<br>– 기후 변화는 현재 살아가고 있는 우리뿐만 아니라 미래세대에게 갈수록 인간다운 삶을 살아가는 데 있어서 중요한 문제가 될 것입니다. |

| 활동 2 | ⊙ **기후 변화를 멈추는 행동 찾기** |
|---|---|

○ '탄소중립' 용어 소개하기

- '탄소중립'이라는 말을 들어 본 적 있나요?

  (탄소는 이산화탄소 같은 온실가스를 말하고, 중립은 탄소를 배출하는 (＋)요인과 흡수하는 (–)요인을 합쳐서 실질적인 '탄소 배출량＝0'으로 만든다는 뜻입니다.)

- '탄소중립'이라는 말이 왜 나왔을까요?

  (과거에는 온실가스를 줄이는 데에만 힘썼는데, 그것만으로는 기후 변화 위기를 극복하기 어려울 정도로 심각해졌습니다. 그래서 온실가스를 줄이는 것뿐만 아니라 이미 배출된 탄소를 흡수하는 노력도 필요하다고 보아 전 세계적으로 '탄소중립 선언'을 하고 있습니다. 우리나라도 2050년까지 탄소배출량 0이 되는 것을 목표로 여러 가지 노력을 하고 있습니다.)

○ '탄소 (＋) (–) 가위바위보 놀이' 하기

- 다음 화면(예시)에는 탄소를 배출하는 행동과 탄소를 흡수하는(줄이는) 행동이 섞여 있습니다. 짝과 함께 가위바위보를 해서 이긴 사람은 탄소를 줄이는 행동을 찾아 공책에 적습니다.

---

가까운 거리 걸어 다니기    향이 센 화장품이나 세제 사용하기

스팸메일 정리하기   에어컨 최저 온도로 켜 놓기   먹을 만큼만 요리하기

지퍼백, 비닐봉지 사용하기      제철음식, 신선음식 먹기

공공물건 아껴 쓰기    싼 물건 많이 사기    대기전력 끄기

새 물건보다 중고용품 이용하기     분리배출 제대로 하기

샤워 오래하기     이면지 사용하기     일회용품 쓰지 않기

---

- 다 찾으면 짝과 함께 화면에 제시되지 않은 다른 친환경 행동을 생각해서 가능한 한 많이 써 보세요. 팀 점수가 있습니다.
- 개인 점수, 팀 점수, 우리 반 전체 점수를 모두 더한 점수가 우리 반이 탄소 중립을 할 수 있는 점수입니다.

| 활동 3 | ⊙ **기후 변화를 멈추게 하는 편지쓰기** |
|---|---|

- 기후 변화를 멈추게 하기 위해서 그레타 툰베리가 말한 것처럼 가족들에게 편지를 써 봅시다. 편지에 들어갈 두 가지 내용을 담아서 정성껏 써 봅시다.

  (1) 이 수업에서 배우고 느낀 점

  (2) 우리 가족이 실천할 수 있는 친환경 행동 3가지

| 학습정리 | ⊙ **편지를 가족들에게 보여 준 후기** |
|---|---|

- 기후 변화를 멈추게 하는 편지를 가족들에게 보여 준 장면과 가족들의 반응을 일기에 써 봅시다.

## 수업 팁

✓ 도입부분의 그레타 툰베리 연설 영상은 내용 자체를 이해하기보다는 자신과 같은 청소년이 목소리를 내고 관심을 가지고 행동한다는 의미에서 소개한다.

✓ 기후 변화 설문조사 활동은 영상을 보기 전에 내가 얼마나 알고 어떻게 생각하고 있는지 스스로 점검해 보는 시간을 갖도록 한다. 따라서 질문을 던지고 간단하게 발표하도록 하면서 넘어가도 좋다.

✓ '기후 변화'와 관련된 내용은 광범위하고 전문적이어서 설명하기 어렵다. 교사가 직접 설명하기보다는 실제 자료가 포함된 영상을 보여 주는 게 더욱 효과적이다.

✓ '탄소 (+)(−) 가위바위보 놀이'는 경쟁적인 분위기보다는 지구를 지키기 위해 학급 친구들이 모두 협력할 수 있도록 격려한다.

✓ 기후 변화를 멈추게 하는 행동들은 국제사회, 국가, 기업, 단체 단위에서 더욱 효과적으로 실천할 수 있지만, 아동 대상 환경수업에서는 우선 학습자 개인이 실천할 수 있는 것에 초점을 맞춘다. 습관화할 수 있도록 추후 수업이나 활동에 지속적으로 연계될 수 있도록 한다.('추천! 영상 클립' 목록 가운데 다음의 영상이 특히 유용함. → KBS지식. 〈타일러의 지구를 지키는 20가지 제안〉 1~20)

# 주제 5

# 먹거리

지도안 및 수업자료

환경교육에서 다루는 '먹거리' 주제는 먹고 안 먹고의 문제가 아니라 무엇을, 어떻게 먹을지와 같은 '선택'의 문제이다. '오늘 저녁에는 간단하게 시켜 먹을까?', '비싼 동물복지 달걀을 살까, 싼 달걀을 살까?', '직접 빚은 만두를 사 먹을까 냉동 만두를 사 먹을까?', '고기 먹는 양을 줄여야 할까?', '음식 양을 얼만큼 요리할까(주문할까)?', '남은 음식을 어떻게 처리할까?'와 같이 먹을거리에 관련된 선택은 하루에도 여러 번이다. 게다가 먹는 일은 개인의 식성, 즉 개인적 취향을 반영한다. 개인의 식단을 보면 그의 건강 상태뿐만 아니라 취향, 성격까지도 유추해 볼 수 있다는 말은 과언이 아니다.

우리는 태어난 때부터 지금까지 매일 먹는 일을 하고 있고 우리가 속한 가정, 나라, 시대의 영향을 받아 저마다 다른 문화의 영향이 우리의 식성에 반영되어 있다. 문화와 전통은 사실 환경 속에서 환경의 영향을 받아 형성되는 것인데 현대 사회에서 인간의 식습관과 식문화는 환경을 바꾸고 있다.

생태계에서 인간은 포식자다. 아주 오래 전부터 인간은 자연에서 채집하거나 사냥하러 다녔고, 그 이후에는 재배하거나 길러서 식량을 확보했다. 그리고 이제는 대부분의 식량이 국내외 농장, 목장, 공장 등에서 대량으로 생산·가공되고 있다. 우리의 식탁이 항상 넘치는 것은 이처럼 산업과 유통의 발달에 따른 일이다. 기술의 발달로 우리는 사계절 내내 먹고 싶은 식재료, 식품을 구할수 있고, 무역의 발달로 지구 반대편 과일도 오늘 당장 마트에서 사 먹을 수 있게 되었다. 농산물은 물론이고 해산물이든 축산물이든 먹고 싶은 만큼 다 구매할 수 있다. 상품처럼 계속 찍어 내는 수준이다. 도대체 그 많고 다양한 먹거리는 어디서 오는 것일까. 아무리 과학기술이 발달되었다고 하지만 식자재, 원재료가 즉석에서 창조되는 게 아니라는 건 분명한 사실일 텐데 말이다.

먹거리 주제 관련된 환경수업에서는 식탁의 보이지 않는 이면을 보는 눈을 길러 주고 올바른 선택을 할 수 있도록 하는 것을 목표로 삼도록 하자. 이를 위해 두 가지에 초점을 맞추어 보자.

우선 첫 번째, 식탁의 이면을 읽는 눈을 길러 주도록 하자. 식탁의 이면을 보자는 것은 하나의 음식이 차려져 식탁에 오르기까지 어떤 과정이 이루어지는지 식재료의 생산, 이동, 소비, 폐기에 이르는 각 단계가 있음을 이해하고 이를 비판적으로 바라보는 연습을 해 보자는 것이다. 온라인 마트에서 '냉동 부대찌개 팩'을 구매했다고 가정해 보자. 공장에서 마트, 마트에서 우리 집까지 이동할 때 냉동 상태를 유지하기 위해서 필요한 열에너지, 문 앞까지 배달되는 운송 에너지를 생각해 볼 수 있다. 또 공장에서는 원가를 줄이고 유통기한을 늘리기 위해서 저렴한 소세지와 화학성분 조미료로 맛을 내어 가공하고 포장하지는 않았는지, 소비자와 생산자 입장에서 이야기를 나누어 본다. 음식물이 넘쳐나서 버려지는 음식폐기물이 많고, 너무 많이 먹어서 비만이 사회적 문제가 되기도 한다. 그런 반면에, 질이 낮은 음식으로 끼니를 때우기도 하고 기본 영양소가 충족되지 않아서 기아의 문제가 발생하기도 한다. 기후 변화의 악화로 생물다양성이 감소되고 이에 따라 식량 수확량도 고갈되고 있다는데 아이러니하게 식탁 위는 보기만 해도 배부르다. 우리가 매일 마주하는 식탁 너머에는 무너진 환경이 있다는 것을 기억하자.

두 번째로는 "아이들에게 어떤 식습관을 길러 줄 것인가?"에 초점을 맞추어 보자. 아이들이 먹을거리와 관련된 숱한 선택의 순간에 환경적인 선택을 할 수 있도록 인도해 주는 것이다. 최근에는 먹을거리의 원산지, 재배방법, 성분, 맛, 양 포장, 조리방법, 보관방법 등 다양한 정보가 공개되기 때문에 소비자가 자신의 취향을 먹을거리의 소비에 반영할 수 있다. 어떤 먹을거리를 소비할 것인지는 우리 각자의 몫인 것이다. 나와 식구들의 건강을 책임진다는 마음으로 깐깐하게 선택하는 연습을 해 보도록 해 주자. 일단 나는 "환경에 좋은 먹거리가 내 몸에도 좋다."라는 기준으로 먹거리를 선택하고 있다.

친환경 식료품점에서 'LOHAS(로하스)'라는 용어를 본 적이 있을 것이다. 로하스는 환경보전과 개인의 건강, 그리고 개인의 소비를 연결지어 사회의 지속성을 고려하는 개인의 소비 라이프스타일을 가리키는 개념으로 'Lifestyles of Health and Sustainability'의 약자이며 미국에서 2000년경 처음 사용되기 시작한 개념이라고 한다. 다른 제품보다도 재생원료를 사용한 친환경적 제품을 구매하고, 친환경적 제품이라면 어느 정도의 추가 비용을 지불할 용의를 가지고 있으며, 지속 가능한 농법으로 생산된 먹거리를 선호하는 이런 소비자를 '로하스족', '로하시안'이라 가리키기도 한다. 이런 로하스족의 관점은 우리의 먹거리 교육에서 추구하는 바에 아주 가깝다.

**키워드 검색, 추천 KEYWORD**

바른 먹거리, 친환경 먹거리, 푸드 마일리지, 로컬 푸드, 슬로우푸드, 제철 음식, 못난이 과일·채소, 친환경식품 인증제, 비건

## 관련 교육과정

| 영역 | 핵심 개념 | 일반화된 지식 | 내용 요소 | 기능 |
|---|---|---|---|---|
| 환경과 인간 | 인간의 환경 영향 | 인간 활동은 환경에 영향을 미친다. | • 우리 생활이 환경에 미치는 영향<br>• 환경에 대한 배려와 책임 | • 다양한 관점과 의견 비교하기<br>• 자신의 경험과 느낌을 표현하기<br>• 조사하고 해석하기<br>• 타인 의견 경청하기<br>• 탐구를 계획하고 수행하기 |
| 환경의 체계 | 생태계의 구성과 상호작용 | 생태계는 인간을 포함한 물, 공기, 흙, 생물 등으로 구성되며 이들은 서로 영향을 주고받는다. | • 생태계의 의미와 구성 요소<br>• 물, 공기, 흙, 생물 등의 역할과 소중함<br>• 물, 공기, 흙, 생물 등과 인간과의 관계 | • 상호영향 분석하기<br>• 해결방안 도출하기 |

## 추천! 영상 클립

EBS. 2013.12.08. "하나뿐인 지구" 〈얼굴 있는 먹거리 로컬푸드 학교급식을 바꾸다〉
　　　https://bit.ly/3oEJ8AI
〔다큐멘터리 영화〕킵 앤더슨, 키건 쿤. 2014. 〈카우스피라시(Cowspiracy)〉〈공장식 축산의 문제를 다룸.〉
〔다큐멘터리 영화〕알리 타브리지. 2021. 〈씨스피라시(Seaspiracy)〉〈해산물 남획의 문제를 다룸.〉
〔다큐멘터리〕넷플릭스. "부패의 맛" 시리즈
〔영화〕황윤. 2015. 〈잡식가족의 딜레마〉https://bit.ly/3yg1OHP

## 수업활동 사례

| 활동명 | 육식에 숨겨진 비밀 |
|---|---|
| 환경역량 | 환경 감수성, 성찰 · 통찰 능력, 의사소통 및 갈등해결 능력 |
| 수업 흐름 | 활동 내용 |
| 동기유발 | ⊙ **좋아하는 음식, 육식의 증가**<br>   - 여러분이 좋아하는 음식은 무엇인가요?<br>   - 좋아하는 음식들(사진)의 공통점은 무엇인가요?<br>    (고기가 들어 있다.)<br>   - 외식을 할 때도 거의 대부분이 고기를 먹습니다.<br>    일주일에 몇 번 정도 고기를 먹나요 |
| 학습문제 | ⊙ **학습문제 확인**<br>   육식의 비밀과 동물, 인간, 환경에 미치는 영향 알기 |
| 활동 1 | ⊙ **공장식 축산의 모습**<br>○축산에 관한 질문<br>   - 예전에 비해 고기의 소비가 증가했습니다.<br>    왜 고기를 많이 사 먹게 되었을까요?<br>   - 여러분이 축산업을 하기 위해 작은 농장을 가지고 있다면 동물을 어떻게<br>    기르겠습니까?<br>   - 고기는 어떻게 길러지고 어디서 올까요?<br>○동영상 보기<br>   EBS. 2015. "지식채널 e"<br>   〈배부른 돼지〉 https://bit.ly/3A1RdGr<br>   〈닭장〉 https://bit.ly/3bpxLt7<br>   - 어떤 느낌이 드나요?<br>   - 왜 공장식 축산을 하는 걸까요? |
| 활동 2 | ⊙ **공장식 축산의 모습 역할극 놀이**<br>   - 공장식 축산의 가축, 생산자, 소비자의 역할이 되어 질문을 주고받는 역할<br>    놀이를 해 보겠습니다.<br>   - 분단별로 (1)가축, (2)생산자, (3)소비자 역할이 되어 상대편에게 하고<br>    싶은 질문을 각각 1가지씩 쓰고 토론해 봅시다.<br>    (예) 1분단 가축이라면, 가축의 입장에서 생산자, 소비자에게 하고 싶은<br>    말, 질문을 하고 생산자, 소비자 역할을 맡은 학생들이 대답한다.) |

| 활동 3 | ⊙ 육식의 영향 |
|---|---|

⊙ 육식의 영향

○동영상 보기

EBS. 2005. "지식채널 e" 〈햄버거 커넥션〉 https://bit.ly/3Jtn9Xb

- 우리가 먹는 '햄버거' 하나에 어떤 문제들이 연결되어 있나요?
- 육식으로 인해 누구에게 영향을 미칠까요?
  (동물, 인간, 환경 등)

○인간의 육식이 동물, 인간, 환경에 미치는 영향

- 인간이 육식을 많이 하고 소비량이 증가되면서 사람들은 점점 동물도 공장에서 찍어 내듯이 생산하고 있습니다. 이러한 육식 증가와 공장식 축산이 동물, 인간, 환경에 미치는 영향은 무엇일지 짝과 함께 1가지씩 적어 봅시다.

○육식 증가, 공장식 축산이 동물에게 미치는 영향

- 스트레스를 많이 받는다.
- 동물들이 서로 싸우는 것을 막기 위해 이빨, 발톱, 꼬리 등을 자르는 학대를 받는다.
- 전염병이 발생하면 매우 빠르게 번진다. (악성 박테리아, 바이러스 등)
- 호르몬의 영향을 받고 불균형 성장을 한다. (성장촉진제, 여성 호르몬)
- 좋지 않은 먹이, 과밀하고 더러운 사육 환경으로 질병에 취약하다.
- 질병을 막기 위해 항생제를 주기적으로 주입하여 내성이 생긴다.

○육식 소비 증가가 인간, 환경에 미치는 영향

- 동물의 질병이 인간에게도 전염된다. (광우병, 조류독감, 신종플루 등)
- 육식 습관이 인간의 건강에 영향을 미친다. (비만, 각종 성인병 등)
- 항생제를 주입한 고기를 먹은 인간도 내성이 생긴다.
- 엄청난 양의 가축 배설물은 강과 바다의 오염이 된다.
- 공장을 짓고 농장을 만드는 데 자연이 훼손된다.
- 동물들의 배설물, 트림으로 온실가스(메탄가스)를 배출한다.
- 수입산 고기의 이용으로 많은 운반 비용, 석유를 사용하여 지구 온난화를 심하게 한다.

| 학습정리 | ⊙ 동물, 환경, 인간들의 삶을 위해 할 수 있는 일 |
|---|---|

⊙ 동물, 환경, 인간들의 삶을 위해 할 수 있는 일

- 우리가 좋아하는 고기의 무분별한 소비로 인해 동물, 환경, 인간에 많은 영향을 미친다는 것을 알았습니다.
- 그렇다면 모두를 위해 우리가 할 수 있는 실천 방법은 무엇이 있을까요?
  (예) 육식을 줄이고 채식하는 습관 기르기, 가정에서 부모님과 함께 이야기 나누기, 동물 복지 소비하기, 동물 학대 및 공장식 축산 문제점 알리기 등)

⊙ 과제 제시

- 자신의 식습관을 돌이켜 보며 본 수업을 통해 알게 된 점, 느낀 점을 일기에 써 봅시다.

## 수업 팁

✓ 이 수업은 '육식'이라는 소재로 시작하여 인간뿐만 아니라 동물, 환경의 차원까지 고려한 지속가능발전 교육 수업이다. 지속가능발전교육의 고려 사항인 '세대 간의 형평성', '생태적 형평성'을 고려하여 다양한 관점이 있음을 이해하고 나와 다른 관점을 존중할 것을 우선 지도해야 한다.

✓ 동물도 우리와 같은 소중한 생명임을 느끼도록 하고, 자신의 식습관을 되돌아보도록 한다. 결국에는 미래를 위해 어떤 먹거리를 소비하고 생산하는 것이 좋을지 고민해 보도록 한다.

✓ 육식이 늘어나는 현상에 대해 가축, 생산자, 소비자를 등장인물로 하는 연극 토론을 해 보며 다양한 관점을 수용하고 자신의 생각을 정리해 보도록 한다. 환경 관련 대부분의 문제는 실제로 다양한 입장이 얽혀 있다. 각자의 입장에 감정이입해 볼 수 있도록 역할놀이와 같은 연극 방식의 토의 토론을 진행해 보면 좋다.

✓ 무조건 가축의 입장에서만 생각하게 하지 않고, 생산자와 소비자의 합리적인 의견도 설명해 주며 각 역할의 입장에서 활발하게 토론할 수 있도록 한다.

✓ 본 수업에서는 육식과 관계된 부정적인 측면을 주로 다루지만 육식 자체를 부정적을 보는 게 아니라 무분별한 과소비에 초점을 맞추어 육식 자체를 부정적으로 보지 않도록 한다. 개인적 선호를 포함한 다양한 입장을 존중하도록 한다.

생태

지도안 및 수업자료

환경교육, 생태교육, 자연교육은 인간과 자연의 관계를 다룬다는 점에서 공통점이 있으나, 좁은 의미로 볼 때 환경교육은 환경문제가 심각해지면서 그 예방과 해결의 수단으로서 행동의 변화에 초점을, 생태교육은 생태 중심주의적 사상이나 이념을 바탕으로 하는 세계관의 변화에 초점을, 자연교육은 도시화와 함께 자연과 멀어진 상황에 대한 반작용으로서 체험을 통한 감수성과 태도의 변화에 초점을 둔다는 점에서 차이가 있다.*

　환경교육이라고 하면 자연교육, 생태교육을 가장 먼저 떠올리는 사람이 많을 것이다. 성인 대부분이 받았던 환경교육이, 산업화와 도시화로 인해 자연 생태계가 훼손되면서 부각된 자연 체험형 교육이기 때문일 것이다. 생태교육과 환경교육을 합쳐서 생태환경 교육이라고 지칭하기도 할 정도로, 자연은 곧 환경이며 환경교육에서 특별한 주제가 된다. 친환경적인 행동 변화를 위해서는 자연에 관한 관심과 사랑이 토대가 되어야 한다는 점에서 자연교육은 환경교육의 출발점이라고 할 수 있다.

환경에 관심이 없는 사람일지라도 웅장한 자연풍경이나 신비한 자연물 앞에서는 경외심이 들고 겸손해지기 마련이다. 우리는 모두 생태계의 일부로서, 자연을 훼손하는 한편, 자연의 혜택을 누리며 산다. 유엔에서는 인간의 활동이 지구 생태계에 미치는 영향을 조사하여 〈새천년 생태계 평가 보고서〉를 발표하였다. 이 보고서에서 '생태계서비스'라는 용어를 사용하기 시작하였고<sup>●●</sup> 이후로 4가지 생태계서비스(공급, 조절, 문화, 지지)에 대한 연구와 평가가 이어지고 있다.

| 종류 | 설명 |
| --- | --- |
| 공급 서비스 | 식수와 식재료, 목재, 섬유, 연료 등 자원을 제공하는 서비스 |
| 조절 서비스 | 생태계의 균형을 유지하기 위해 자연 스스로 조절하는 서비스 |
| 문화 서비스 | 자연을 통해 느끼는 정신적·문화적·영적 경험을 제공하는 서비스 |
| 지지 서비스 | 동물과 식물이 살아가는 기본 조건(서식지)을 제공하는 서비스 |

자연교육에서 자연은 학습의 대상으로서의 자연과 학습이 일어나는 장소로서의 자연을 강조한다. 자연이 주는 혜택을 받기만 하고 자연을 즐기기 위한 대상으로만 바라보는 것이 아니라, 자연 안의 일부로서 인간과의 '관계'에 초점을 두도록 하고 있다. 따라서 자연교육, 생태교육에서는 나와 자연의 관계가 중요하므로 학습자 개인의 생태적 감수성과 태도를 기르는 것이 목적이 된다. 이는 일반적인 환경교육 주제에서 중요시되는 전 지구적인 시스템적 사고 및 문제해결을 위한 행동과 구분되는 점이다.

---

● 국가환경교육센터 기획/편집. (2020). 《환경교육 용어사전》 중 〈생태교육과 자연교육〉. 환경부 발행. https://keep.go.kr/html/Dictionary
●● 장기선 지음. 국립생태원 감수. (2017). 《자연이 주는 선물》을 참고하였음.

생태교육에서 가장 중요한 점은 지식이나 내용, 활동 방법보다 자연을 바라보는 교사의 태도나 가치관이다. 이는 교육을 진행할 자연환경의 탁월성보다도 그 중요성이 크다. 자연환경이 뛰어난 학습 장소가 준비물이 아니라 자연을 경외시하고 생명을 존중하는 교사의 마음이 준비물이다. 생태교육은 자연에 관한 과학적 정보를 전달하는 것이 아니라 자연을 보는 문학적 감성을 공유하는 접근을 택해야 한다. 그래서 어느 유명한 시에서처럼 자연을 자세히 들여다보는 눈을 키울 기회를 자주 주어야 한다.

| 유형 | 설명 | 예 |
|---|---|---|
| 관찰형 | 자유롭게 관찰 | 육상 동식물 관찰, 갯벌 해양 생물 관찰, 나무 도감 만들기, 탁본 만들기 등 |
| 탐구형 | 특정 주제나 관점을 갖고 관찰 | 숲속의 비슷한 모양/색깔 찾기, 나만의 보물찾기, 원 안의 자연물 관찰, 생태 퍼즐, 텃밭 가꾸기 등 |
| 표현형 | 자연을 소재로 예술창작 | 문학, 음악, 미술 관련 창작 활동<br>자연 소재 시 쓰기, 자연물로 악기 만들어 연주하기, 자연 소재로 소품이나 놀잇감 만들기, 천연 염색하기, 생태 전시회 열기 등 |
| 오감형 | 오감을 활용하여 체험 | • 후각: 자연물 냄새 맡고 느낌 공유하기<br>• 청각: 자연의 소리 듣기<br>• 촉각: 맨발로 숲길 걷기, 눈 감고 나무 만져 보기<br>• 미각: 괭이밥, 애기수영, 꿀풀, 씀바귀 등 맛보기, 텃밭 수확물로 음식 만들기<br>• 시각: 특별한 도구(루페, 하늘거울)로 관찰하기 |
| 놀이형 | 자연을 소재로 관계 형성 | 자연 소재의 놀잇감으로 놀기, 계절별 생태놀이, 보물찾기 등 |

구체적인 생태교육 프로그램 유형으로는 관찰 탐구형, 생태 표현형, 오감형, 생태 놀이형이 있는데 상황에 따라 적절하게 융합할 수 있다⁕.

## 키워드 검색, 추천 KEYWORD

생명 다양성, 생명윤리, 생명 존중, 자연 보호, 환경 보전, 생태 통로, 멸종 위기 동물, 생태계서비스

## 관련 교육과정

| 영역 | 핵심 개념 | 일반화된 지식 | 내용 요소 | 기능 |
|---|---|---|---|---|
| 환경과 인간 | 환경 체험 | 우리는 체험을 통해 자신이 살아가는 환경에 의미를 부여하고 관계를 맺는다. | • 체험과 공감<br>• 학교 환경 탐사 | • 자신의 경험과 느낌을 표현하기<br>• 조사하고 해석하기<br>• 타인 의견 경청하기<br>• 탐구를 계획하고 수행하기 |
| 환경의 체계 | 생태계의 구성과 상호 작용 | 생태계는 인간을 포함한 물, 공기, 흙, 생물 등으로 구성되며 이들은 서로 영향을 주고받는다. | • 생태계의 의미와 구성 요소<br>• 물, 공기, 흙, 생물 등의 역할과 소중함<br>• 물, 공기, 흙, 생물 등과 인간과의 관계 | • 상호영향 분석하기<br>• 해결방안 도출하기 |
| 지역 환경과 지구 환경 | 지역 환경 탐구 | 각 지역은 환경적 특성을 갖고 있으며 우리는 자신의 지역 환경 안에서 살아간다. | • 자신이 사는 지역의 환경 이해<br>• 지역 환경 개선을 위한 참여 방식<br>• 지역 환경 탐구 수행 | • (현황, 역할, 특징 등) 조사하기<br>• 탐구를 계획하고 수행하기<br>• 자료 분석하고 설명하기<br>• 사례에서 의미 도출하기 |

---

● 안만홍. (2017). ≪에코 산책 생태 교육≫. 맘에드림.

## 추천! 영상 클립

생명다양성재단. 최재천 교수 〈마지막 수업〉 4강 '기후변화와 생물다양성'.
　　https://bit.ly/3PL4mZm
JTBC. 2021.12.19. "차이나는 클라스"인생수업 13회 진화생태학자 최재천 교수 〈혼자 살 수
　　있는 생명은 없다〉
BBC. 2018. 다큐멘터리 영화 〈지구: 놀라운 하루〉
EBS. 2021.03. 다큐프라임 〈녹색동물〉 3부작
WWF, 넷플릭스. 2019. 공동제작 다큐멘터리 시리즈 〈우리의 지구〉 8부작


## 수업활동 사례

| 활동명 | 자연의 소리를 들려줘! | |
|---|---|---|
| 환경역량 | 환경 감수성, 성찰 · 통찰 능력 | |
| 수업 흐름 | 활동 내용 | |
| 동기유발 | ⊙ **자연으로 초대하기** (교사의 경험담 들려주기)<br><br><br>　- 선생님이 주말에 등산을 다녀왔는데, 단단한 바위틈을 비집고 자라나 핀 진달래꽃을 보았습니다.<br>　- 힘겨운 환경 속에서도 위풍당당하게 피어오른 진달래꽃이 다른 꽃보다 더욱 빛나 보였습니다.<br>　- 이 진달래꽃의 이야기를 직접 들어보고 싶다는 생각이 들었습니다. 여러분은 어떤 생각이 드나요? | |
| 학습문제 | ⊙ **학습문제 확인**<br>　자연의 소리를 귀 기울여 들어보고 공감하기 | |
| 활동 1<br>(야외) | ⊙ **자연으로 들어가기**<br>○안전지도와 생명존중지도 하기<br>　- 야외 활동 시 꼭 지켜야 할 안전사항에는 어떤 것들이 있을까요?<br>　　(선생님이 보이는 곳까지만 다니고, 친구랑 꼭 함께 다닙니다. 등)<br>　- 자연을 관찰할 때는 주의사항이 있습니다.<br>　　(생물을 함부로 만지거나 훼손시키지 않고 소중하게 다룹니다. 생물을 관찰만 하고 채집하지 않습니다. 등)<br>○자연의 소리 귀 기울여 들어보기<br>　- 모두 눈을 감고 3분 동안 조용히 자연의 소리를 들어보도록 하겠습니다.<br>　- 어떤 소리를 들었나요? | |

| | |
|---|---|
| | – 눈으로 보지 않고 소리만 들으니 어떤 생각이 드나요? |
| | – 이제 자연에 더 가까이 다가가서 소리를 들어 보겠습니다. |
| 활동 2<br>(야외) | ⊙ **자연을 탐색하고 느끼기**<br>○관찰 관점, 미션 제시하기<br> – 선생님이 보여 준 것처럼 자연의 소리를 귀 기울여 자신만의 특별한 자연<br>물을 발견해 봅시다.<br> – 특별한 자연물의 모습을 찾아 사진에 담아 봅시다.<br> – 자연물이 선명하게 잘 보이도록 찍습니다.<br>○자유놀이 시간<br> – 사진을 모두 찍었으니 자유롭게 놀 수 있는 시간을 주도록 하겠습니다.<br> – 안전사항을 꼭 지키면서 놀도록 합니다. |
| 활동 3 | ⊙ **자연을 표현하기**<br>○자연의 목소리가 담긴 디지털 엽서 만들기<br> – 자신이 찍은 사진 중에 마음에 드는 사진을 고릅니다.<br> – 사진에 나온 자연물과 어울리는 시를 써 봅시다.<br>  (자연물에게 하고 싶은 말, 자연물이 우리에게 하고 싶은 말, 사진을 선<br>  물해주고 싶은 사람에게 하고 싶은 말 등을 담아 써 봅시다.)<br> – 사진과 시, 그리고 여기에 어울리는 배경음악을 넣어서 디지털 엽서를 만<br>들어 봅시다.<br>  (동영상 만들기 어플을 사용하여 만듭니다.) |
| 학습정리 | ⊙ **자연을 나누고 공감하기**<br> – 제작한 디지털 엽서를 친구들과 가족들에게 공유해 보세요.<br> – 일상에서도 자연을 그냥 지나치지 않고 좀 더 자세히 들여다보는 습관을<br>가져 보세요. 선생님은 아름답고 신기한 자연풍경, 자연물을 보면 사진을<br>예쁘게 찍어 놓습니다. 그래서 주변 사람들과 나누기도 합니다. 여러분도<br>나만의 자연 사진첩을 만들어서 한번씩 들여다보세요. 그럼 기분이 좋아<br>질지도 몰라요. |

## 수업 팁

✓ 도생태교육의 현장, 자연은 계절마다 날마다 변화무쌍하다. 미세먼지가 많아 실외활동이 어려운 날을 제외하고, 가능한 다양한 자연의 모습을 자주 보여 줄 수 있도록 한다. 비 오는 날은 훨씬 짙은 자연의 모습을 느낄 수 있다.

✓ 아이들에게 정보를 알려 주기 위한 설명을 하기보다는 자연 현장에서 아이들이 상상하고 공감할 수 있도록 유도하도록 한다. 교사의 경험이나 그림책 등에 관한 이야기를 들려주는 식으로 수업을 시작하는 것도 좋다.

✓ 생태교육을 위해서는 수많은 생물 종의 이름을 다 알 수는 없지만, 생태계의 특성과 시스템에 대한 기본적인 지식을 이해하고 있는 게 도움이 된다. 예를 들면, 생태계를 구성하고 있는 생물적 요소(생산자, 소비자, 분해자)와 비생물적인 요소(물, 공기, 흙, 바람, 바위 등)의 각각의 특성과 관계(먹이사슬, 먹이피라미드)를 알고 있으면 좋다. 또한 생태교육의 대상지별(도시공원, 도시 인근 숲, 도시 하천, 습지, 갯벌) 생태 특성과 주변에서 흔히 볼 수 있는 식물과 곤충 몇 가지에 대해 공부해 두면 생태교육을 할 때, 자신감이 생긴다.

✓ 생태교육 현장에서 식물(나무, 풀, 꽃) 이름을 모를 경우에는 스마트폰으로 '식물 이름 찾기'를 할 수 있다. ※ 어플 '모야모', 네이버/다음/구글 렌즈 이용

✓ 생태교육을 할 때는 일정 시간 '자유놀이'시간을 주도록 한다. 자연에는 놀 거리가 매우 많다. 교사의 지시나 안내 없이 자유롭게 놀게 할 때 아이들은 더욱 창의적이고 협력적이다.

✓ 생태 표현 활동은 되도록 수업의 뒷부분에 하는 게 좋다. 처음부터 너무 많은 정보를 제공하면 생태 현장에서 받는 자극이 줄어든다. 따라서 '선체험 후 해설의 지도 원칙'을 기억하고 자연에서 느낀 점은 수업 뒷부분에 표현하도록 하면서 수업을 마무리하도록 한다.

✓ 예시로 든 생태환경 수업과 같이 일시적으로 운영해도 되지만, 여건이 된다면 학급 특색 활동이나 동아리 활동으로 장기적으로 운영하는 게 더욱 좋다.

# Part 5

# 교과 통합 환경수업 과목별 가이드

## : 전 과목 교과 시간 활용하기

2015 초등 교육과정에서는 환경교육을 범교과 주제 중 하나로 제시해 두고 있으니 창의적 체험활동 시간을 별도로 내어 환경수업을 진행함으로써 환경교육의 효과를 극대화할 수도 있지만, 이런 시도가 여의치 않은 경우라면 각 교과에 이미 분산되어 있는 환경교육 내용을 가지고 수업을 진행할 수 있다.

우선 각 교과의 교육과정상 성취기준, 내용 요소 가운데 환경과 관련이 깊은 것이 어떤 것인지 분별해 보거나 교과서 속 어떤 단원에 환경과 관련된 학습 내용이 편성되어 있는지를 확인하여 보자. 그리고 교과 시간에 환경교육 내용을 어떻게 적용할지 재구성해 보자. 다만 교과 안에 배치되어 있는 환경교육은 교과의 주요 학습내용에 부가된 형태로 제시되어 있으므로 환경교육 내용이 교과의 주요 학습내용에 뒤처지거나 누락되지 않도록 시간을 분명하게 할애하고 활동을 진행하도록 하자.

또한 단원명, 성취기준, 내용 요소에 환경적 요소가 직접적으로 드러나 있지 않은 기타 단원의 수업에서도 환경활동을 진행할 수 있다. 교과 목표 달성을 위해 환경 관련 주제와 소재를 제시하여 학생들의 환경 인지와 환경 감수성을 높일 수 있는데 예를 들자면 국어 과목에서 토론하기 규칙을 지도한 뒤 실제 토론 활동을 진행해야 할 때, 세간에 이슈로 떠오른 환경문제를 제시하는 것이다. 체육 과목에서라면 엘리베이터 대신 계단을 오르는 건강한 생활 습관도 환경과 연관되어 있다는 것을 알려 준다. 이처럼 각 교과목에서 아이들의 일상생활을 환경과 연결 지어 주며 환경적 눈을 길러 줄 수 있다.

실제로 우리 사회에서 환경은 다양한 산업, 학문 분야와 연계되어 있고 문제 해결을 위해 여러 전문 분야의 지식과 기술이 협응하고 있는데, 교과 속 환경활동을 일상적으로 진행하면 학생들이 이런 실제를 자연스럽게 이해하게 된다는 효과도 기대해 볼 수 있다.

따라서 이 장에서는 각 교과의 교육과정상 성취기준이나 내용 요소, 교과서 속 단원들 가운데 어떤 것이 환경과 관련이 깊은지 확인해 보고, 수업 중 환경활동으로 진행하기에 알맞은 활동 예를 정리해 본다.

국어

# 환경을 깊이 생각하고 표현하기

## 국어 교과에 환경교육 담기

국어 교과는 담화나 글, 작품을 정확하고 비판적으로 이해하고 생각과 느낌 및 경험을 효과적이고 창의적으로 표현하는 활동과, 국어가 쓰이는 실제 현상을 탐구하여 국어를 깊이 있게 이해하고 반성적으로 인식하는 활동, 그리고 문학 작품을 수용하거나 생산하면서 인간의 다양한 삶을 이해하고 정서를 함양하는 활동으로 구성되어 있다. 또한 국어 교과는 다른 교과의 학습 및 비교과 활동과 '범교과적'으로 연계된다는 특성이 있다. 범교과적 내용이나 주제를 담은 담화 나 글, 작품을 듣기 · 말하기, 읽기, 쓰기의 활동 자료로 활용함으로써 미래 사 회가 요구하는 융합형 인재를 기르는 데 이바지할 수 있다.

　범교과 학습 주제의 하나인 환경교육을 국어 교과에서 다룰 수 있는 방법은 환경적 내용이나 주제를 담은 담화, 글, 작품을 자료로 활용하는 것이다. 환경

문제를 다룬 뉴스나 환경 이야기를 들려주는 그림책, 환경일기와 같은 '환경 콘텐츠'를 매개로 국어과 목표를 달성하도록 한다. 몇 가지 국어과 성취기준을 예로 들면 다음과 같다.

▶ [4국03-03] 관심 있는 주제에 대해 자신의 의견이 드러나게 글을 쓴다.

이 성취기준 달성을 위해서는 다양한 환경 이슈 또는 주제를 제시한 뒤 학생이 자신의 관심사를 선택하고 생각을 정리해 쓰도록 할 수 있다.

| 예 | | | |
|---|---|---|---|
| | 에너지 절약 | 멸종 동식물 | 패스트푸드/슬로우푸드 |
| | 쓰레기 문제 | 기후난민 | 패스트패션/슬로우패션 |
| | 층간 소음 | 제로 웨이스트 | 그린 워싱 |
| | 미세먼지 | 미세플라스틱 | 전기 자동차 |

▶ [6국01-03] 절차와 규칙을 지키고 근거를 제시하며 토론한다.

이 성취기준 달성을 위해서는 환경에 초점을 맞춘 토론 주제를 교사가 제시하거나 학생들이 직접 제안하도록 할 수 있다.

| 예 | |
|---|---|
| | 동물원은 꼭 필요할까? |
| | 쓰레기 문제는 개인의 책임일까? |
| | 급식에서 고기 없는 날, 잔반 없는 날은 꼭 필요할까? |
| | 종이책이 좋을까, 전자책이 좋을까? |
| | 신재생에너지가 기존의 화석에너지를 대체할 수 있을까? |

국어 교과의 모든 성취기준이 환경교육 내용에 적용될 수는 없지만, 내용 영역(듣기, 말하기, 읽기, 쓰기, 문법, 문학) 모두에서 환경교육 자료를 적용할 만한 성취기준이나 단원을 적지 않게 찾아볼 수 있다.

환경 콘텐츠는 국어 교과에서 추구하는 역량을 기르는 데 꽤 적합한 자료다.

환경 주제는 대부분 우리 실생활과 관련되어 있어서 함께 나눌 수 있는 이야깃거리가 많다. 또한 하나의 환경 주제 자체가 광범위하고 단순하게 해결될 문제가 아니기 때문에, 주제에 대해 깊이 사고하는 과정을 필요로 한다. 따라서 이 과정 자체 혹은 과정의 결과물로서 말이나 글로 자신의 생각을 정리하고 타인과 소통하는 활동을 진행하기 아주 자연스럽다.

따라서 담화, 글, 문학작품 형태의 환경 콘텐츠를 학생들에게 제공하면 학생들이 비판적, 창의적 사고를 기르고, 정보를 활용해 의사결정 및 문제해결력을 기르고, 다른 입장과 문화를 존중하면서 대화를 통해 갈등을 조정하는 연습을 한다. 환경 안에서 살아가는 다양한 주체들의 삶을 이해하면서 환경 감수성을 기를 수 있고, 자신의 삶의 가치와 의미를 찾아볼 수 있다. 이왕이면 자료를 선정할 때, 환경 콘텐츠를 활용하여 국어 교과 목표를 달성하도록 시도해 보자.


## 국어 수업 중 환경활동 예

환경 사진 보고 제목 붙이기
환경 주제 토의 · 토론하기

환경 사진 보고 이야기 만들기
매체 자료를 활용하여 환경 주제 발표하기

환경 그림책 읽고 생각 나누기
환경 그림책 속 등장인물에게 편지 쓰기

환경 그림책 빈칸 내용 상상하여 쓰기
환경 책 광고 만들기

환경 뉴스 읽기
환경 만화 그리기
설득, 건의, 제안하는 말하기/글쓰기
환경일기 쓰기
환경 시 짓기

환경 신문 만들기
환경 표어/포스터의 슬로건 작문하기
환경 역할극 놀이
미래의 환경 모습 상상하는 글쓰기
자연물과 관련한 동시 찾고 소개하기

## ▼ 환경활동 진행하기

================================================================

⟮예⟯ 환경 그림책 읽고 생각 나누기

### ▶ 책 선정하기
토론 주제를 끌어낼 수 있는, 생각해 볼 만한 내용이 있는 환경 (그림)책을 정한다.
⟮예⟯ 에릭 바튀, 《내일의 동물원》, 봄볕
선정한 책 내용과 관련한 질문이나 이야기로 흥미를 유발한다.

### ▶ 책 읽기
학급(모둠) 친구들과 돌아가면서 소리 내며 책을 읽는다.
소리 내지 않고 다시 한번 집중해 읽으면서 책 내용을 정리한다.

### ▶ 질문 만들고 답하기
책 내용을 바탕으로 질문지에 난이도 상중하 수준의 질문을 하나씩 만든다.

| 하 | · 코끼리는 수의사 잭에게 뭐라고 간청했나요?<br>· 다시 찾아간 정글은 어떻게 변해 있었나요? |
|----|----|
| 중 | · 동물들의 고향이 변한 모습을 보고 수의사 잭은 어떤 마음이 들었을까요?<br>· 동물원 관리인은 화가 났다가 동물들을 다시 보자 왜 생각에 잠겼을까요? |
| 상 | · 내일의 동물원은 어떤 모습일까요?<br>· 동물원은 왜 만들었을까요? |

짝 또는 모둠 친구들과 함께 돌아가면서 질문하고 답한다.
모둠에서 대표 질문 한 가지를 뽑아 학급 전체에 질문하고 답한다.

### ▶ 토의 · 토론 주제 정하기
여러 가지 의견이 나올 수 있는 주제를 개인별로 하나씩 정한다.
모둠에서 대표 주제를 뽑고 그중에서 학급 전체 주제를 하나 정한다.
(학급 전체 주제를 정할 때는 토의 · 토론이 활발하게 이루어질 수 있도록 교사가 어느 정도 개입해도 좋다.)

### ▶ 토의 · 토론하기
정해진 주제에 대한 자신의 의견을 쓴다.
(자신의 의견을 뒷받침할 만한 보충 자료를 조사하도록 과제를 제시한다.)
주제에 따라 대책 방법 토의하기, 찬반 토론하기, 자신의 의견 발표하기 등을 할 수 있다.

### ▶ 책 활동 마무리하기
책을 읽은 뒤 친구들과 생각을 나누고 나서 느낀 점이나 바뀐 생각에 대해 발표하거나 일기장 또는 공책에 기록한다.

사회

환경을 비판적으로
바라보고 참여하기

## 사회 교과에 환경교육 담기

사회과는 학생들이 사회생활에 필요한 지식과 기능을 익혀 이를 토대로 사회 현상을 정확하게 인식하고, 민주사회 구성원에게 요구되는 가치와 태도를 지님으로써 민주시민으로서의 자질을 갖추도록 하는 교과다. 사회과에서 민주시민의 자질을 함양하듯이 환경교육에서는 환경시민, 생태시민의 자질을 함양하는 것을 목표로 한다. 시민은 마을, 도시, 국가, 세계와 같은 지리적 공동체의 구성원을 의미한다. 각 개인, 즉 사회의 구성원이 실제 위치해 있는 지리적 환경을 기준으로 사회가 이루어진다. 따라서 환경의 변화는 시민의 삶, 그리고 사회의 변화와 밀접하게 연결되어 있다.

또한 환경문제 자체가 사회문제에 해당되므로 여러 가지 환경문제 및 오염의 원인과 문제를 해결하기 위한 환경 보전의 대책도 사회 수업에서 다룰 수 있다.

게다가 환경문제의 해결에는 개인의 노력뿐만 아니라 지역적, 국가적, 국제적 차원에서 다양한 사회 영역의 협응이 있어야 한다. 특히 사회과와 연관 짓기에 알맞은 환경교육의 영역 및 내용 요소는 다음과 같다.

| 영역 | 핵심 개념 | 일반화된 지식 | 내용 요소 |
|---|---|---|---|
| 환경과 인간 | 인간의 환경 영향 | 인간 활동은 환경에 영향을 미친다. | • 우리 생활이 환경에 미치는 영향<br>• 환경에 대한 배려와 책임 |
| 지역 환경과 지구 환경 | 지역 환경 탐구 | 각 지역은 환경적 특성을 갖고 있으며 우리는 자신의 지역 환경 안에서 살아간다. | • 자신이 사는 지역의 환경 이해<br>• 지역 환경 개선을 위한 참여 방식<br>• 지역 환경 탐구 수행 |
| | 지구 환경과 환경 문제 | 지구의 환경 변화는 넓은 시공간에 영향을 미치고 있으며, 환경 문제 해결을 위해 개인과 사회가 참여할 수 있다. | • 지구 환경과 지구 환경 문제의 특성<br>• 지구 환경 문제의 해결 방식 |
| 지속 가능한 사회 | 지속 가능 발전 | 지속가능발전은 환경, 경제, 사회적 측면에서 우리 사회의 방향을 제시한다. | • 지속가능발전의 의미<br>• 지속가능발전의 해석과 적용 |
| | 지속 가능한 사회와 삶 | 지속가능한 사회를 위해서 바람직한 현재와 미래 사회의 모습에 대한 소통과 합의 과정이 중요하다. | • 지속가능한 생활양식과 사회 체제<br>• 함께 그리는 지속가능한 사회의 모습 |
| | 환경 정의와 참여 | 지속가능한 사회를 위한 개인의 생활양식과 사회 체제의 변화를 이루려면 환경정의의 추구와 시민의 참여가 필요하다. | • 환경정의와 참여 방식<br>• 사회 변화를 위한 우리의 참여 |
| 환경과 생태계 | 생태계와 상호작용 | 생태계의 구성 요소는 서로 밀접한 관계를 맺고 있으며 서로 영향을 주고받는다. | • 생물 요소와 비생물 요소<br>• 환경 요인이 생물에 미치는 영향 |
| | | 생태계 내에서 물질은 순환하고, 에너지는 흐른다. | • 생태계의 구조와 기능<br>• 환경 오염이 생물에 미치는 영향<br>• 생태계 보전을 위한 노력<br>• 먹이 사슬과 먹이 그물<br>• 생태계 평형 |

사회 교과에서는 환경을 쟁점으로 보고  문제 해결에 초점을 맞추어 지속가능한 사회를 만드는 것을 목표로 한다. 앞의 표에 언급된 것과 같이 지속가능발전교육(ESD; Education for Sustainable Development)의 관점으로 넓은 범위의 사회 문제도 포함시킨다. 이 책 118쪽에 정리해 둔 것처럼 UN은 크게 세 가지 문제, 즉 인류의 보편적 문제(빈곤, 질병, 교육, 여성, 아동, 난민, 분쟁 등)와 지구 환경문제(기후변화, 에너지, 환경오염, 물, 생물다양성 등), 경제 사회문제(기술, 주거, 노사, 고용, 생산 소비, 사회구조, 법, 대내외경제)를 해결하고자 '지속가능발전목표(SDGs)'로 채택하였다. 사회문제는 다양한 이해관계가 복잡하게 얽혀 있다. 지역, 국가 및 기업이 개발하거나 성장하면 한편으로는 지역차, 빈부격차, 노사갈등, 환경오염 등의 부작용이 발생한다. 따라서 표면으로 드러난 사회 현상뿐만 아니라 보이지 않는 것까지 볼 수 있는 비판적인 눈을 길러 주어야 지속가능한 사회를 도모할 수 있다. 이 과정에서 학생들은 문제해결능력, 의사결정능력, 협업능력과 같은 기능을 연습하고, 사회문제에 관심을 갖고 적극적으로 참여하려는 태도를 기를 수 있다.

이와 같은 관점으로 사회 교과의 대주제, 중주제 가운데서 환경교육과 관련이 깊은 것을 강조해 표시하면 다음 표와 같다.

| 학년 | 대주제 | 중주제 |
|---|---|---|
| 3~4 학년 | (1) 우리가 살아가는 곳 | ① 우리 고장의 모습<br>② 우리가 알아보는 고장 이야기<br>③ 교통과 통신 수단의 변화 |
| | (2) 우리가 살아가는 모습 | ① 환경에 따라 다른 삶의 모습<br>② 시대마다 다른 삶의 모습<br>③ 가족의 모습과 역할 변화 |
| | (3) 우리 지역의 어제와 오늘 | ① 지역의 위치와 특성<br>② 우리가 알아보는 지역의 역사<br>③ 지역의 공공 기관과 주민 참여 |

| | | |
|---|---|---|
| | (4) 다양한 삶의 모습과 변화 | ① 촌락과 도시의 생활 모습<br>② 필요한 것의 생산과 교환<br>③ 사회 변화와 문화 다양성 |
| 5~6<br>학년 | (1) 국토와 우리 생활 | ① 국토의 위치와 영역<br>② 국토의 자연환경<br>③ 국토의 인문 환경 |
| | (2) 인권 존중과 정의로운 사회 | ① 인권을 존중하는 삶<br>② 인권 보장과 헌법<br>③ 법의 의미와 역할 |
| | (3) 옛사람들의 삶과 문화 | ① 나라의 등장과 발전<br>② 독창적 문화를 발전시킨 고려<br>③ 민족 문화를 지켜 나간 조선 |
| | (4) 사회의 새로운 변화와 오늘날<br>의 우리 | ① 새로운 사회를 향한 움직임<br>② 일제의 침략과 광복을 위한 노력<br>③ 대한민국 정부의 수립과 6 · 25 전쟁 |
| | (5) 우리나라의 정치 발전 | ① 민주주의의 발전과 시민 참여<br>② 일상생활과 민주주의<br>③ 민주 정치의 원리와 국가 기관의 역할 |
| | (6) 우리나라의 경제 발전 | ① 경제 주체의 역할과 우리나라 경제 체<br>제의 특징<br>② 경제생활의 변화와 우리나라 경제의<br>성장<br>③ 세계 속의 우리나라 경제 |
| | (7) 세계의 여러 나라들 | ① 지구, 대륙 그리고 국가들<br>② 세계의 다양한 삶의 모습<br>③ 우리나라와 가까운 나라들 |
| | (8) 통일 한국의 미래와 지구촌의<br>평화 | ① 한반도의 미래와 통일<br>② 지구촌의 평화와 발전<br>③ 지속 가능한 지구촌 |

# 사회 수업 중 환경활동 예

사회 수업에서 진행할 수 있는 환경활동은 국어과와 도덕과의 활동 예와 유사하므로 해당 과목에 제시한 활동 예를 참고하시기 바란다.

## ▼ 환경활동 진행하기

### 예 환경문제 해결하는 데 참여하기

▶ **사회 현상 바라보기**
개발, 발전, 성장한 긍정적인 모습을 보고 우리가 누리는 것들에 공감한다.
예 도시화 · 산업화에 따른 편리, 지역 개발, 경제 성장에 따른 삶의 질 향상

▶ **바라는 사회 모습 상상하기**
사회 구성원으로서 바라는 사회(마을, 국가) 모습을 모둠별로 그리고 설명한다.
– 어떤 시설 등이 있으면 좋을지 모둠원들과 협동하여 자유롭게 그려 보세요.

▶ **사회 현상 비판적으로 바라보기**
– 우리가 그린 마을에서 문제점, 보완해야 할 점은 없을까요?
친구들과 함께 마을, 도시의 문제점을 직접 발견한다.
  • 실제 사회문제 직면하기
    실제 발생되고 있는 문제를 뉴스나 이야기로 보고 듣는다.
    예 환경파괴, 환경오염 · 처리, 이웃갈등, 빈부격차, 지역차, 불공정, 불평등
  • 사회문제에 얽혀 있는 다양한 입장 되어 보기
    각각의 문제에 관련 있는 입장이 되어 하고 싶은 말을 한다(역할놀이). 다른 입장의 의견에 수용적인 태도와 원만한 의사소통하는 연습을 한다.
    예 지역 개발(아파트, 복합시설, 도로)로 인한 환경파괴: 지역 주민, 옆 지역 주민, 지자체 공무원, 환경단체, 개발사 직원, 동식물 등

▶ **사회문제를 해결하기 위한 방법 토의하기**
실제 사회에서 해결하고자 노력하는 모범 사례를 보고 듣는다.
다양한 이해관계를 고려하여 문제를 해결하기 위한 방법을 토의한다.
지속가능한 사회를 위해 '합의'하는 과정을 경험한다.

▶ **바라는 사회 모습 다시 상상하기**
처음에 그렸던 마을의 문제점을 보완하여 살고 싶은 마을을 다시 그려 본다.
처음에 그렸던 마을과 나중에 그린 마을의 모습을 비교 설명한다.

▶ **실제 사회문제 해결을 위해 참여하기**
사회문제를 해결하기 위한 방법에 가상이나 실제로 참여한다.

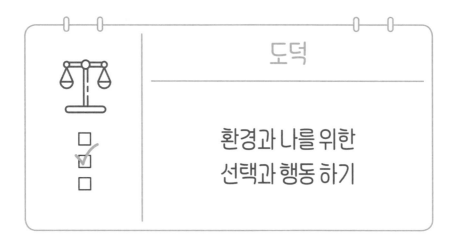

도덕

환경과 나를 위한
선택과 행동 하기

## 도덕 교과에 환경교육 담기

2015 개정교육과정에 따르면 초등학교 도덕과의 목표는 "자신, 타인, 사회·공동체, 자연·초월과의 관계에서 자신의 생활을 반성하고 다양한 도덕적 문제를 탐구하며, 더불어 살아가는 데 필요한 기본적인 가치·덕목과 규범을 이해하고 '도덕'적 기능과 실천 능력을 함양"하는 것이다. 여기에서 '도덕'을 '환경'으로 바꾸면 초등 환경교육의 목표로 손색이 없다.

환경교육의 목표는 환경과의 관계에서 자신의 생활을 반성하고 다양한 환경적 문제를 탐구하며, 자연과 더불어 살아가는 데 필요한 전 지구적 생태시스템을 이해하고 환경적 감수성과 실천 능력을 기르는 것이다. 환경교육에서도 도덕교과와 같이 인지적·정의적·행동적 요소를 고려하여 학습자 개인의 '환경소양'을 기를 수 있도록 하는 게 목표라고 할 수 있다. 중점 내용은 다르지만 큰 틀에서 보면 둘 다 가치와 덕목을 중시하는 인성교육이라고 할 수 있다. 결국 "이 세상(지구환경)에서 나는 어떻게 살아가야 할까?"라는 질문에 대한 답을 찾아가는 과정이기 때문이다.

개인의 가치관을 형성하도록 하는 도덕 교과는 자신의 삶의 모습과 스스로가 내리는 다양한 선택에 대해 고민하고 결정하는 방법을 지도하는 과목이다. 환경교육은 환경 안에서 살아가는 자신의 삶의 모습과 스스로의 선택을 고민하고 결정하게 하는 것으로, 다양한 도덕적 가치관 가운데 환경관을 정립하도록 하는 것이다.

도덕과와 특히 관련이 깊은 환경과의 영역과 핵심 개념, 내용 요소는 아래와 같다.

| 영역 | 핵심 개념 | 일반화된 지식 | 내용 요소 |
|---|---|---|---|
| 환경과 인간 | 환경의 의미 | 환경은 다양한 의미가 있으며, 환경관은 환경을 바라보는 자신의 관점을 갖는 데 도움을 준다. | • 환경의 다양한 의미<br>• 환경관과 나의 관점 |
| 지속 가능한 사회 | 환경 정의와 참여 | 지속가능한 사회를 위한 개인의 생활양식과 사회 체제의 변화를 이루려면 환경정의의 추구와 시민의 참여가 필요하다. | • 환경정의와 참여 방식<br>• 사회 변화를 위한 우리의 참여 |

2015 개정교육과정에 제시된 도덕과의 네 가지 영역 중에 환경교육과 관련이 깊은 영역은 '자연·초월과의 관계'이다. 이 영역은 다른 인간과의 관계 및 다양한 공동체와의 관계를 넘어서 자연과의 관계, 나아가 초월적 존재와의 관계에서 바람직한 삶을 영위해 가는 자세를 기르는 데 주안점을 두고 있다. 3~4학년 군에서는 '생명 존중', '아름다움', '자연애'와 같이 학생들이 일상생활에서

접하는 가치를, 5~6학년군에서는 '자아 존중', '긍정적 태도', '윤리적 성찰' 등과 같이 추상적인 가치를 다루고 있다. 이에 더하여 자연환경적 내용뿐만 아니라 지속가능발전교육에서 다루는 내용까지 더 넓은 관점으로 적용해 볼 수 있다. 도덕과는 '자연·초월과의 관계' 외에도 도덕과의 내용 영역인 '자신과의 관계', '타인과의 관계', '사회·공동체와의 관계' 모두를 환경교육과 긴밀하게 연결지어 통합하기 용이하다.

| 내용 영역 | 핵심 가치 | 내용 요소 | | 기능 |
|---|---|---|---|---|
| | | 3~4학년군 | 5~6학년군 | |
| 자연·초월과의 관계 | 책임 | • 생명은 왜 소중할까? (생명 존중, 자연애) <br> • 아름답게 살아가는 사람들의 모습은 어떠할까? (아름다움에 대한 사랑) | • 어려움을 겪을 때 긍정적 태도가 왜 필요할까? (자아 존중, 긍정적 태도) <br> • 나는 올바르게 살아가고 있을까? (윤리적 성찰) | • 실천 능력 <br> - 실천 의시 기르기 <br> - 책임감 있게 행동하기 <br> • 윤리적 성찰 능력 <br> - 심미적 감수성 기르기 <br> - 자연과 유대감 갖기 <br> - 반성과 마음 다스리기 |

## 도덕 수업 중 환경활동 예

도덕과에서는 학생의 덕과 인격을 형성하고 발달시키기 위해 세 가지 접근 과정의 통합을 추구하고 있다. 도덕 이성을 계발하는 인지적 접근, 도덕 심정을 풍부히 하는 정의적 접근, 도덕 행동의 형성과 발달을 추구하는 행동적 접근의 세 가지 측면을 수업에 조화롭게 담아내도록 하고 있다. 이 세 가지 측면을 집중적으로 추구할 수 있는 환경활동을 고안해 보자면 우선 다음과 같다.

■ 인지적 접근 (지식 이해, 가치 판단)

- 주변의 환경 문제의식 갖도록 가치사례 제시하기 (일화, 기사, 영상 등)
- 가치 덕목의 의미를 명확하게 정의하기
  - ㉠ 내가 생각하는 절약, 환경규칙 준수, 공익·공정, 인권 존중, 자연애 등
- 가치 덕목의 중요성, 갖추어야 할 이유 나누기
- 가치 덕목의 반대의 경우, 안 지켰을 경우와 비교하기
- 환경적 실천(선택)을 할 때, 부딪히는 가치 판단하고 결정하기
  - (환경적 가치 ↔ 개인적, 경제적, 사회적, 문화적, 법적 가치)
- 환경이슈나 환경쟁점에 대해 토론하며 가치판단하기
- 더 높은 수준의 환경관, 지구를 위한 생활방식은 어떤 것일지 토의하고 글쓰기

■ 정의적 접근 (모범 감화, 가치 심화)

- 환경문제를 해결하기 위해 노력하는 사람들 이야기 들려주기(책, 영상)
- 환경문제를 해결하기 위해 노력하는 사람들의 본받을 점 찾기
- 우리 반 '환경지킴이' 추천하여 뽑기
- 지구를 대하는 나의 생활방식 되돌아보기(나쁜/좋은 영향 릴레이 발표)
- 환경이슈나 환경쟁점에 대한 '나의 생각' 또는 '변화된 생각' 글쓰기
- 가치 덕목을 생각하며 노래 가사 바꾸어 부르기

■ 행동적 접근 (실습 실연, 실천 체험)

- 자신 또는 주변의 환경적 실천 사례 이야기 나누기
- 환경적 실천을 강화할 수 있는 방법 토의하기
- 환경적 실천 방법 다짐하기
- 환경적 실천 방법 중에서 일정 기간 동안 개인/학급에서 실습하고 인증하기
- 환경 주제에 관한 평소 자신의 생각과 행동 되돌아보기 (익명 쪽지)
- 실천 체험학습 활동 계획하고 실행하기
  - ㉠ 안 쓰는 물건 모아 기부하기, 환경정화 시설 견학하기, 플로깅 봉사활동 등

## ▼ 환경활동 진행하기

### ▶ 가치 또는 환경쟁점 소개하기

갖추어야 할 덕목이나 다양한 의견을 끌어낼 수 있는 환경쟁점을 소개한다.

실생활에서 겪어 본 이야기나 질문으로 흥미를 유발한다.

예 절약, 생명 존중과 같은 가치 또는 지구촌 문제에 대한 나의 관심도

### ▶ 평소 나의 가치관 파악하기

수업 주제인 가치나 환경쟁점에 대해서 평소 나의 생각이나 행동을 가치수직선에 표시하고 왜 그렇게 표시했는지 이유를 쓰고 발표한다.

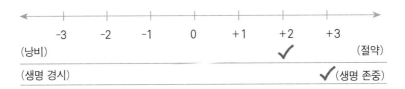

### ▶ 가치수직선 명료화하기

가치수직선에서 (＋), (－) 숫자에 해당하는 예시나 상황을 떠올려 친구들과 함께 '정도'의 기준을 정해 본다. 빈칸을 두고 생각해 보게 해도 좋다.

예 절약

| 점수 | 예시 또는 상황 |
|---|---|
| -3 | 사용할 수 있는 물건이 있어도 버리고, 무조건 새로운 것으로 구입한다. |
| -2 | 자신의 물건을 소중히 다루지 않고, 함부로 사용한다. |
| -1 | 사용할 수 있는 내 물건은 두고, 공공의 물건은 함부로 사용한다. |
| 0 | 자신에게 물건이 필요할 때 바로 구입한다. |
| +1 | 사용할 수 있는 물건이 있으면 새로 사지 않고 끝까지 사용한다. |
| +2 | 자신의 물건을 소중히 다루고, 아껴서 오랫동안 사용한다. |
| +3 | 자신의 물건뿐만 아니라 공공의 물건도 자원으로 생각하고 아껴 쓴다. |

▶ **환경과 나를 위한 선택과 행동하기**

친구들과 함께 정한 가치수직선의 기준을 보고 환경과 나 스스로를 위해 내가 도전할 수 있는 점수를 선택한다.

선택한 점수에서 내가 행동으로 옮길 수 있는 것 2~3가지를 쓴다.

일주일 또는 한 달 동안 실천해 본다. (학급 전체 목표로 정해도 된다.)

▶ **행동 강화하기**

잘 실천하기 위한 방법을 토의한다.

가치를 잘 실천하는, 본받을 만한 사람들의 이야기를 듣는다.

잘 실천하고 있는지 중간 점검을 하며 행동을 강화한다.

▶ **실천 후 변화된 가치관 공유하기**

자신이 선택한 행동을 실천해 보고 변화된 나의 생각과 모습을 다시 한번 가치수직선에 표시해 본다.

처음에 표시했던 가치수직선과 비교하여 변화된 생각과 행동에 대해 글을 쓰고 공유한다.

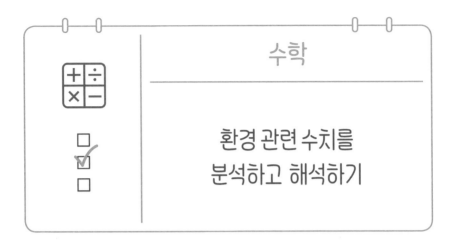

## 수학 교과에 환경교육 담기

수학은 다른 학문 분야를 학습하는 데 기초가 되는 도구 교과이므로, 환경을 보다 잘 이해하고 분석 · 해석하도록 하는 수단으로서 환경교육과 관련성을 지닌 교과라 할 수 있다. 또한 수학 교육과 환경교육 모두는 살아가는 데 필요한 실생활 기초 교육이라는 공통점을 지닌다.

수학 교과의 6가지 역량은 문제 해결, 추론, 창의융합, 의사소통, 정보 처리, 태도 및 실천 역량이다. 이 가운데 환경교육과 관련된 역량은 창의 · 융합 역량과 정보 처리 역량이라 할 수 있겠다. 첫 번째, 창의 · 융합 역량은 융합적 소양(STEAM Literacy)을 갖추고 실생활 문제를 해결하는 데 토대가 된다. 대부분의 실생활 문제에는 다양한 분야의 요소들이 복합적으로 연결되어 있기 때문에, 단순히 각 과목의 요소를 섞은 수업이 아니라 해결 과정에서 자연스러운 융합

이 일어나야 한다. 교육과정에서도 "융합은 목적이 아닌 수단이 되어야 한다."라고 명시하였다. 수학적 지식과 기능도 수단으로서 실생활뿐만 아니라 여러 분야에서 문제를 해결하거나 새로운 아이디어를 생성할 때 자연스럽게 쓰인다. 환경 분야의 예를 들면, 빗물 저금통(L)을 이용하거나 제작하거나 음식물 쓰레기의 양(Kg)을 줄이기 위한 식판(실제 중학생들이 '무지개 식판'을 발명함.) 아이디어를 낼 때 수학적 지식(양의 측정, 어림하기)과 기능(비교하기, 측정하기, 계산하기, 어림하기, 그리기, 추론하기, 설명하기, 활용하기, 문제 해결하기)이 필요하다.

두 번째, 정보 처리 역량은 2015 개정 교육과정에서 제시한 핵심역량 중 하나인 '지식 정보 처리 역량'과 관련이 깊다. 현대 사회에서는 지식과 정보가 넘친다. 다양한 분야에서 다양한 자료와 정보를 어떻게 검색(수집), 정리, 해석, 활용하느냐가 중요하다. 똑같은 자료와 정보를 얻어도 처리(정리) 방법과 해석 능력에 따라 그 활용 효과가 달라진다. 특히, 환경 분야에서는 광범위한 시간과 공간을 통해 수많은 통계적 자료가 쏟아지고 있다. 그중에서 신뢰할 수 있는 자료와 정보를 선별하고, 정확하게 분석하여 그것으로부터 의미를 발견할 수 있어야 한다. 쓰레기 문제로 예를 들어 보자. 우리가 버린 쓰레기가 과연 얼마나 배출되는지, 어떻게 처리되는지, 얼마나 재활용되는지 막연하게 "쓰레기가 엄청나게 많이 나오고 절반 정도 재활용될 것"이라고 짐작하는 경우가 많다. 이때 필요한 것이 믿을 만한 자료(例 지역별 1인당 생활 폐기물 배출량 현황, 품목별 생활 폐기물 재활용 현황)를 찾아 정확하게 해석하는 것이다.

초등학교 수학 내용은 '수와 연산', '도형', '측정', '규칙성', '자료와 가능성'의 5개 영역으로 구성된다. 수학 교과에서 환경교육과 관련이 있는 내용은 앞서 언급한 수학 교과 역량 두 가지를 고려했을 때, '측정'과 '자료와 가능성' 영역 정도에서 다룰 수 있겠다.

| 영역 | 핵심 개념 | 일반화된 지식 | 학년별 내용 요소 | | | 기능 |
|---|---|---|---|---|---|---|
| | | | 1~2학년 | 3~4학년 | 5~6학년 | |
| 측정 | 양의 측정 | 생활 주변에는 시간, 길이, 들이, 무게, 각도, 넓이, 부피 등 다양한 속성이 존재하며, 측정은 속성에 따른 단위를 이용하여 양을 수치화하는 것이다. | • 양의 비교<br>• 시각과 시간<br>• 길이 (cm, m) | • 시간, 길이 (mm, km), 들이, 무게, 각도 | • 원주율<br>• 평면도형의 둘레, 넓이<br>• 입체도형의 겉넓이, 부피 | 비교하기<br>구별하기<br>표현하기<br>이해하기<br>계산하기<br>측정하기<br>어림하기<br>그리기<br>추론하기<br>설명하기<br>활용하기<br>문제 해결하기 |
| | 어림 하기 | 어림을 통해 양을 단순화하여 표현한다. | | | • 수의 범위<br>• 어림하기 (올림, 버림, 반올림) | |
| 자료와 가능성 | 자료 처리 | 자료의 수집, 분류, 정리, 해석은 통계의 주요 과정이다. | • 분류하기<br>• 표<br>• O, X, /를 이용한 그래프 | • 간단한 그림 그래프<br>• 막대 그래프<br>• 꺾은선 그래프 | • 평균<br>• 그림 그래프<br>• 띠그래프, 원그래프 | 분류하기<br>개수 세기<br>표만들기<br>그래프 그리기<br>표현하기<br>수집하기<br>정리하기<br>해석하기<br>설명하기<br>이해하기<br>활용하기<br>비교하기<br>문제 해결하기 |
| | 가능 성 | 가능성을 수치화하는 경험은 확률의 기초가 된다. | | | • 가능성 | |

2015 수학과 교육과정 교수 · 학습 방법에서는 수업 형태나 역량에 따라 고려할 사항이 제시되어 있다. 그중 '창의 · 융합 능력'과 '정보 처리 능력'을 함양하기 위한 교수 · 학습에서는 다음 사항을 강조하고 있다.

## 창의·융합 능력

① 새롭고 의미 있는 아이디어를 다양하고 풍부하게 산출할 수 있는 **수학적 과제**를 제공하여 학생의 창의적 사고를 촉진시킨다.

② **하나의 문제**를 여러 가지 방법으로 해결하게 하고, 해결 방법을 비교하여 더 효율적인 방법을 찾거나 정교화하게 한다.

③ 여러 수학적 지식, 기능, 경험을 연결하거나 수학과 타 교과나 실생활의 지식, 기능, 경험을 연결 · 융합하여 새로운 지식, 기능, 경험을 생성하고 **문제**를 해결하게 한다.

## 정보 처리 능력

① **실생활 및 수학적 문제 상황**에서 적절한 자료를 탐색하여 수집하고, 목적에 맞게 정리, 분석, 평가하며, 분석한 정보를 **문제 상황**에 적합하게 활용할 수 있게 한다.

② 교수 · 학습 과정에서 적절한 교구를 활용한 조작 및 탐구 활동을 통해 수학의 개념과 원리를 이해하도록 한다.

③ 계산 능력 배양을 목표로 하지 않는 교수 · 학습 상황에서의 복잡한 계산 수행, 수학의 개념, 원리, 법칙의 이해, 문제해결력 향상 등을 위하여 계산기, 컴퓨터, 교육용 소프트웨어 등의 공학적 도구를 이용할 수 있게 한다.

'환경문제'는 실생활에서 쉽게 찾아볼 수 있지만, 쉽게 해결하기 어렵다. 사회적, 경제적, 문화적으로 복잡하게 얽혀 있기 때문에 정답이 정해져 있지 않다. 따라서 환경문제는 여러 가지 해결방법을 창의적으로 생성·융합·평가할 만한 '수학적 과제'로 적합하다. 단원 도입에서 문제 상황을 제시할 때, 단원 마무리하며 학습한 내용을 확인하거나 응용·심화할 때 환경문제를 이야기식으로 풀어 보면 좀 더 의미 있는 수업이 될 것이다. 또한 정규 교과 외로 수학 동아리, 영재교육, 융합교육에서도 환경교육을 적용할 수 있다.

예를 들면, 아래 그래프와 같이 인포그래픽형식의 환경 통계 자료를 제시하여 설명할 수 있다. 실제 자료가 그래프로 표현된 것을 보고 '알 수 있는 것, 예상되는 것, 의미하는 것' 같은 자신만의 해석을 해 보도록 한다.

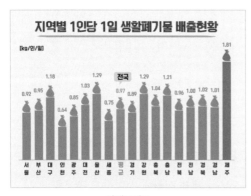

막대그래프

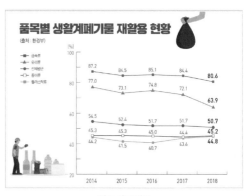

꺾은선그래프

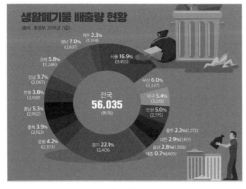

원그래프

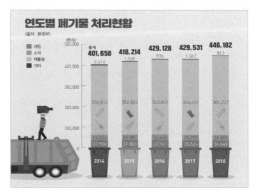

띠/막대 혼합그래프

자료 출처: 환경부 환경통계포털

## ▼ 환경활동 진행하기

예) 환경자료 해석하기

### ▶ 환경문제 제시(소개)하기

- '빈 용기 보증금 제도'에 대해 들어 본 적이 있나요? 그게 뭔가요?
  - '빈 용기 보증금 제도'는 1985년부터 시행된 '공병 보증금 제도'를 모태로 그 당시 보건복지부, 국세청 등이 담당하여 운영하였는데, 자원절약 측면에서 우수성을 인정받아 2003년 환경부로 통합되었습니다. 이후 '빈 용기 보증금 제도'는 빈병 반환율을 높여, 신병 제작을 줄이고 공장 가동으로 발생할 수 있는 오염 요소를 낮추는 등 환경과 경제에 큰 이득을 주고 있습니다.

### ▶ 자료 해석하기

- 자료를 보고 알 수 있는 질문을 하고 답하게 한다.

1) 빈병의 들이를 나타내는 단위에는 무엇이 있나요?
- ml, l 가 있습니다.
2) 그림에서 사용되는 들이 단위를 더 큰 단위를 써서 나타내 보세요.
- 0.35L, 0.5L, 0.64L입니다.

| 용량 | 가격(개당) | | 세부품목 |
|---|---|---|---|
| | 구병<br>(2016.12.31까지<br>출고제품) | 신병<br>(2017.11 이후<br>출고제품) | |
| 190ml 미만 | 20원 | 70원 | 소형주류(미니어처 등) |
| 190ml 이상~<br>400ml 미만 | 40원 | 100원 | 소주, 맥주, 콜라, 사이다 등 |
| 400ml 이상~<br>1,000ml 미만 | 50원 | 130원 | 중대형 맥주 등 |
| 1,000ml 이상 | 100원~300원 | 350원 | 대형 주스류, 정종 등 |

1) 190ml 이상 ~ 400ml 미만을 수직선을 그려 간단히 나타내 보세요.
2) 소형주류의 빈병 환불금액은 얼마나 올랐나요? (70-28=42원)
3) 소형주류의 빈병 환불금액은 몇 배 올랐나요? (70/28=2.5배)
4) 소형주류의 빈병 환불금액은 몇 퍼센트로 올랐나요?
(70/28*100=250%)

|  | 1) 병 1개를 새로 만드는 것보다 재사용할 경우 얼마나 비용을 줄일 수 있나요? (143-55＝88원)<br>2) 현재 우리나라의 병 재사용률이 85%인 것을 고려했을 때 평균적으로 병당 절감액은 얼마인가요? (88*0.85＝74.8원, 약 75원) |
|---|---|
| 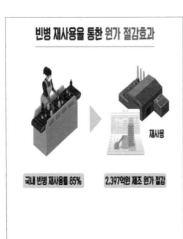 | 1) 그래프에서 재사용률이 제일 높은 나라는 어디인가요? (핀란드)<br>2) 독일은 우리나라에 비해 재사용 횟수가 몇 배 더 많나요? (약 5~6배) |

- 자료를 보고 알 수 있는 질문을 직접 만들고 답하게 한다.
- 자료를 보고 예상할 수 있는 질문을 하고 답하게 한다.

| 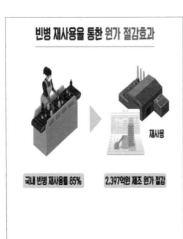 | 1) 빈병 재사용률이 85%일 경우 2,397억 원의 제조 원가가 절감된다고 했을 때, 빈병 재사용률이 90%, 95%로 증가했을 때 제조 원가가 얼마나 절감될지 각각 적어 보세요.<br>(85% 재사용률일 경우 평균 병당 절감액 74.8원(약 75원), 2,397억 원/75원≒32억 개<br> 90% 재사용률일 경우 평균 병당 절감액 88*0.9＝79.2원, 79.2*32억 개＝2,534.4억 원<br> 95% 재사용률일 경우 평균 병당 절감액 88*0.95＝83.6원, 83.6*32억 개＝2,675.2억 원) |
|---|---|

▶ **환경 이야기 들려주기**

 – 우리가 잘 알고 있는 환경 선진국 독일의 경우 병의 재사용 횟수가 평균 40~50
 회에 달하고 빈병 재사용률이 95% 정도입니다. 반면 우리나라는 재사용 횟수 8
 회, 재사용률 85%로 환경 선진국에 비해 다소 저조한 수치를 보이는데요. 이러한
 문제를 해결하기 위해 정부는 2017년 1월 1일부로 새롭게 개선된 '빈 용기 보증
 금 제도'를 시행하여 빈병 반환율과 재사용률을 높이고 빈병 제조 비용 절감의 효
 과를 높이기 위해 노력하고 있습니다.

 – 소주병과 맥주병을 만들기 위해서는 석회석과 규사가 필요합니다. 병의 원료인
 석회석과 규사를 얻기 위해서는 석산개발, 바닷모래 채굴 등의 과정을 거쳐야 하
 는데요. 이러한 과정에서 자연환경이 훼손되어, 야생 동·식물의 서식처가 파괴될
 수 있습니다. 그렇기 때문에 빈병 반환은 개인의 이득을 넘어 우리 자연을 보호하
 는 데 일조하는 의미를 담고 있어 빈병 반환이 반드시 실천되어야 합니다.

▶ **자료에서 환경적 의미 찾기**

 • 환경적 의미와 창의적인 문제 해결 방법을 찾기 위한 중요한 질문을 한다.

 – 왜 보증금을 올렸을까요?

 – 보증금이 얼마 정도가 적당하다고 생각하나요?

 – 재사용률을 높이기 위해서 우리는 어떤 노력을 할 수 있을까요?

 – 여러분이 환경정책가라면 어떤 제도를 만들고 싶은가요?

자료 출처: 환경부 환경통계포털 〉 알기 쉬운 환경통계 〉 통계로 본 환경 정책<br>
http://stat.me.go.kr

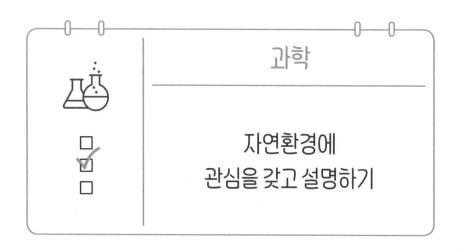

## 과학

### 자연환경에
### 관심을 갖고 설명하기

## 과학 교과에 환경교육 담기

과학 교과에서 탐구 대상은 자연 현상이다. 자연 현상에 관심을 갖고 관찰하고, 규칙성을 발견하여 개념을 형성하고 일반화하는 과정을 배우는 것이다. 환경은 인간을 둘러싸고 있는 조건이자 상태로, 환경교육에서 환경은 말 그대로 지구, 자연을 의미한다. 따라서 과학과의 환경, 자연이라는 대상 그 자체에 대한 이해 활동이 곧 환경교육이라고 받아들여도 된다. 자연이라는 하나의 큰 시스템, 즉 생태계를 이해하고 보전하고자 하는 두 가지 방향이 과학 교육과 환경교육의 접점이라고 할 수 있겠다.

　과학과와 관련이 깊은 환경교육의 영역 및 내용 요소는 다음과 같다.

| 영역 | 핵심 개념 | 일반화된 지식 | 내용 요소 |
|---|---|---|---|
| 환경의 체계 | 생태계의 구성과 상호작용 | 생태계는 인간을 포함한 물, 공기, 흙, 생물 등으로 구성되며 이들은 서로 영향을 주고받는다. | • 생태계의 의미와 구성 요소<br>• 물, 공기, 흙, 생물 등의 역할과 소중함<br>• 물, 공기, 흙, 생물 등과 인간과의 관계 |
| 지역 환경과 지구 환경 | 자원과 에너지 | 인간이 이용한 자원과 에너지는 시대에 따라 변화해 왔고, 이러한 자원과 에너지의 이용은 환경에 영향을 미친다. | • 자원의 의미와 우리 지역의 자원순환 체계<br>• 에너지 이용의 변천과 환경 영향<br>• 에너지 이용에 관한 쟁점 |
| | 지구 환경과 환경 문제 | 지구의 환경 변화는 넓은 시공간에 영향을 미치고 있으며, 환경 문제 해결을 위해 개인과 사회가 참여할 수 있다. | • 지구 환경과 지구 환경 문제의 특성<br>• 지구 환경 문제의 해결 방식 |
| | 기후 변화 | 지구의 기후는 변화해 왔고 현재도 변하고 있으며, 인간 활동은 기후를 변화시키고 기후 변화의 영향을 받기도 한다. | • 기후 변화의 원인과 영향<br>• 기후 변화 대응을 위한 노력 |

　　생물학자 최재천 교수는 과학이 '앎의 활동'이라고 했다. 그는 자연의 본모습을 충분히 알고 나면 차마 어쩌지 못하는 것이 인간의 심성이라고 했다. "알면 사랑한다."라는 그의 말처럼, 자연의 원리를 이해하는 만큼 우리 눈에 보이는 세상은 달라지고 자연스럽게 환경에 마음이 쓰일 것이다. 왜 그런 현상이 일어난 것인지 추리하고 앞으로 어떻게 될지 예상해 보며 인과관계를 파악하면 환경문제를 해결하고자 하는 의지가 생긴다. 그래서 환경교육에서 자연 현상에 대한 이해는 기본이 된다.

　　현대 사회에서 과학 기술은 우리 생활 구석구석은 물론이고 사람들의 사고방식에까지 깊이 영향을 미치고 있고 나아가 환경문제 해결에 있어서 과학과 기술의 기여도는 날로 높아지고 있다. 과학과의 환경교육에서는 환경적 지식을 얻고 외워서 확인받는 것이 아니라 환경 시스템을 이해하고 설명할 수 있을 정도면 된다. 설명을 하기 위해 과학적 설명을 듣는 과정을 거치면서 학생들은 과학적 의사소통 능력을 키울 수 있을 뿐 아니라 과학적 참여 과정을 통해 평생학습능력 같은 기타 역량도 함께 높일 수 있다.

환경은 과학 교과 내용 중 '생명'과 '지구와 우주' 분야와 관련이 깊지만, 환경교육 자체가 융합·통합적인 성격을 지니고 있기 때문에 어느 분야에서든 부분적으로 다룰 수 있다. 단 좀 더 밀접하게 연결 지을 수 있는 것을 강조해 표시해 보면 다음 표와 같다.

| 분야 | 단원 | |
|---|---|---|
| | 3~4학년 | 5~6학년 |
| 운동과 에너지 | 자석의 이용<br>소리의 성질<br>물체의 무게<br>그림자와 거울 | 온도와 열<br>물체의 운동<br>빛과 렌즈<br>전기의 이용 |
| 물질 | 물질의 성질<br>물질의 상태<br>혼합물의 분리<br>물의 상태 변화 | 용해와 용액<br>산과 염기<br>여러 가지 기체<br>연소와 소화 |
| 생명 | 동물의 한 살이<br>동물의 생활<br>식물의 한 살이<br>식물의 생활 | 다양한 생물과 우리 생활<br>생물과 환경<br>식물의 구조와 기능<br>우리 몸의 구조와 기능 |
| 지구와 우주 | 지구의 모습<br>지표의 변화<br>지층과 화석<br>화산과 지진 | 태양계와 별<br>날씨와 우리 생활<br>지구와 달의 운동<br>계절의 변화 |
| 통합 | 물의 여행 | 에너지와 생활 |

# 과학 수업 중 환경활동 예

## ▼ 환경활동 진행하기

### ⑩ 환경주제 발표(설명)하기: 과학-기술-사회[STS] 학습 모형

▶ **문제(주제) 소개하기**
일상생활이나 이슈, 문제를 제기하고 문제의 심각성을 인식한다.
주변 환경을 관찰하며 드는 의문이나 예기치 않은 현상으로 흥미와 호기심을 유발한다.
단원 내용과 관련 있는 환경문제를 미리 안내하여 발표 준비를 하게 한다.
⑩ 생태계 파괴

▶ **자료를 조사하고 탐색하기**
관련된 과학 이론이나 개념을 조사한다.
자신이 궁금한 점에 대한 답을 찾아가며 자료를 수집한다.
문제의 원인, 해결 방안에 대해 조사한다.

▶ **자료를 정리하고 발표 준비하기**
조사한 자료를 바탕으로 구체적으로 다루고 싶은 부분 또는 특별히 다른 사람들에게 알려 주고 싶은 소주제를 정하여 문제에 대한 이해를 심화한다.
⑩ 우리나라 멸종 위기 동물, 생태계 파괴 핵심종, 생태계 복원 사례 등
친구들에게 설명할 발표 자료를 준비한다.

▶ **친구들 앞에서 발표하고 듣기**
• 환경문제 발표하기
과학적인 측면에서 현상, 문제를 설명한다.
사진이나 영상 자료를 보여 주며 발표한다.
발표를 준비하며 느낀 점, 문제에 대한 자기 생각을 꼭 발표한다.
• 발표를 들으며 KWL 작성하기
친구의 발표를 들으며 내가 알고 있는 것(Know), 알고 싶은 것(Want to know), 알게 된 것, 깨달은 것(Learned)을 적는다.

▶ **문제(주제) 토의하기**
발표를 듣고 나서 문제에 대해 종합적으로 의견을 나눈다.

▶ **문제 해결을 위한 실행하기**
실제로 실행할 수 있는 대처 방안이나 해결 방안에 대해 익히고 실천할 것을 다짐한다.

실과

환경을 위한
생활력 키우기

## 실과에 환경교육 담기

환경교육은 무엇보다 실천이 중시되는 교육 중 하나다. 환경적 지식이나 환경적 감수성은 결국 환경적 실천을 이끌어 내기 위함이기 때문이다. 환경을 보호해야 한다고 머리로만 알고 환경문제가 심각해 안타까운 마음만 간직한 채, 생활에서 전혀 개선이 되지 않는다면 그것은 보조바퀴로만 달리는 자전거와 같다. 실과는 실생활에서 바로 실습·실천해 볼 수 있는 교과로 환경교과라고 불러도 될 정도로 환경교육과 밀접하다. 우리를 둘러싸고 있는 주변 환경이 곧 우리의 일상생활, 삶이기 때문이다. 아이들 현재의 생활(가정생활, 학교생활)뿐만 아니라 미래의 생활(직업생활, 사회생활)에서 개인이 어떻게 환경에 적응하고 환경을 개선해 나갈지 연습하여 '환경을 위한 생활력을 기르는 것'이 실과에서의 환경교육 역할이라고 생각한다.

실과 수업은 보통 연속차시로 운영되기 때문에 시간을 충분하게 확보할 수 있는 편이다. 경험하고 배운 것을 생활에 적용하기 전에 미리 연습해 보는 기회가 될 수 있다.

연습이란 두 가지로 생각해 볼 수 있다. 첫 번째로는 일상생활에서 실천할 수 있는 사항을 실습해 보는 것, 두 번째로는 개선하고 싶은 공동의 목표를 정해서 실천하는 프로젝트를 진행하는 것이다. 예를 들면, 제철 채소와 과일을 활용한 건강한 간식 만들기, 안 입는 옷으로 생활소품 만들기와 같은 실습을 해 볼 수 있다. 프로젝트는 실습보다 좀 더 장기적이고 포괄적이다. 위의 예시를 프로젝트 학습으로 계획한다면 '친환경 식습관 기르기 프로젝트'로 공동의 목표를 정하여 건강한 식습관의 중요성, 친환경 식단 구성하기, 제철 채소 기르기, 기른 채소로 간식 만들기 등의 활동을 할 수 있다. 또 '미니멀리스트 체험 프로젝트'를 계획하여 미니멀라이프 소개, 내 물건 개수 세어 보기, 비우고 싶은 물건 정리하기, 아나바다 장터 열기, 안 쓰는 물건으로 생활소품 만들기 등을 일정한 기간 동안 체험해 볼 수 있다.

물론 모든 실과 수업 시간을 체험형으로 진행할 수는 없다. 다른 교과와 마찬가지로 강의, 토의·토론, 역할놀이, 협동학습과 같은 교수·학습 방법을 활용할 수 있다. 그러나 실습, 프로젝트, 실천적 문제해결 학습이 실과의 주된 특성이기 때문에, 교과 시간 내에 실질적인 행동 개선을 기대한다면 실과 수업 시간을 활용하면 좋다.

실과 교육과정 영역을 살펴보면 환경교육과 관련이 있는 내용 요소가 많다. 환경교육과의 관련성을 핵심개념별 환경교육과의 관련성을 별점으로 간단하게 표시해 보았다. 그리고 관련성이 높은 4가지 핵심개념에 대해 진행 가능한 활동들을 다음 '실과 수업 중 환경활동 예'에 정리해 두었다.

| 영역 | 핵심 개념 | | 내용 요소 | 환경교육 관련 정도 |
|---|---|---|---|---|
| 가정 생활 | 인간 발달과 가족 | 발달 | 아동기 발달의 특징<br>아동기 성의 발달 | ☆☆☆☆☆ |
| | | 관계 | 나와 가족의 관계<br>가족의 요구 살피기와 돌봄 | ☆☆☆☆☆ |
| | 가정 생활과 안전 | 생활 문화 | 균형 잡힌 식생활<br>식재료의 특성과 음식의 맛<br>옷 입기와 의생활 예절<br>생활 소품 만들기 | ★★★★★ |
| | | 안전 | 안전한 옷차림<br>생활 안전사고의 예방<br>안전한 식품 선택과 조리 | ★★★☆☆ |
| | 자원 관리와 자립 | 관리 | 시간용돈 관리<br>옷의 정리와 보관<br>정리 정돈과 재활용 | ★★★★☆ |
| | | 생애 설계 | 가정생활과 일<br>가정일의 분담과 실천 | ★★☆☆☆ |
| 기술의 세계 | 기술 시스템 | 창조 | 생명 기술 시스템<br>식물 가꾸기<br>동물 돌보기 | ★★★★☆ |
| | | 효율 | 수송 기술과 생활<br>수송 수단의 안전 관리 | ★★★☆☆ |
| | | 소통 | 소프트웨어의 이해<br>절차적 문제 해결<br>프로그래밍 요소와 구조 | ★☆☆☆☆ |
| | 기술 활용 | 적응 | 일과 직업의 세계<br>자기 이해와 직업 탐색 | ★★☆☆☆ |
| | | 혁신 | 발명과 문제 해결<br>개인 정보와 지식 재산 보호<br>로봇의 기능과 구조 | ★★☆☆☆ |
| | | 지속 가능 | 친환경 미래 농업<br>생활 속의 농업 체험 | ★★★★★ |

# 실과 수업 중 환경활동 예

- **가정생활과 안전**
  - 내 몸과 환경을 해치게/건강하게 하는 음식 알아보기
  - 환경을 생각하는 습관이나 식문화 기르기
    - 제철 음식, 로컬 푸드, 푸드 마일리지, 슬로우푸드, 한 그릇 음식, 빈 그릇 운동, 제로 웨이스트 포장 등 바뀐 문화 접하기
    - 각자 할 수 있는 것 도전해 보고 인증하기
  - 환경과 건강을 위한 간단한 간식 또는 한 그릇 음식 만들기
    - 재료 준비, 조리, 정리 과정에서 환경을 위해 하지 말아야 할 것과 대안 생각하고 실천하기
    - 가족에게 '환경을 위한 요리 방법' 소개하고 실천하기
  - 옷의 기능과 예절을 생각하며, 환경을 고려한 '나의 패션관' 나누어 보기
  - 패스트패션과 슬로우패션의 차이점 알아보기
    - 옷이 어떻게 만들어지고 소비되고 폐기되는지 과정을 비교하기
  - 업사이클링한 생활소품의 종류 알아보고 생활소품 만들어 보기
    - 실습 키트보다는 '진짜' 재활용, 새활용할 수 있는 방법 생각하기

- **자원관리와 자립**
  - 절약해야 하는 이유 토의하기
    - 자원(에너지, 물건, 시간 등)은 모두 '돈'이라는 것을 알기
    - '천 원의 행복' 도전하고 후기 나누기
  - '사진 한 장에 옷장 담기' 프로젝트하기
    - 옷 개수 세기, 안 입는 옷 비우기
    - 알뜰매장 열기 또는 옷 기부하기
    - 정리된 옷장 인증샷 찍고 후기 나누기
  - '미니멀라이프 체험 프로젝트' 하기
  - '쓰레기 문제' 해결하기
    - 쓰레기는 어디서 와서 어디로 가는지 상상하고 조사해 보기
    - 자원회수시설(재활용 센터) 견학가기

- 분리배출: 쓰레기 잘 버리는 방법 알고 실천하기

  - 쓰레기를 만들지 않는 방법 토의하기

  • 가정, 학교에서 내가 할 수 있는 환경지킴이 활동 실천하고 습관 만들기


■ 기술 시스템

  • 자연환경을 기술적으로 '이용'하는 인간들의 모습, 사례 생각해 보기

  - 자원으로서의 동식물과 인간의 관계: 각 입장이 되어 역할놀이 하기

  - 환경을 해하는 이용 vs 지속가능한 환경을 위한 이용

  • 동물 · 식물을 기르고 가꾸기 체험하기

  - 기르고 가꾸기의 진정한 의미 토론하기

  - 동물 · 식물을 기르고 가꾸면서 어려운 점, 불편한 점, 환경에 악영향을 주는 점에 대한 사
    례나 이야기 듣고 대안 찾기

  - 반려 동물과 식물 기르기 (동식물 자원과 비교하기)

  • 환경을 위한 기술, 산업 사례 찾고 미래의 생명 기술, 산업 상상하기

  • 친환경 수송 · 교통 수단은 '진짜' 친환경인지 토론하기 ⑩ 전기 자동차

  • 미래의 친환경 수송 수단에 만들고 싶은 기능 상상하기 (그림 또는 설명)

  • 내가 만들고 싶은 '생활 속 친환경 플랫폼(어플)' 계획서 작성하기


■ 기술 활용

  • 미래의 '그린잡' 환경 관련 직업 소개하기

  • 환경시민으로서 직업이 아닌 환경을 위한 '일' 생각해 보기

  • 친환경 산업, 창업 사례 조사하기

  • 생활 속 환경문제 해결을 위한 발명 아이디어 공유하기

## ▼ 환경활동 진행하기

### ▶ '물건'에 대한 인식 설문조사하기
- 물건을 필요보다 (적게 / 많이) 가지고 있다.
- 많은 물건으로 인해 스트레스를 받은 경험이 (있다. / 없다.)
- 가능하면 물건을 (간소하게 / 넉넉하게) 가지고 살고 싶다.
- 물건을 살 때 (오랫동안 고민하고 / 고민 없이) 사는 편이다.
- 갖고 싶은 물건은 (꼭 사야 한다. / 사지 않아도 된다.)
- 내가 필요한 물건의 개수는 (정해져 있다. / 정해져 있지 않다.)

### ▶ 미니멀라이프 소개하기
다양한 라이프 방식 중의 하나로, 환경을 위한 '에코라이프, 미니멀라이프'를 실천하는 사람들의 이야기 들려 준다.
〔다큐멘터리 영상 보기〕EBS STORY. 2019.02.09. 〈하나뿐인 지구- 물건 다이어트〉 https://bit.ly/3zBI1YG
- 우리는 몇 개의 물건을 가지고 살아갈까?
- 물건의 개수가 행복과 관련이 있을까?
- 이 사람들은 왜 물건 다이어트를 결심했을까?
- 우리는 죽을 때 무엇을 가지고, 무엇을 남기고 갈까?

### ▶ 미니멀리스트의 생각 엿보기
미니멀라이프를 이미 실천하고 있는 사람들의 책이나 영상을 소개하고 그 사람들의 생각을 함께 들여다본다.
(책 참고 ≪심플하게 산다≫, ≪나는 단순하게 살기로 했다≫ 등)
또는 그림책 ≪비움≫을 읽고 이야기를 나누어 본다.

### ▶ 미니멀 게임 도전하기
환경을 위한 '에코라이프, 미니멀라이프'를 체험해 보기 위해 여러 가지 챌린지를 함께해 본다.
- 자신의 물건 개수 세기(옷, 학용품 등 분야를 정해서)
- 정리정돈과 청소하기(비포/애프터 사진 인증하기)
- 리스트 작성하기(비워야 할 물건, 꼭 필요한 물건, 사지 않는 물건)
- 일정 기간 동안 목표 개수 비우기(예) 한 달 동안 100개 비우기)
- 일정 기간 동안 물건 사지 않기(예) 두 달 동안 옷 안사기)
- 얼마 동안 없이 살아 보기(예) 하루 동안 스마트폰 없이 살아 보기)

▶ **환경을 위한 물건(자원)을 관리하는 방법 알고 실천하기**
- 교실 안의 내 물건 정리와 보관방법 알고 실천하기
- 집 안의 내 물건(옷, 책, 학용품 등) 정리와 보관방법 알고 실천하기
- 있는 물건 잘 활용하는 방법 알고 실천하기 (재활용, 새활용)
  → '생활소품' 만들기

▶ **환경과 나를 위한 돈, 시간 관리 방법 알고 실천하기**
- 평상시 용돈기입장, 스케줄 솔직하게 작성하기
- 낭비되는 돈과 시간 발견하고 돈과 시간도 중요한 자원임을 깨닫기
- 돈과 시간을 어떻게 가치 있게 쓸 수 있는지 토의하기
- 하루, 일주일, 한 달 간격으로 용돈과 시간 관리 계획 세우기
- 환경과 안전을 위한 합리적인 소비 원칙 세우고 실천하기
  (물건을 제조할 때, 유통할 때, 사용할 때, 폐기할 때 고려할 점)

▶ **환경과 나눔을 생각하며 생활소품 만들기**

▶ **알뜰매장 아나바다 시장 열기**
  물건을 비울 때, 무조건 버리는 것이 아니라 여러 가지 방법(물려주기, 중고거래하기, 기부하기 등)을 생각해보고 학급에서 직접 실천해 보도록 한다.
- 학급 또는 학년에서 알뜰매장 열기
- 물건을 모아서 '아름다운 가게' 등에 기부하기

▶ **미니멀라이프 체험 프로젝트 후 바뀐 생각과 생활 글쓰기**

체육

나와 지구의 건강을
지키는 운동하기

## 체육 교과에 환경교육 담기

체육 교과에서 다루는 중요 가치 가운데 건강과 안전이 있다. 실제 교육과정에서는 체육 교과의 목표에 "건강의 가치를 이해하고 건강 및 체력을 증진하며 건강 관리를 지속적으로 실천"하며 "신체활동에서 안전의 중요성을 이해하고 안전하게 신체활동을 수행하며 안전 의식을 함양"한다는 내용을 포함하고 있다.

개인이 자신의 생명과 안전을 지키는 밑거름이 되는 '건강'은 먹거리나 생활 공간 등 위험 환경에 노출되지 않는 안전한 환경을 조성하고 그 안에서 신체적, 정신적, 사회적 건강을 도모하는 건강 관리 능력은 개인에게 중요성이 크다. 안전한 환경이란 시설이나 도구의 안전을 넘어 위생적, 화학적으로 문제가 없는 환경이라고 볼 수 있다. 이를 바탕으로 체육과와 관련이 깊은 환경교육의 영역 및 내용 요소는 다음과 같다.

| 영역 | 핵심 개념 | 일반화된 지식 | 내용 요소 |
|---|---|---|---|
| 환경과 인간 | 인간의 환경 영향 | 인간 활동은 환경에 영향을 미친다. | • 우리 생활이 환경에 미치는 영향<br>• 환경에 대한 배려와 책임 |
| 지역 환경과 지구 환경 | 지구 환경 과 환경 문제 | 지구의 환경 변화는 넓은 시공간에 영향을 미치고 있으며, 환경 문제 해결을 위해 개인과 사회가 참여할 수 있다. | • 지구 환경과 지구 환경 문제의 특성<br>• 지구 환경 문제의 해결 방식 |

그리고 이런 환경교육의 방향과 연관이 깊은 체육과 내용 영역인 '건강'의 하위 핵심 개념들은 환경교육과 자연스럽게 연결지을 수 있다. '건강 관리 능력'의 함양은 개인적으로는 자신을 수용하고 조절하는 능동적이고 적극적인 실천적 삶의 태도와 합리적이고 유연하게 사회에 적응하는 능력을 갖게 함으로써 건강한 라이프 스타일을 형성하는 데 중요한 요인이 되며 지속적으로 활기차고 행복한 삶을 가꾸어 가는 '자기 관리'의 기초가 된다.

건강한 신체와 정신은 안전한 환경에서 비롯되고, 안전한 환경은 건강한 신체와 정신을 가진 사람들이 만들어 갈 수 있다. 자신을 아끼고 사랑할 수 있는 사람이 환경을 지킬 수 있고, 안전한 환경에서 살아갈 때 자신을 스스로 치유할 수 있을 것이다. 아이들과 환경을 위한 생활 습관이나 신체 활동을 정해서 일정 기간 동안 생활해 보고 인증하는 프로젝트 형식의 수업을 계획하면 좋다.

| 내용 영역 | 핵심 개념 | 내용 요소 | |
|---|---|---|---|
| | | 3~4학년군 | 5~6학년군 |
| 건강 | 건강 관리<br>체력 증진<br>여가 선용<br>자기 관리 | • 건강한 생활 습관<br>• 운동과 체력<br>• 자아 인식<br>• 건강과 여가의 의미<br>• 체력 운동 방법<br>• 자기 조절 | • 건강한 성장 발달<br>• 건강 체력의 증진<br>• 자기 수용<br>• 여가 활동의 실천<br>• 운동체력의 증진<br>• 근면성 |

# 체육 수업 중 환경활동 예

## ■ 환경보건 활동

- 학교 안 '환경 유해물질'의 위험성 알기
- '환경 유해물질' 피해 감소 방안 나누기
- 생활 속 '화학제품', '화학물질' 찾아보기
- '초록누리'(http://ecolife.me.go.kr/ ecolife/ 실생활에서 생활화학제품을 사용하는 소비자를 위해 각종 정보를 취합한 사이트) 살펴보고 실습하기
  – 유해 성분 이름 20가지 써 보기
- 쓰고 있는 화학제품의 성분 위해성 검색해 보기
- 안전인증마크 알고 '유해물질'에 관한 마크나 포스터 꾸미기
- 어린이 화학 안전 보드게임 '마법사의 탑'
- 어린이 환경보건 앱 이용하기: '저리 개 환경유해인자(만화)', '찾아라! 환경유해인자', '피해라! 환경유해인자(게임)'

## ■ 건강한 생활 습관

- 인스턴트, 패스트푸드 되도록 먹지 않기
- 신선한 재료로 제철 음식 먹기
- 지난 일주일 식단 적기(영양소 골고루 먹기)
- 컴퓨터 게임, 스마트 게임 대신 취미 운동하기
- 가까운 거리는 걷기

## ■ 친환경 여가활동

- 자전거 타기
- 등산하기
- LNT(Leave No Trace; 흔적 없이 산행하기)
- 플로깅(plogging; 쓰레기 주우며 달리기 운동하기)
- 비치코밍(beachcombing; 해변 쓰레기를 주우며 작품 만들기)

## ■ 생활 속 친환경 운동

- 학교스포츠클럽(PAPS) 활동으로 친환경 운동 채택하기
- 엘리베이터 대신 계단 오르기
- 일정한 시간에 달리기, 줄넘기
- 장비 없이 맨몸 운동하기 : 스트레칭, 요가
- 학교 곳곳에서 낭비되는 전기 있는지 점검하며 운동하기

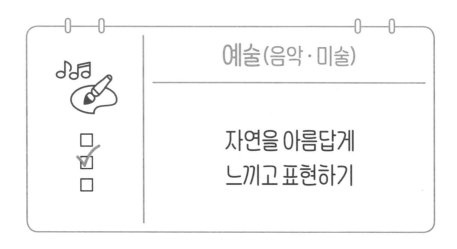

예술(음악·미술)

## 자연을 아름답게 느끼고 표현하기

## 예술(음악·미술) 교과에 환경교육 담기

음악이나 미술과 같은 예술 교과는 다양한 분야와 융합함으로써 새로운 가치를 창출하는 능력을 길러 준다. 교육과정에서도 설명하였듯이, 다른 교과와의 연계를 통하여 음악이나 미술이 가지고 있는 인문·사회·자연과학적인 특성들을 발견함으로써 예술에 대한 시각을 확장시키고, 관련 과목에 대한 학습 효과를 증대시킬 수 있다. 음악을 중심으로 한 다른 교과와의 연계 활동은 음악에 몰입하며 다른 교과의 흥미를 유발한다. 또한 미술 활동은 그 자체가 다양한 소재, 주제, 교과를 접목하여 새로운 시각으로 작품을 창조하는 과정이다. 따라서 현실적인 사회과학·자연과학적인 특성을 복합적으로 포함한 환경교육과 예술의 만남은 의미가 있다.

앞서 살펴본 다른 교과에서는 환경이라는 대상 바깥에서 환경을 어떻게 바라보고, 어떻게 해결해야 하는지 고민한다. 대부분 심각하고 부정적인 문제로 여겨진다. 그러나 예술 교과에서 환경교육은 환경 안에서 마음껏 느끼고 표현하도록 한다. 환경의 본래 가치나 자신에게 어떤 의미인지 느낀 대로 표현해 보는 것이다. 누군가에게는 자연이 주는 고마움, 누군가에게는 미안함, 편안함, 안타까움, 놀라움, 경외심과 같이 수많은 감정이 들 수 있다.

즉, 예술 교과에서는 환경 감수성을 깨워 주고 길러 주는 것을 목표로 하기에 좋다. 환경 감수성은 환경에 공감하고 이해하려는 관점으로 환경에 대한 태도를 형성하는 데 기본이 된다. 이는 환경에 대한 지식, 행동을 이끄는 동기가 되므로 특히, 초등학생과 같은 어린이들에게 환경 감수성 함양은 환경교육의 중요한 목표가 된다.

모든 아이들은 환경 안에서 자란다. 그래서 자신이 자라는 환경에 관심을 갖고 민감하게 반응하고 공감하는 것은 자연스러운 현상이다. 하지만 아이들의 환경은 자연과 점점 멀어져 가는 듯하다. 변화된 환경으로 아이들이 자연에 접할 기회가 많지 않아 안타깝다. 아이들이 자연에, 환경에 특별한 의미를 부여함으로써 관계를 맺어 나가는 과정을 예술 교과에서 진행해 보도록 하자. 예술 교과와 밀접하게 연결되는 환경교육의 영역과 핵심 개념 등은 다음과 같다.

| 영역 | 핵심 개념 | 일반화된 지식 | 내용 요소 |
|---|---|---|---|
| 환경과 인간 | 환경의 의미 | 환경은 다양한 의미가 있으며, 환경관은 환경을 바라보는 자신의 관점을 갖는 데 도움을 준다. | • 환경의 다양한 의미<br>• 환경관과 나의 관점 |
| | 인간의 환경 영향 | 인간 활동은 환경에 영향을 미친다. | • 우리 생활이 환경에 미치는 영향<br>• 환경에 대한 배려와 책임 |
| | 환경 체험 | 우리는 체험을 통해 자신이 살아가는 환경에 의미를 부여하고 관계를 맺는다. | • 체험과 공감<br>• 학교 환경 탐사 |

# 예술(음악·미술) 수업 중 환경활동 예

음악, 미술 수업에서 진행 가능한 환경활동의 예를 교육과정에 제시된 성취기준별로 정리해 보았다.

**음악**

## 표현 영역

▶ [4음01-03] [6음01-03] 제재곡의 노랫말을 바꾸거나 노랫말에 맞는 말붙임새로 만든다.

제재곡의 노랫말을 환경 주제에 맞는 '제시어'를 넣어 조건에 맞게 바꿔 보서나 지금까지 배웠던 노래 중에서 하나를 골라 '환경주제곡'을 만들어 표현하도록 한다.

▶ [4음01-05] 주변의 소리를 탐색하여 다양한 방법으로 표현한다.

자연의 소리나 주변 환경의 다양한 소리에 대해 살펴보고, 목소리, 악기, 신체, 물체 등을 이용하여 창의적으로 표현하도록 한다. 자연의 소리를 직접 녹음하여 어떤 소리인지 서로 알아맞춰 보는 활동을 한다.

재활용품을 활용한 자신만의 리듬악기를 만들어 악곡에 어울리게 연주 또는 합주하도록 한다.

▶ [6음01-05] 이야기의 장면이나 상황을 음악으로 표현한다.

환경문제 장면이나 상황에서 음악적으로 표현할 수 있는 요소를 탐색하여 목소리, 악기, 신체, 물체 등을 이용하여 음악으로 표현할 수 있도록 한다.

## 감상 영역

▶ [4음02-02] 상황이나 이야기 등을 표현한 음악을 듣고 느낌을 발표한다.

'자연'을 주제로 한 음악을 찾아 친구들 앞에서 소개한다. 악곡의 특징을 설명하기 위해 음원, 그림, 영상 등 여러 가지 자료를 활용한다.

'자연'을 주제로 한 음악을 듣고 떠오르는 색깔, 장면, 단어, 감정을 추상화로 표현해 보도록 한다.

## 생활화 영역

▶ [4음03-01] [6음03-01] 음악을 활용하여 가정, 학교, 사회 등의 행사에 참여하고 느낌을 발표한다.

환경 기념일에 맞는 행사에서 음악을 활용할 수 있는 방법과 쓰임에 대해 살펴보고, '환경 주제곡'을 함께 만들어 환경지킴이 홍보 자료로 공유한 느낌을 발표하도록 한다.

▶ [6음03-02] 음악이 심신 건강에 미치는 영향에 대해 발표한다.

음악과 자연이 몸과 마음의 안정, 정서의 순화, 치유 등 심신 건강에 영향을 미치는 사례를 조사하여 발표하도록 한다. 기분에 따라서 들으면 좋은 자연의 소리나 자연 음악을 찾아 함께 명상해 본다.

### 미술

## 체험 영역

▶ [4미01-01] 자연물과 인공물을 탐색하는 데 다양한 감각을 활용할 수 있다.

몸 전체의 감각을 활용하여 구체적인 자연물을 직접적으로 체험하여, 자연의 아름다움과 경이로움을 느낄 수 있도록 한다.

▶ [4미01-02] 주변 대상을 탐색하여 자신의 느낌과 생각을 다양한 방법으로 나타낼 수 있다.

현장 학습 또는 야외 체험 활동 후 '자연(자연물, 풍경, 환경)'에 관하여 자신의 느낌이나 생각을 '시화'나 '동영상'으로 멋지게 제작하도록 한다.

▶ [4미01-03] 생활 속에서 다양하게 활용되고 있는 미술을 발견할 수 있다.

자연물에서 영감을 받아 표현된 일상 속 발명품(例 생체모방기술), 환경문제를 해결하기 위한 기발한 '친환경 디자인' 생활용품이나 생활공간(例 업사이클링, 친환경건축물)과 관련된 것들을 조사·수집·분류하고, 의견을 나누는 과정을 통해 친환경미술이 우리 삶과 밀접하게 관련되어 있음을 이해하도록 지도한다.

▶ [6미01-02] 대상이나 현상에서 시각적 특징을 발견할 수 있다.

자신을 자연물에 비유한다면 무엇일지 이유를 들어 그림 카드를 꾸미도록 한다. 친구들에게 그림 카드와 이유를 보여 주며 어떤 자연물일지 서로 퀴즈를 내 보게 한다.

▶ [6미01-04] 이미지를 활용하여 자신의 느낌과 생각을 전달할 수 있다.

환경 관련 사진을 보고 제목을 붙여 본다. 여러 가지 환경 마크, 환경 포스터, 환경 캐릭터 등의 시각 이미지를 생활 속에서 찾아보고, 환경이슈나 주제에 맞는 자신만의 '환경 이미지'를 만들어 본다. 하나의 환경주제를 대표할 수 있는 하나의 이미지를 찾은 뒤 왜 이를 대표 이미지로 선택하였는지 이유를 발표한다.


## 표현 영역

▶ [4미02-03] 연상, 상상하거나 대상을 관찰하여 주제를 탐색할 수 있다.

'자연' 또는 '환경'에 관련된 여러 가지 연상 단어를 떠올리며 마인드맵을 함께 작성하도록 한다. 학생들의 삶에서 익숙한 것으로부터 구체적인 주제(例 지금 계절에 공유하고 싶은 꽃/나무/풍경)나 추상적인 주제(例 자연에 대한 나의 마음)를 정해 보도록 한다.

▶ [4미02-04] 표현 방법과 과정에 관심을 가지고 계획할 수 있다.

정해진 주제를 어떻게 하면 좀 더 미적으로 아름답게 자신만의 방법으로 표현할 수 있을지 계획 및 수정해 보도록 한다.

(예) 계절의 꽃/나무를 찾아 이름을 '그림문자'로 표현한다. 야외에서 직접 자연 사진을 찍고 사진을 배경으로 자신의 마음을 나타내는 문장을 써서 엽서를 만든다.)

▶ [6미02-01] 표현 주제를 잘 나타낼 수 있는 다양한 소재를 탐색할 수 있다.

작품 재료가 이미 정해져 있는 '미술 키트(kit)' 제품을 사용하는 것을 지양하고 되도록 있는 것을 활용하거나 '정크아트'나 '업사이클링'과 같이 쓰레기가 될 뻔한 자원을 작품으로 승화시키기 위해 실생활에서 탐색해 보도록 한다.

## 감상 영역

▶ [4미03-03] 미술 작품에 대한 자신의 느낌과 생각을 발표하고, 그 이유를 설명할 수 있다.

환경과 관련 있는 미술 분야인 '대지미술', '정크아트', '설치미술' 등을 작가와 함께 소개하고, 마음에 드는 작품을 고르게 한다.

작품을 보고 떠오르는 단어들로 문장 만들기, 작가에게 질문하기, 작품을 소개하는 편지쓰기, 작품 카드 찾기, 작품 속 장면을 연극으로 표현하기 등 놀이와 활동을 중심으로 자신의 느낌과 생각을 발표하도록 지도한다.

▶ [6미03-04] 다양한 감상 방법(비교 또는 단독 감상, 내용 또는 형식 감상 등)을 알고 활용할 수 있다.

환경과 관련 있는 여러 가지 미술 작품을 골라 그 사진과 함께 설명을 곁들어 '작품 큐레이터 카드'를 꾸미도록 한다. 만든 카드를 여러 개 뽑아서 비교 감상해 보는 기회를 갖는다.

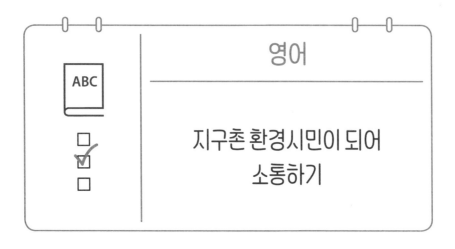

## 영어 교과에 환경교육 담기

6월 5일은 '세계 환경의 날'이다. 1972년 스웨덴 스톡홀름에서 열린 유엔인간환경회의의 국제 사회가 지구환경 보전을 위해 공동 노력을 다짐하며 제정한 날이다. 왜 세계라는 말을 붙였을까? 환경문제는 어느 한 지역이나 국가에 국한되지 않고, 지구 전체의 문제 즉, 국제 사회의 문제이다. 대표적으로 오존층 파괴, 온실가스 배출에 의한 지구온난화, 기후변화, 생태계 파괴, 미세먼지 등이 있다. 어느 국가의 환경문제가 여러 다른 나라에게까지 영향을 주어 국가 간 환경분쟁이 일어나기도 한다. 환경문제는 개인, 지역, 국가의 노력도 중요하지만 지구시민 전체의 공동 노력 없이는 절대 해결할 수 없다. 그래서 세계 여러 나라들이 함께 모여 함께 의제를 정하고 협약을 맺어왔다. 1933년부터 현재까지 지구 대기의 보전, 유해 물질 규제, 동·식물보호, 해양 환경 보전, 수질 보전, 자연 보전 등에 관해 체결된 국제환경협약은 150여 개가 넘는다[•].

국제 사회에서는 이미 오래전부터 환경문제를 '매우 중요한 문제(Very Important Problem)'로 보고, 개인, 비영리기구, 기업, 연구소, 정부 차원에서 환경에 대한 이해와 실행 수준을 높이고자 힘써 왔다. 1987년 출판된 브룬틀란 보고서 또는 '우리 공동의 미래'로 잘 알려진 보고서는 '지속가능한 발전'을 정의하며 유엔인간환경회의를 통해 다룬 환경 이슈를 독립된 정치적 의제로서 환경문제를 인식할 수 있도록 이끌었다. 위원회는 인구, 식량안보, 생물학적 다양성 감소, 에너지, 산업, 거주 문제 등에 주목하고 모든 문제가 서로 연결되어 있기 때문에 공동의 문제를 함께 해결하기를 촉구하였다. 그 이후, 세계의 많은 국제기구, 연합 단체, 위원회를 설립하여 환경 보전을 위해 노력하였다. 그 결과, 환경을 오염시키는 국가와 기업은 국제사회에서 지탄과 규제를 받게 되었고, 소비자인 지구촌 시민들의 의식이 변화되어 기업에서도 환경의 가치를 추구하기를 요구하기에 이르렀다. 따라서 지속가능한 발전의 일환으로 기업들은 지속적인 생존과 성장을 위해 3가지 핵심가치인 환경(Environmental), 사회(Social), 지배구조(Governance)를 묶어 'ESG 경영'에 사활을 걸고 있다. 이처럼 국제 사회에서 환경은 더 이상 외면할 수 없는 중요한 가치가 되었다. 이것이 전 세계적, 동시적 논의 사항이라는 점에 초점을 맞추자.

지구 곳곳의 환경 소식을 주고받으며 환경문제를 해결하기 위한 의사소통 수단으로 영어가 주되게 쓰이고 있다. 많은 환경용어가 한국어로 번역되지 않은 채 영어 그대로 통용된다. Plastic(플라스틱), Plastic Attack(플라스틱 어택), Recycling(리사이클링), Zerowaste(제로 웨이스트), Food mileage(푸드 마일리지),

---

● 두산, 《두산백과》 중 〈국제환경협약〉, https://www.doopedia.co.kr

Local food(로컬푸드), Fast fashion(패스트패션), Minimalism(미니멀리즘)과 같이 영어표현을 그대로 사용한다. 또 영어를 사용하면 다른 나라 사람들뿐만 아니라 누구든지 쉽게 소통할 수 있는 효과가 있다. 예를 들면 Eco design(에코디자인), Eco festival(에코 페스티벌), Eco-friendly(친환경적인), Green New Deal(그린뉴딜), Greensumer(그린슈머- 친환경 소비자), Green washing(그린 워싱)과 같이 환경을 의미하는 eco, green 단어를 조합하여 새로운 단어를 만들기도 한다. 사람들이 쉽게 이해할 수 있기 때문이다.

게다가 교육과정에서는 영어 학습자료의 소재를 권장하며 "환경문제, 자원과 에너지 문제, 기후 변화 등 환경 보전에 관한 내용" 등을 명시하고 있다. 이를 참고하면 환경 관련 다양한 소재를 영어 교과에서 활용할 수 있다.

---

[별표 1] 소재

일상생활과 친숙한 일반적인 화제를 중심으로 학습자들이 관심을 가지고 흥미를 느낄 수 있는 소재를 선택하되 학습자들의 의사소통능력, 탐구 능력, 문제 해결 능력 및 창의력을 기르는 데 도움이 되는 내용으로 한다.

⋮

6. 동·식물 또는 계절, 날씨 등 자연 현상에 관한 내용

12. 환경 문제, 자원과 에너지 문제, 기후 변화 등 환경 보전에 관한 내용

14. 인구 문제, 청소년 문제, 고령화, 다문화 사회, 정보 통신 윤리 등 변화하는 사회에 관한 내용

16. 민주 시민 생활, 인권, 양성 평등, 글로벌 에티켓 등 시민 의식 및 세계 시민 의식을 고취하는 내용

18. 정치, 경제, 역사, 지리, 수학, 과학, 교통, 정보 통신, 우주, 해양, 탐험 등 일반교양을 넓히는 데 도움이 되는 내용

⋮

---

뿐만 아니라 영어과 교육과정에서 언급하고 있는 주요 역량 네 가지를 신장시키기에 환경이라는 주제는 효과적이다. 환경이라는 주제하에 학생들은 영어 의사소통을 통해 지식정보 등을 왕성하게 처리하고 지구 공동체의 문제와 그 해결에 관심을 표현하며 이런 전 과정에서 활동 이후에 자기 주도적으로 영어 학습을 계속해 나가기를 선택할 수 있기 때문이다. 즉 환경문제를 영어로 접하고 고민하며 해결해 가는 과정이야말로, 아래 설명과 같이 영어 교과에서 추구하는 역량을 제대로 기를 수 있는 소중한 경험이 되지 않을까. 우리 아이들 중에 '환경 VIP(very important people)'가 많이 나오길 기대한다.

## 2015 개정 교육과정 영어과에 제시된 주요 역량

- 영어 의사소통 역량 : 일상생활 및 다양한 상황에서 영어로 의사소통 할 수 있는 역량이며, 영어 이해 능력과 영어 표현 능력을 포함한다.
- 자기관리 역량 : 영어에 대한 흥미와 관심을 바탕으로 학습자가 자기 주도적으로 영어 학습을 지속할 수 있는 역량이며 영어에 대한 흥미, 영어 학습 동기, 영어 능력에 대한 자신감 유지, 학습전략, 자기 관리 및 평가를 포함한다.
- 공동체 역량 : 지역 · 국가 · 세계 공동체의 구성원으로서의 가치와 태도를 공유하여 공동체의 삶에 관심을 갖고 공동체가 당면하고 있는 문제를 해결하는 데 참여할 수 있는 능력이며 배려와 관용, 대인 관계 능력, 문화 정체성, 언어 및 문화적 다양성에 대한 이해 및 포용 능력을 포함한다.
- 지식정보처리 역량 : 지식정보화 사회에서 영어로 표현된 정보를 적절하게 활용하는 역량이며 정보 수집 · 분석 능력, 매체 활용능력, 정보 윤리를 포함한다.

# 영어 수업 중 환경활동 예

영어 교과에서 주요 표현을 학습할 때 다양한 소재를 선택하게 되는데, 교육과정에서 제시한 것과 같이 환경에 관한 어휘 또는 이야기는 앞서 말한 영어 교과 역량을 기르기 위한 좋은 소재다.

초등학교 수준에서는 일상생활에서 자주 접하는 환경 슬로건이나 환경 이슈를 통해 어휘의 의미를 확인하거나 새롭게 어휘를 배울 수 있도록 한다. 또한 주요 표현(Key expression)을 익힐 때도 생활 속에서 활용할 수 있도록 환경적 행동 내용을 예시로 들 수 있다. 학생들의 수준에 따라 다양한 영어과 교수·학습 방법을 활용하여 시도할 수 있다.

| | | | |
|---|---|---|---|
| 환경 슬로건 의미 알기 | ZERO WASTE<br>RECYCLE MATERIALS NOT IDEAS<br>IT'S A SMALL PLANET RECYCLE<br>RAISE YOUR VOICE NOT THE SEA LEVEL<br>THINK GLOBALLY, ACT LOCALLY<br>THINK OUTSIDE THE TRASH RECYCLE<br>DON'T TRASH OUR FUTURE | | |
| 환경 이슈 어휘 의미 추측하기 (그림 퀴즈) | Plastic Attack<br>Zerowaste<br>Upcycling | Net Zero<br>Plogging<br>Beachcombing | Fast fashion<br>Greenwashing<br>Greensumer |
| 환경 내용 문장 만들기 | Put it in the Trash/Paper/Glass/Can/Plastic bin.<br>Don't throw away trash on the street.<br>Don't use disposables.<br>Let's save energy/water.<br>Let's use bus/subway/stairs.<br>Water/Energy/Air is very important for life.<br>What a wonderful/clear day!<br>What a beautiful flower!<br>I walk to school everyday.<br>I go plogging to the park on Sunday.<br>I will not buy plastic toys/toothbrush.<br>He doesn't eat instant/fast food. | | |

| 환경 기사/연설문 보고 생각나누기 | My message is that we'll be watching you.<br>This is all wrong. I shouldn't be up here. I should be back in school on the other side of the ocean. Yet, you all come to us young people for hope. How dare you! You have stolen my dreams and my childhood with your empty words and yet I'm one of the lucky ones. People are suffering. People are dying. Entire ecosystems are collapsing. We are in the beginning of a mass extinction and all you can talk about is money and fairytales of eternal economic growth. How dare you! |
| :-- | :-- |

– 그레타 툰베리의 UN 연설문 중 앞부분

## ▼ 환경활동 진행하기

예 지구촌 시민 대표 환경협약

### ▶ 국제환경협약(International Environmental Agreements) 소개하기
대표 환경회의 주제를 영어로 살펴보며 회의 의미를 이해한다.
- 우리나라가 가입한 UN 3대 국제환경협약 및 람사르협약(출처: 국립생태원)

| 협약명 | 주요 내용 |
| :--: | :-- |
| Convention on Biological Diversity<br>(생물다양성에 관한 협약) | 생물다양성의 보전과 지속가능한 이용의 증진, 유전적으로 변형된 생명체의 안전관리 등을 규정 |
| UN Framework Convention on Climate Change<br>(기후변화에 관한 유엔 기본 협약) | 지구의 온난화를 방지하기 위해 각국의 온실가스 배출 감축에 관한 기본 내용 규정 |
| United Nations Convention to Combat Desertification<br>(사막화 방지 협약) | 기상이변, 산림황폐 등으로 심각한 사막화의 영향을 받고 있는 국가들의 사막화 방지를 통한 지구환경 보호 |
| Convention on Wetlands of International Importance Especially as Waterfowl Habitat<br>(물새서식처로서 국제적으로 중요한 습지에 관한 람사르 협약) | 보호대상 습지 지정, 람사르 습지 목록 관리 및 관련 정보 상호교환 |

▶ **지구촌 시민 대표가 될 나라 뽑기**

학생 수 이상으로 나라 이름이 모두 다르게 적힌 추첨 용지를 준비하여, 하나씩 뽑게
한다.

명찰에 나라 이름과 자신의 이름을 영어로 적고 '우리 반 UN 환경회의'에 참여할 준비
를 한다.

▶ **모둠별 또는 학급의 환경회의 의제 정하기**

선택할 수 있도록 여러 가지 주제를 간단한 영어로 제시한다.

㉠ Energy, Animal&Plants, Water, Trash, Plastic, Recycling

▶ **모둠별 또는 학급의 '우리 반 환경협약(약속)' 직접 만들기**

㉠ 교실을 비울 때는 전등 끄기, 난방기구 끄기

학교에 있는 동물과 식물 이름 찾기, 어린 생물 먹지 않기

급식판 깨끗이 비우기, 샤워 빨리하기

바닥에 쓰레기 버리지 않기, 비닐봉지 거절하기

대나무 칫솔 도전해 보기, 배달음식 줄이기

이면지 사용하기, 물건 물려주고 물려받아 쓰기

모든 학생들의 참여를 위해 자신이 만든 약속 옆에 이름과 출신 나라를 쓰도록 한다.

㉠ 교실을 비울 때는 불, 난방기구 끄기 by Jisu from Canada

바닥에 쓰레기 버리지 않기 by Siwon from Thailand

이면지 사용하기 by Seojun from Brazil

▶ **캠페인으로 활용할 포스터 꾸미기**

다같이 정한 '우리 반 환경협약'을 영어를 활용하여 잘 보일 수 있게, 모둠별로 포스
터를 꾸민다. 한글 옆에 영어와 그림을 곁들여 꾸며 본다.

이때 영어는 검색과 도움으로 최대한 많이 쓰도록 노력한다.

㉠ 교실을 비울 때는 불, 난방기구 끄기 by Jisu from Canada

〈 Turn off the light! 〉

바닥에 쓰레기 버리지 않기 by Siwon from Thailand

〈 Do not throw away! 〉

이면지 사용하기 by Seojun from Brazil

〈 Reusable Paper 〉

▶ **'우리 반 환경협약' 알리기**

• 교실 또는 복도에 게시하기

• 온라인에 '우리 반 환경협약' 포스터 또는 실천 인증샷 태그와 함께 올리기

(영어로 태그 달기 연습)

부록

# 중학교 환경교육과정 주요 사항

교육부. (2015). ≪중학교 선택 교과 교육과정≫

## ■ 환경교과의 목표

학습자가 자신의 주변과 지역 환경에 대한 탐구를 통하여 인간과 환경의 관계를 이해하고, 다른 사람들과 더불어 지구 생태계 내에서 조화로운 삶을 살아가는데 요구되는 의지와 역량을 갖추어 지속가능한 사회를 만들도록 참여하게 하는 데 있다.

> 가. 인간과 환경의 상호작용 및 지속가능한 사회와 삶의 양식에 대한 이해를 증진한다.
> 나. 환경에 대한 다양한 경험을 통해 환경 감수성과 환경 친화적 태도를 기른다.
> 다. 환경을 탐구하고 환경문제의 통합적 해결책을 찾는 데 필요한 창의적 문제해결력과 의사소통 및 의사결정 능력을 함양한다.
> 라. 우리와 미래세대를 위해 건강하고 쾌적한 환경을 보전하는 활동에 참여할 의지와 역량을 기른다.

## ■ 환경교과 내용 체계

| 영역 | 핵심 개념 | 일반화된 지식 | 내용 요소 | 기능 |
|---|---|---|---|---|
| 환경과 인간 | 환경의 의미 | 환경은 다양한 의미가 있으며, 환경관은 환경을 바라보는 자신의 관점을 갖는 데 도움을 준다. | · 환경의 다양한 의미<br>· 환경관과 나의 관점 | · 다양한 관점과 의견 비교하기<br>· 자신의 경험과 느낌을 표현하기<br>· 조사하고 해석하기<br>· 타인 의견 경청하기<br>· 탐구를 계획하고 수행하기 |
| | 인간의 환경 영향 | 인간 활동은 환경에 영향을 미친다. | · 우리 생활이 환경에 미치는 영향<br>· 환경에 대한 배려와 책임 | |
| | 환경 체험 | 우리는 체험을 통해 자신이 살아가는 환경에 의미를 부여하고 관계를 맺는다. | · 체험과 공감<br>· 학교 환경 탐사 | |

| | | | | |
|---|---|---|---|---|
| 환경의 체계 | 생태계의 구성과 상호 작용 | 생태계는 인간을 포함한 물, 공기, 흙, 생물 등으로 구성되며 이들은 서로 영향을 주고받는다. | ·생태계의 의미와 구성 요소<br>·물, 공기, 흙, 생물 등의 역할과 소중함<br>·물, 공기, 흙, 생물 등과 인간과의 관계 | ·상호영향 분석하기<br>·해결방안 도출하기 |
| | 환경 문제 및 보전 | 환경문제는 생태계 내의 복합적인 관계 속에서 발생하며 환경문제 해결과 개선을 위해 우리의 다양한 노력이 필요하다. | ·환경문제와 물, 공기, 흙, 생물, 인간 등의 상호작용<br>·환경문제와 환경 보전의 사회적, 문화적, 경제적 측면<br>·환경문제 해결과 환경 개선을 위한 노력 | ·사례에서 의미 도출하기<br>·실천방안 구상하기<br>·타인 의견 경청하기 |
| 지역 환경과 지구 환경 | 지역 환경 탐구 | 각 지역은 환경적 특성을 갖고 있으며 우리는 자신의 지역 환경 안에서 살아간다. | ·자신이 사는 지역의 환경 이해<br>·지역 환경 개선을 위한 참여 방식<br>·지역 환경 탐구 수행 | ·(현황, 역할, 특징 등) 조사하기<br>·탐구를 계획하고 수행하기<br>·자료 분석하고 설명하기<br>·해결방안 설계하기<br>·해결방안과 영향 평가하기<br>·사례에서 의미 도출하기<br>·해결 방안 토의, 토론하기 |
| | 자원과 에너지 | 인간이 이용한 자원과 에너지는 시대에 따라 변화해 왔고, 이러한 자원과 에너지의 이용은 환경에 영향을 미친다. | ·자원의 의미와 우리 지역의 자원순환 체계<br>·에너지 이용의 변천과 환경 영향<br>·에너지 이용에 관한 쟁점 | |
| | 지구 환경과 환경 문제 | 지구의 환경 변화는 넓은 시공간에 영향을 미치고 있으며, 환경문제 해결을 위해 개인과 사회가 참여할 수 있다. | ·지구 환경과 지구 환경문제의 특성<br>·지구 환경문제의 해결 방식 | |
| | 기후 변화 | 지구의 기후는 변화해왔고 현재도 변하고 있으며, 인간 활동은 기후를 변화시키고 기후 변화의 영향을 받기도 한다. | ·기후 변화의 원인과 영향<br>·기후 변화 대응을 위한 노력 | |

| | | | | |
|---|---|---|---|---|
| 지속가능한 사회 | 지속가능발전 | 지속가능발전은 환경, 경제, 사회적 측면에서 우리 사회의 방향을 제시한다. | ·지속가능발전의 의미<br>·지속가능발전의 해석과 적용 | ·(의미와 중요성, 필요성 등) 설명하기<br>·조사하기<br>·타인 의견 경청하기<br>·다양한 관점과 의견 비교하기<br>·소통을 통해 합의하기 |
| | 지속가능한 사회와 삶 | 지속가능한 사회를 위해서 바람직한 현재와 미래 사회의 모습에 대한 소통과 합의 과정이 중요하다. | ·지속가능한 생활양식과 사회 체제<br>·함께 그리는 지속가능한 사회의 모습 | |
| | 환경정의와 참여 | 지속가능한 사회를 위한 개인의 생활양식과 사회 체제의 변화를 이루려면 환경정의의 추구와 시민의 참여가 필요하다. | ·환경정의와 참여 방식<br>·사회 변화를 위한 우리의 참여 | |

■ **환경교과 역량** (교육과정에 제시된 내용을 표로 정리하였음.)

| 교과 역량 | 주요 내용 |
|---|---|
| 환경 감수성 | 환경의 변화에 민감하게 반응하며, 환경의 아름다움이나 고통에 대해 감정을 이입하거나 공감하는 능력 |
| 환경 공동체 의식 | 지구 공동체의 구성원으로서 요구되는 환경적 가치와 태도를 함양·실천하고, 구성원과 원만한 관계를 형성·유지하며 자신의 역할과 책임을 다하는 능력 |
| 성찰·통찰 능력 | 다양한 지식과 가치에 대한 반성적·통합적 사고를 통해 자신의 가치관과 행위가 자신, 타인, 자연의 원칙에 맞는지 지속적·의도적으로 생각하는 능력 |
| 창의적 문제해결력 | 다양한 지식과 정보를 바탕으로 환경문제에 대해 다양하고 효과적 대안을 제시하고, 최선의 대안을 선택·적용할 수 있는 능력 |
| 의사소통 및 갈등 해결 능력 | 언어, 상징, 텍스트, 매체를 활용하여 자신과 타인의 생각과 감정을 효율적으로 소통하고, 갈등 상황을 둘러싼 이해관계자들의 요구를 고려하여 의견을 조정하는 능력 |
| 환경정보 활용 능력 | 환경문제 해결을 위해 다양한 정보와 자료를 수집·분석·평가하고 도구나 매체를 효과적으로 활용하는 능력 |

## + 참고 PLUS

### '환경과' 교육 목표 영역 분석 준거

안재정, 최돈형, 조성화. (2013). 〈'환경과' 교육의 정체성에 관한 연구〉. 환경교육, 26(3), 358–380.

| 내용 영역 | 설 명 | 내용 상세화 |
|---|---|---|
| 환경 윤리 와 관점 | 인간과 환경과의 관계에 대한 도덕적 원리, 규범, 태도 그리고 이를 바라보는 가치관, 환경관, 환경 철학 등에 관련된 내용이다. | ① 환경교육의 목표를 달성하기 위해 필요한 인간이 환경에 대해 갖는 다양한 가치관 등과 관련된 내용<br>② 환경교육의 목표를 달성하기 위해 필요한 환경 철학 등과 관련된 내용<br>③ 환경교육의 목표를 달성하기 위해 필요한 환경관(생태지향주의, 기술지향주의 등) 등과 관련된 내용<br>④ 환경교육의 목표를 달성하기 위해 필요한 자연관, 생명관 등과 관련된 내용 |
| 자연 시스템 | 인위적인 힘이 가해지지 않은 상태로서 자연환경 요소, 생물·비생물적 요소와 그 속에서 일어나는 과정들에 관련된 내용이다. | ① 생물리학적 환경<br>② 생태계(생태계 의미와 종류, 생태계 구성요소, 먹이사슬, 군집, 개체, 서식지와 적소 등)<br>③ 생물적 구성요소(동물, 식물)<br>④ 비생물적 요소(대기, 토양, 물)<br>⑤ 날씨와 기후<br>⑥ 생물·물리·화학적 순환<br>⑦ 지리적 환경 |
| 인간 시스템 | 인위적인 힘이 가해져 환경의 일부로서 인간이 주변의 환경에 미친 사회, 경제, 기술적 변화에 관한 내용이다. | ① 환경과 인간(환경의 일부로서의 인간, 환경의 적응, 환경에 미친 영향)<br>② 인구 문제<br>③ 산업화와 도시화, 세계화<br>④ 기술적 시스템(토지이용, 농업, 주거, 제조와 기술)<br>⑤ 사회적 시스템(경제 시스템, 소비, 사회 정치적 시스템, 문화와 종교, 사회 정의, 평화, 평등, 빈부 격차) |
| 자원과 에너지 | 인류의 생존에 필수적인 요소로서, 인간이 살아가는 데 필요한 천연자원과 에너지, 생물·비생물적 자원과 에너지, 자원과 에너지의 종류와 감소에 따라 발생되는 문제와 관련된 내용이다. | ① 자원과 에너지의 개념과 종류<br>② 자원과 에너지의 분배와 소비<br>③ 천연자원과 에너지<br>④ 비생물적 자원과 에너지(에너지, 광물, 경관, 폐기물)<br>⑤ 생물적 자원과 에너지(인적 자원 포함)<br>⑥ 자원과 에너지의 관련 문제(고갈, 유한성)<br>⑦ 자원과 에너지의 관리와 보전<br>⑧ 미래 자원과 에너지 |

| | | |
|---|---|---|
| 환경 문제 및 오염 | 인위적인 활동의 증가로 인해 자연적인 상태에서 벗어나 자연시스템 및 인간 시스템의 부정적인 영향을 미치는 상황을 의미하며, 이러한 과정의 원인과 영향 그리고 해결책 마련에 관련된 내용이다. | ① 지역적인 대기 오염, 토양 오염, 수질 오염, 폐기물 오염<br>② 생태계 파괴 및 생물종 다양성 감소<br>③ 지구적 환경 문제(기후 변화, 삼림 파괴, 사막화, 생물다양성 감소, 산성비, 오존층 파괴 등)<br>④ 환경 위생 및 보건(환경과 건강, 환경오염과 질병, 청결과 건강, 식품)<br>⑤ 자연재해 관련 내용<br>⑥ 소음·진동 관련 문제<br>⑦ 방사능 및 원자력 관련 문제 |
| 환경 보전과 대책 | 환경 보전과 대책에 초점을 맞추어 환경 친화적인 생활을 하고, 지속가능한 사회를 이룩하기 위해 필요한 개인, 지역, 국제적인 차원에서 제도 기술 등의 참여와 실천, 친환경적 행동에 관련된 내용이다. | ① 환경 친화적 생활 실천<br>② 환경 보전을 위한 참여와 실천, 친환경적인 행동<br>③ 환경의 질 관리를 위한 참여<br>④ 정책 수립 및 법률과 집행 등 사회적 실천 및 참여 유도<br>⑤ 지속가능한 사회를 위한 녹색산업, 녹색정책, 환경 친화적 사회 문화 등<br>⑥ 지역, 국가, 국제 협약, 국제 수준의 환경문제 해결을 위한 제도, 기술, 협약 등의 실천 방안 |

# 환경을 생각하는 학급운영
## 간단 꿀팁

✔ 일간 활동

### 환경일기 쓰기

일상생활의 경험을 돌아보는 생각 습관을 기르기 위해 매일 혹은 매주 짧은 환경일기 쓰기 활동을 진행해 보자. 학생은 환경일기를 쓰면서 자신의 경험과 생각을 스스로 정리해 보게 되고 그 과정을 통해 환경적 감수성과 환경적 태도를 자연스럽게 기를 수 있다.

교사가 환경수업이나 체험학습 경험에 대해 쓰도록 안내해도 좋고 환경의 날이나 각종 환경 이슈와 관련한 환경 주제를 제시해 주어도 좋다.

좀 더 특별하게 환경일기 쓰기를 진행하고 싶다면 환경부에서 발간한 환경일기장을 이용해 보자. 환경일기장을 신청하면 받을 수 있다. 이 일기장은 초등학교 및 중학교의 창의적 체험활동 등 정규교육과정과 연계하여 운영하도록 고안되었으며, 교사용 지도서 및 수업용 자료(PPT 등)가 함께

환경부 환경일기장
바로가기

배포된다. 초등학생용 일기장은 5개의 대주제(폐기물, 먹거리, 에너지, 대기, 기후) · 15개 소주제로 구성되어 있고, 중학생용은 3개의 대주제(경제 체계와 삶의 방식, 산업 구조와 문화, 생태 위기와 미래) · 9개 소주제로 구성되어 있으며 설명하기, 해석하기, 적용하기, 다양한 관점 가지기, 공감하기, 되돌아보기 활동을 하도록 안내하고 있다.

월간 활동

### 환경기념일 맞이하기

일 년 달력 안에는 수많은 환경기념일이 있다. 전 세계 환경시민들이 훼손되는 지구를 지키기 위한 목소리를 내기 시작했고 UN의 총회나 유네스코 같은 산하 기관, 여러 환경단체에서 환경기념일을 지정하였다. 특정한 날에만 환경을 생각하고 행동하자는 것은 아니지만 평범한 일상 가운데 그날만큼은 의미를 깊이 생각해 보고 다시 다짐하는 시간을 보내기에 좋다.

  학교에서는 환경기념일을 환경교육의 좋은 계기로 삼을 수 있다. 환경교육포 털 사이트(www.keep.go.kr)에는 환경기념일 웹툰이 업로드되고 있으니 이를 동 기유발 자료로 활용하면 간편하고 효과적이다.

### 주요 환경기념일

임정은 글/문종인 그림. (2011). ≪열두 달 환경 달력≫. 길벗스쿨. 최원형. (2021). ≪달력으로 배우는 지구환경수업≫. 블랙피쉬.를 참고하여 정리하였음.

| | |
|---|---|
| 2월 2일 | 세계 습지의 날 |
| 3월 3일 | 세계 야생 동식물의 날 |
| 3월 21일 | 국제 숲의 날 |
| 3월 22일 | 세계 물의 날 |
| 4월 4일 | 종이 안 쓰는 날 |
| 4월 5일 | 식목일 |
| 4월 22일 | 지구의 날 |
| 5월 22일 | 세계 생물종 다양성 보존의 날 |

| | |
|---|---|
| 6월 5일 | 세계 환경의 날 |
| 6월 8일 | 세계 해양의 날 |
| 6월 17일 | 세계 사막화 방지의 날 |
| 6월 20일 | 세계 난민의 날 |
| 7월 3일 | 국제 일회용 비닐봉지 없는 날 |
| 7월 26일 | 국제 맹그로브 생태계 보존의 날 |
| 8월 22일 | 에너지의 날 |
| 9월 6일 | 자원순환의 날 |
| 9월 7일 | 푸른 하늘의 날 |
| 9월 16일 | 세계 오존층 보호의 날 |
| 9월 22일 | 세계 차 없는 날 |
| 9월 29일 | 음식물 쓰레기의 날 |
| 10월 1일 | 세계 채식인의 날 |
| 10월 16일 | 세계 식량의 날 화학조미료 안 먹는 날 |
| 11월 넷째 주 금요일 | 아무것도 사지 않는 날 |
| 12월 5일 | 세계 토양의 날 |
| 12월 11일 | 국제 산의 날 |

환경주간 보내기

환경기념일과 마찬가지로 교내 또는 학급 내에서 아이들과 함께 환경 주간을 계획하고 실천해 본다. 환경부는 환경교육의 활성화를 위해 매년 환경의 날(6월 5일)을 포함한 1주일을 '환경교육주간'으로 지정하였고 2022년에 제1회 환경교육주간이 개최되었다.

　　각 학교나 학급에서는 아이들과 함께 자체적으로 환경주간 주제를 정하고 재미있게 참여할 수 있는 이벤트를 마련해 보면 좋다.

◆ 환경주간 주제/활동의 예

**주제**
　　　　　자원순환 주간
　　　　　에너지 주간
　　　　　생물다양성 주간
　　　　　해양 주간
　　　　　바른 먹거리 주간

**활동**
　　　　　물티슈 없이 일주일 간 살아 보기
　　　　　쓰레기 없는 날
　　　　　환경 용어 N행시 짓기
　　　　　환경 퀴즈 풀기
　　　　　실천 인증샷 공유하기
　　　　　환경 영화 보기
　　　　　보드게임 즐기기

### 환경운동 이벤트하기

환경운동, 환경캠페인 참여하기 활동을 한 학기에 한 번 혹은 일 년에 한 번 진행해 보자. 우리 사회에서는 환경을 보전하고 개선하기 위한 환경운동이 활발하게 이루어지고 있다. 환경운동 참여는 아이들에게 특별한 경험이 되고 어른이 되어서도 환경에 대한 관심을 이어지게 할 기억으로 남을 것이다.

⑩ 플로깅(쓰레기 줍기), 아나바다 운동, 중고시장 열기, 플라스틱 어택

# 믿음직한 참고자료,
# 주요 사이트 즐겨찾기

## 1. 환경교육포털 www.keep.go.kr

환경부의 교육기관인 국가환경교육센터에서 운영하는 홈페이지다. 교육프로그램, 사업지원, 제도 지원, 정보/소식, 자료실, 참여/소통 등의 다양한 메뉴로 구성되어 있고, 총 45,000여 건의 환경교육 콘텐츠를 제공하고 있다. 특히 2008년 3월 제정된 〈환경교육진흥법〉이 최근 〈환경교육의 활성화 및 지원에 관한 법률〉로 법제명을 변경한 뒤로 (2022년 1월 6일 시행) 최근 매우 활발하게 운영 중이다. 환경교육 전반의 정보와 자료를 한눈에 보고 쉽게 얻을 수 있는 사이트다.

| 교육프로그램 /<br>사업지원 /<br>제도지원 | '푸름이 이동환경교실', '유아환경교육관', '환경교구 대여', '학교 · 사회 환경교육 지원사업', '우수 환경교육프로그램 지정제', '환경교육사' 등 환경교육 사업의 정보와 신청 · 관리, 환경교육 · 행사 신청 서비스 등을 제공 |
|---|---|
| 정보/소식 | 환경교육 정책, 행사, 교육과 관련된 다양한 자료, 새소식 등을 제공<br>• (새소식) 환경교육 정책 소식, 주요 행사, 채용공고, 인력양성, 포럼, 공모전 등 제공<br>• (언론보도) 정책, 환경교육, 탄소중립을 비롯한 환경 전반 등의 정보 제공<br>• (환경교육NOW) 현장, 환경시사, 전문 · 교육자료, 환경문화, 환경소식, 행사 · 정보, 채용 · 공모, 지역별 환경교육프로그램 등의 정보를 월간 웹진으로 제공<br>• (탄소중립 환경교육) 생애주기별 탄소중립 교육자료 · 소식 및 지역별 프로그램 정보 제공<br>• (환경교육운영기관) 환경부 소속 및 산하기관에서 제공하는 환경교육 정보(SNS) 제공 |

| 자료실 | 환경교육 콘텐츠(일반 · 영상 · e-learning)를 11개의 주제와 생애주기별로 분류하여 제공하고, 사업 운영자료, 전문자료, 환경교육 용어사전, 우수환경 도서, 기타자료 등도 함께 제공<br>• (주제) 탄소중립/생태계/물/대기/토양/생명윤리/자원순환/에너지/소음/지속가능발전/환경보건<br>• (생애주기) 유아기/아동기/청소년기/성인기<br>• 탄소중립을 위한 환경교육 용어사전<br>https://keep.go.kr/html/Dictionary/ |
|---|---|
| 참여/소통 | 환경교육에 관한 국민의 질문이나 제안 등을 수렴할 수 있는 소통 공간 |
| 환경교육 온라인 학습 플랫폼(단짝) | 대상별(공공분야, 기업의 임직원, 교원, 일반시민, 학부모, 학생 등) 맞춤형 환경주제(탄소중립, 자원 순환, 에너지, 지속가능발전, ESG 등)의 웹 · 모바일 기반 무료 환경교육 제공 |

2022년부터는 전국 환경교육시설, 교육프로그램 등 범부처, 지자체, 민간 등의 환경교육 정보를 통합 · 연계하여 관리 · 제공하는 '국가환경교육 통합플랫폼' 구축을 추진하여 2023년부터 서비스를 오픈할 예정이다.

특히 다양한 환경용어에 대한 정확한 해설뿐 아니라 환경교육의 역사, 이슈, 목적, 교수 · 학습법, 유형 및 사례를 개괄적으로 소개하고 있는《환경교육 용어사전》이라는 알찬 자료도 국가환경교육센터 홈페이지에서 확인할 수 있다.

환경교육 용어사전

## 2. 환경부 http://me.go.kr

정부 부처의 하나인 환경부의 홈페이지로 분야별 환경정책이나 발행물을 살펴보거나 환경시민으로서 직접 소통할 수 있는 사이트다. 환경교육포털에는 환경부에서 제작 · 발간한 것이 많다. 환경교육에서 활용할 수 있는 메뉴는 "발행물", "알림 · 홍보" 정도인데 자료의 내용과 형식이 잘 갖춰져 있다.

| | |
|---|---|
| 발행물 | 환경책자(주제별 소책자)<br>환경동화(e-book) |
| 알림 · 홍보 | 환경애니메이션 영상<br>카드뉴스, 환경만화, 환경홍보물(포스터)<br>지구의 초상(인물)<br>환경용어사전 |

## 3. 국립생태원 https://www.nie.re.kr

국립생태원은 생태계 조사 · 연구 · 복원 등을 수행하여 국가의 자연생태계를 보전하고, 생태연구 정보를 쉽고 다양한 생태교육과 생태전시로 풀어내어 전달하는 생태연구기관이다.

직접 전시관 관람이나 생태체험 교육 프로그램을 신청할 수도 있고, 기획전시는 온라인으로 VR전시관람도 가능하다. 생태 관련 교육자료, 직접 출판한 도서, 유튜브 채널을 활용할 수 있다. 또한 해마다 직접 개최하는 공모전에도 참여해 볼 수 있다.(멸종위기야생생물 상상한 손그림, 나의 동식물 관찰기록문, 생태동아리 탐구대회 등)

## 4. 국립생물자원관 https://www.nibr.go.kr

국립생물자원관에서는 생물다양성의 소중함과 생물자원 보전의 중요성을 이해할 수 있는 다양한 교육프로그램을 운영하고 있다. 국립생태원과 더불어 온라인 교육프로그램과 교육자료를 활용할 수 있다.

## 5. 한국환경공단 https://www.keco.or.kr

한국환경공단은 환경오염방지 · 환경개선 · 자원순환 촉진 및 기후변화대응을 위한 온실가스 관련 사업을 효율적으로 추진하는 국가 산하기관이다. 홍보책자와 환경웹툰 등을 환경교육자료로 활용할 수 있고 서포터즈들이 활동하고 있는 한국환경공단 블로그에도 쉽게 설명한 자료들이 있다.

## 6. 각 지역 환경교육센터

지역 내 주민 등에 대한 환경교육을 효과적으로 수행하기 위해 2022년부터는 시장 · 군수 · 구청장이 기초환경교육센터를 지정하여 운영합니다. 2021년 기준으로 48개의 기초환경교육센터가 지정 · 운영 중이다.

▶ 환경교육포털에서 제공하는 지역환경교육센터 리스트

　 https://www.keep.go.kr/port6